JN417437

경계 횡단으로서의 번역

Translation as Border-Crossing

경계횡단으로서의 번역

Translation as Border-Crossing

안미현

HU:iNE

QUESTION

여기 실린 글들은...

다양한 시기에 각기 다른 언어적, 사회적, 역사적 맥락 속에서 이루어졌던 번역에 대한 많은 논의들은 오늘날에도 여전히 유효하고, 또 번역 연구의 근간을 이루는 공동의 논제들을 안고 있다.

서문

제임스 클리포드 James Clifford는 번역 행위를 문화들 사이의 경계를 통과하고 가로지르는 사유의 모델로 이해한다(Clifford, 19). 이때 그는 사람들이 흔히 번역에 대해 가지는 개념적 등가성이나 동일성 논리를 경계하면서, 번역의 실제과정에서 타자들이 가지는 '타자성' 자체를 드러낼 것을 제안한다. 바흐만-메딕 Doris Bachmann-Medick 또한 문화를 끊임없이 이동하고 증식하며, 다양해지는 '번역'의 과정이라고 정의하면서, 번역이란 "이질적이고 담론적인 공간 안에서 반-담론들, 담론의 형식과 저항의 행위를 발견하고, 문화적 차이와 문화적 중첩, 절충주의와 크레올화를 협상하는 실천"(Bachmann-Medick, 37)이라고 부른다.

이렇게 본다면 번역은 다양한 경계들을 관통하면서 동일성보다는 차이를 드러내고 타자성을 적극적으로 사유하는 가운데, 해당 사회의 문화적 역동성과 문화변동을 유도하는 능동적이고 주체적인 행위라 부를 수 있다. 번역은 궁극적으로는 언어를 비롯한 여러 기호 사이에서 이루어지는 재현의 차원으로 귀결되지만, 그것은 이질적인 상징 및 가치 체계, 사유 체계를 둘러싼 복합적인 맥락 속에서 서로 다른 주체들 사이의 중재와 협상, 수용과 저항을 실천하는 일련의 문화연구 및 문화생산 행위라는 점에 주목해야 한다.

어떤 형태의 문화적 산물이든 본래의 경계를 넘어설 때 그것은 투명하거나 동일하게 머무르는 것이 아니라 불가피한 변형, 곧 '번역'이 뒤따른다. 정확한 번역은 두 체계 사이에 등가적 관계가 성립되고, 그 결과 한 체계가 다른 것으로 그대로 재현될 수 있다는 신념을 전제한다. 하지만 이 같은 등가적인 번역은 현실적으로는 가능하지 않고, 가장 이상적인 번역도 아니다. 이는 번역이 이루어지는 경계 안과 밖의 기호 체계가 반드시 일치하지 않는 까닭인데, 이 같은 기호 체계 간의 불일치성은 오히려 새로운 해석의 가능성을 열어주고 새로운 의미를 발생시키는 요인이 된다(Lotman, 68). 그렇다면 가장 근접하지만 완벽하게 일치할 수는 없는 번역의 본질적 속성이 도리어 의미론적 맥락을 자극하고 나아가서는 새로운 텍스트를 창출할 가능성을 제공한다. 로트만은 이런 번역이야말로 모든 창조적 사고를 낳는 가장 중요한 메커니즘의 하나라고 부른다.

실제로 치열하고 생산적인 번역이 이루어지는 지점은 한 문화의 안정화된 내부 공간보다는 경계 지역 혹은 접촉 지역이다. 이때 경계의 의미는 중첩적이고 다의적이다. 경계란 안과 밖, 우리와 그들, 상부와 하부, 제1세계와 제3세계, 원시와 문명, 식민 문화와 피식민 문화 등 상반되는 요소들이 서로 만나는 지점이며, 동시에 양쪽의 속성 모두를 포함하는 지점인 것이다. 또한 동일 문화 내에서도 장르 간 경계, 매체 간 경계, 고급문화와 대중문화 등 다양한 범주들의 경계에서 부단한 번역 행위가 요청된다.

이처럼 다양한 경계에서 행해지는 번역은 단일한 방향으로 일어나는 것이 아니다. 그것은 쌍방향으로 경계를 횡단하게 하는데(초우, 286), 안과 밖, 중심과 주변, 주류와 비주류는 고정적인 것이 아니라 부단히 이동하고 변화하기 때문이다. 이로써 번역은 원전과 번역본, 서양과 동양, 문자성과 시각성, 엘리트 문화와 대중문화, 토착적인 것과 이국적인 것 등 환원주의적인 대립항을 뛰어넘는 제3의 공간 third space을 만들어낸다(Wolf, 190).

번역을 이처럼 문화의 경계에서 여러 유형의 텍스트들을 해석하고 다른 기호 체계로 옮기면서 새로운 의미를 창출하는 과정으로 본다면, 번역은 고도로 엄밀한 해석의 과정이자 비평의 과정이며, 의미생산의 과정인 셈이다. 다시 말하자면, 모든 종류의 텍스트에 대한 '다시 읽기 rereading'와 엄밀한 이해를 바탕으로 하는 '다시 쓰기 rewriting'의 과정이며, 저항과 협상을 통해 새로운 의미망을 만들어내는 문학 및 문화 연구의 한 방법으로 기능할 수 있는 것이다.

어떤 학문 영역이나 문화의 영역도 자체적으로 존재하지 않는다. 그것은 부단한 번역의 과정을 거치지 않고는 존재할 수 없고, 지식 형성이나 문화의 유통 과정 또한 번역 행위가 없이는 불가능하다. 이때 번역은 비어있고 닫힌 공간에서 일어나는 고립된 행위가 아니라, 그것을 둘러싸고 있는 각종 이데올로기와 문화적 규범, 가치 범주들 사이에서 영향을 주고받는 쌍방적이고 상호교환적인 행위이다. 그렇다면 번역에 관한 연구는 번역을 둘러싼 외부 요인들의 작동 방식을 분석하고, 번역이 그것에 어떻게 대응하고, 저항하고, 변화시켜 왔는지를 밝혀내야 한다.

이 책에서는 번역이 텍스트 연구나 분석, 문화 연구나 분석에 있어 가장 기본적이고 핵심적인 방법임을 상정하고, 모든 가치가 원전으로만 귀속되는 자기 폐쇄적인 환원주의를 벗어나 새로운 의미와 가치를 창출하는 생산적인 기제이자 유의미한 분석 도구임을 밝히고자 한다. 나아가 번역이 문화적, 학문적 제도와 규범에 어떻게 대응하며, 시기마다 그것의 패러다임을 어떻게 변화시켜 왔는지를 탐구하고자 한다.

이때 번역가는 자신이 마주해야 하는 두 주인 사이에서 부단히 갈등하고, 대화와 타협을 모색하는 존재이다. 그들은 마주하는 두 텍스트 사이에서 부단히 갈등하고, 대화와 다협을 모색하는 존재인 것이다. 그들은 하나의 언어적, 문화적 정체성을 고집하기보다는 그것의 경계를 뛰어넘어 양자 사이를 부단히 횡단하며 때로는 자신의 언어적, 문화적 정체성을 포기하기도 하고, 때로는 자국의 언어적, 문화적 정체성을 각인시켜 주는 양립적인 역할을 행한다. 번역가는 대표적인 성서 번역자였던 히로니무스나 불경 번역자들처럼 신의 대언자로, 톨레도의 번역학교처럼 학문연구의 중심으로, 권력자들의 문서를 상대국의 언어로 옮겨주고 외교적 역할을 담당하는 관료로, 또는 독일 낭만주의 번역가들처럼 자국의 창작활동을 활성화하는 제2의 창조자이자 시인이기도 하다.

그러나 원 저작이나 그것을 해석하는 학자들의 그늘에 가려 진정한 시인도 학자도 아닌, 사회적인 인정을 받지 못하는 이름없는 집단으로 몰이해되는 경우도 허다하다. 그들은 원저자의 명성을 본국에서보다 해외에서 더 유명하게 만들어 주고, 스스로 상당한 명성을 구가하기도 하지만, 대부분의 경우에는 저자의 권위에 가려 보이지 않는 존재로 남아 있다. 이렇게 번역가의 지위나 역할, 그들의 과제는 한 시대나 사회가 가지는 문화적·정치적 요구에 따라 달리 정의되었고, 그와 더불어 번역가 자신의 자기이해나 정체성도 달리 규정되어 왔다.

하지만 이들에 의한 번역 행위가 더 이상 두 언어 사이를 옮기는 기계적인 작업이 아니라 두 문화에 대한 깊은 이해에서 출발한다고 상정한다면, 나아가서는 명확한 사유와 논리적 정신에 의거한 비평적 차원에서 이루어져야 한다면, 번역가는 더 이상 지식을 중개하는 기능인이나 매개인이 아닌, 능동적이고 적극적인 인문학자의 모습으로 재평가되어야 한다. 다시 말해 번역가란 문화전이와 학문 탐구의 역사에서, 한 사회의 문화적, 지적 담론의 변천 과정이나 언어적, 문체적 변천 과정에서 결정적인 역할을 해 온 주역인 것이다.

이처럼 번역가란 타문화를 자국 사회에 소개하거나 역으로 자국 문화를 외국에 소개하는 역할을 한다는 점에서 한 사회가 수행하는 문화 교류의 최첨단에 서 있다. 또한 그들은 문화적, 학문적 변화의 중심에 서서, 드러나든 드러나지 않든 간에 각 시대의 지적 담론의 변화 과정마다 인식 전환의 원천을 제공했고, 경우에 따라서는 그 변화의 주역을 담당해온 주체들이다. 이른바 "환승 중인 주체"(나오키, 62)인 번역가는 독자적인 세계를 구축하는 개인이 될 수 없지만, 이질적인 두 세계 사이에서 가장 근사치를 찾기 위해 결단을 내려야 한다는 의미에서는 단독자이다. 이를 통해 '사이 zwischen'의 공간에 존재하는 이들의 자의식은 어느 면에서는 당대 지식인상(像)의 단면을 드러내 준다고 하겠다. 텍스트 자체가 애초에 하나의 완결된 답을 제시하는 것이 아니라 수많은 질문들과 대답으로 짜인 결정체이고, 따라서 숱한 해석 가능성을 가진 채 열려 있다면, 도착텍스트라는 결과물이 나올 때까지 번역가는 수많은 해석 가능성 앞에 처하게 된다. 이때 그들이 매순간 내려야 하는 결정과 선택의 과정은 번역 행위를 출발텍스트를 그대로 반영하는 기술적인 행위나 그것에 종속된 부차적인 행위가 아니라 하나의 주체적인 행위로 규정짓게 한다.

이를 통해 번역은 출발문화와 도착문화, 지배문화와 주변문화, 고유성과 타자성의 경계에서, 그 경계를 넘나들며 이루어지는 경계 횡단의 행위가 된다. 이것은 이질적, 이국적 요소를 통해 자국적인 요소를 드러나게 하고, 이를 통해 드러난 고유성은 다시금 타자성, 이국성을 직면하고 대립하면서 자신의 문화를 비추는 거울상을 제공한다. 이때 번역가가 문화적 차이에 대해 어떤 입장을 취하는지, 나아가서는 출발문화와 도착문화 자체가 어떤 상관관계 속에 있는지, 즉 두 문화가 대등한 차원에 있는지, 아니면 한쪽이 다른 한쪽에 의존적인 위치에 있는지 등을 따지는 문화학적 접근은 대단히 중요하다. 그것은 번역이 단순히 출발어와 도착어 사이의 언어적 환치현상이 아닌, 대등하지 않은 두 문화 간의 정치적, 사회적 요구와 이데올로기적 지평 위에서 행해지는 선택적이고 의식적인 작업이기 때문이다.

이 책은 번역을 문학 혹은 문화연구의 중요한 방법론의 하나라고 보고, 번역의 역사를 탐구하는 것은 문학사나 문화사, 나아가서는 학문의 역사를 탐구하는 근원적이면서도 효과적인 방법론이라는 인식을 담고 있다. 이 같은 맥락에서 이 책에서는 독일 계몽주의에서 오늘날에 이르기까지 독일 문학사 혹은 문화사에서 차지하는 번역의 제반 문제를 사회적, 문화적 맥락 뿐 아니라 번역 윤리, 번역 이론, 번역 비평, 번역 교육 등의 관점에서 심층적으로 논의하고자 하였다.

1장 이론적 토대에서는 이 책 전체를 관통하는 기본적인 입장, 즉 번역은 컴퓨터 앞에서 자판을 두드리는 고독한 번역자에 의해 홀로 진행되는 것이 아니라 그 시대에 작동하는 규범에 따라 중층적으로 결정되고 행해진다는 것을 보여주고자 했다.

본론에 해당하는 2장부터는 통시적 입장에서 시대별, 작가별로 번역의 문제에 접근하였다. 근대 독일 문학이 형성되기 시작했던 18세기부터 괴테와 낭만주의 시대를 거치면서 독일의 번역 담론은 왕성하고 생산적인 시기를 경험하지만, 19세기 후반부터는 점차 후퇴하는 경향을 보인다. 서구 각국들이 민족주의적인 열망에 사로잡혀 자민족의 이해관계로 가득 차 있던 시기에는 번역에 대한 관심이 급격히 퇴조하며, 빌라모비츠-묄렌도르프의 경우처럼 자국화하는 번역이 두드러진다.

20세기 전환기에는 슈테판 게오르게와 발터 벤야민을 중심으로 '시적 번역'과 '문자적 번역'의 문제를 다루었다. 이어서 독일사회의 모든 영역이 오로지 민족사회주의 이데올로기에 복종해야 했던 제3제국 시대의 번역은 나치에 의해 시도된 절멸 정책을 피해 해외에 나가있던 망명자들에 의해 활발하게 이루어진다. 그들이 생존이 위협받는 한계적 상황에서도 독일어를 지키고, 독일의 문학과 문화를 해외에 알리는 역할을 했을 뿐 아니라, 많은 외국 작품들을 독일어로 옮겨 전후 폐허가 되었던 독일문학을 재건하는데 상당 부분 기여했던 것은 역사의 아이러니라 불러야 할 것이다.

통시적인 연구와 더불어 이 책에서는 번역과 제국주의, 번역과 망명, 번역과 디아스포라, 번역과 젠더처럼 오늘날 인문학 연구의 핵심 키워드들과 번역 간의 관계를 논의했다. 이를 통해 종적 연구와 횡적 연구, 혹은 통시적 연구와 공시적 관심사가 서로 만나는 지점을 찾고자 했다. 또한 번역 연구의 현실적 적용이나 실천 방안으로서는 번역 비평과 번역 교육의 문제를 다루었다.

이 책에서 행해지는 번역에 관한 역사적, 이론적, 방법론적 논의나 개별적인 분석 사례가 우리의 번역 현장에 즉각적이고 직접적인 영향을 주리라고 생각하지는 않는다. 하지만 넓은 의미에서 번역을 둘러싼 학문적 담론과 실제 번역 행위가 상호보완적인 관계 속에 있어야 하는 것은 틀림없다. 이는 다양한 시기에 각기 다른 언어적, 사회적, 역사적 맥락 속에서 이루어졌던 번역에 대한 많은 논의들이 오늘날에도 여전히 유효하고, 또 번역 연구의 근간을 이루는 공동의 논제들을 안고 있기 때문이다. 따라서 대학 강단이나 외국문학 전공자들을 중심으로 이루어지는 번역에 대한 이론적인 논의가 지금처럼 문학 현장의 실제 번역활동과 유리된 채 자체적으로만 끝나서는 안 될 것이며, 번역 담론과 번역 실천이 상생의 관계로 발전시키려는 노력이 절실히 요구된다.

여기 실린 글들은 지난 10여 년 간 번역에 대해 쓴 글들을 모은 것이다. 개별 연구를 위해 한국연구재단에서 여러 차례 지원을 받았으며, 특히 2014년부터 2015년까지 국제교류학술지원을 통해 영국 캠브리지 대학에 체류하면서 쓴 글이 많다. 번역 연구에 관심을 갖게 해주고 개인적으로 어려웠던 시기에 여러 해 동안 함께 작업할 기회를 주셨던 한국번역비평학회의 전성기, 황현산, 이영훈, 조재룡, 손주경 교수님 외에 많은 분들, 뒤늦게 대학에 자리를 잡은 후 지금까지 다양한 지적 논의를 나누어온 목포대학교 인문대학의 여러 교수님들께 이 자리를 빌어 감사드린다. 이 책이 모교의 출판원에서 나오게 된 것을 뜻깊게 생각하고, 은사님들, 함께 수학했던 동문들, 꼼꼼히 책을 만들어 주신 한국외국어대학교 지식출판원 여러 분께도 감사한 마음을 전한다. 출중하지 못한 딸을 위해 늘 기도해 주시는 어머니, 시간과 일에 쫓겨 제 역할을 다하지 못하는 아내이자 엄마를 묵묵히 지지해준 가족들에게 마음 속 깊은 곳에서 우러나는 애정을 전한다.

2017년 2월에 안미현

목차

Chapter 1
이론적 토대

QUESTION

Chapter 1 이론적 토대

"표현한 것은 의미된 것의 최소한이다"(Foucault, 158)라고 한 푸코의 말을 빌린다면, 텍스트 속에서 작가의 의도는 겉으로 드러나기도 하지만 많은 경우 행간 속에 감추어져 있고, 심지어는 저자 자신이 미처 인식하지 못한 부분들도 적지 않다. 그렇다면 번역 행위는 텍스트에 표현된 것뿐 아니라 드러나지 않는 부분까지 읽어내는 과정이 된다. 이 과정에서 번역가의 해석이 저자의 의도와 반드시 일치하지는 않고 때로는 빗나가기도 한다면, 결과적으로 출발 텍스트의 의미가 어느 정도 변할 수밖에 없다는 것은 기정사실이다. 심지어는 이른바 '저자의 죽음' 이후 텍스트의 확정된 의미란 애초부터 존재하지 않는지도 모른다. 그렇다면 번역 과정에서 이 불확정적인 의미를 결정하는 것은 번역가 개인의 자의적인 선택일까?

출발 텍스트의 의미를 결정하는 것이 번역가의 창의적인 결정에만 의존하는 것이 아님은 분명하다. 이는 번역가 개인이나 텍스트를 둘러싼 역사적, 사회 정치적, 문화적인 환경이 존재하기 때문이다. 곧 번역은 단순히 언어 간의 치환 관계에 머무르지 않고, 텍스트를 둘러싼 다양한 사회문화적 힘들의 상호 관계 속에서 일어나기 때문이다. 번역가는 예컨대 출발 언어와 도착 언어의 우월하거나 열등한 지위에 의해 영향을 받기도 하고, 그 시대의 우세한 시적, 문학적 원칙으로부터도 자유롭지 않다. 뿐만 아니라 텍스트 선정에서부터 출판에 이르기까지 출판사를 비롯한 관련 기관이나 나아가서는 번역이 겨냥하고 있는 독자층의 기호에 의해서도 영향을 받기 마련이다.

이 글에서는 번역 행위에 영향을 미치는 텍스트 내적·외적 요소들에 대해 논의하고자 하는데, 이들을 테오 허만스 Theo Hermans의 이론을 빌어 번역의 '규범'이란 용어로 표현하고자 한다(허만스, 45). 이를 위해 그 규범이 작동하는 방식, 그것이 지켜지거나 위반되는 양상을 다루고자 한다. 또한 언어적인 규범에 대해서도 논의하려 하는데, 곧 언어의 사용이나 변화 과정에 작용하는 지배적이고 주류적인 가치의 문제, 나아가서는 출발어와 도착어 사이의 권력 관계 등을 포함할 것이다.

1 QUESTION 번역의 규범들에 대하여

테오 허만스는 규범을 다음과 같이 정의한다.

> 규범은 심리적이고 정신적인 실체이다. 이것은 사람들의 상호 작용에 중요한 요소이며 따라서 사회화 과정의 일부가 된다. 규범은 규칙이나 관례처럼 사회적으로 규제하는 기능을 가진다. 규범은 보통 개인과 집단, 개인의 의향과 선택, 행동과 공통된 믿음, 가치, 선호 사이를 중재하기 때문이다(허만스, 47).

그에 따르면 개인이 번역을 포함한 문화 시스템에 참여하는 것은 관련된 규범과 모델을 받아들이고 그것에 익숙해지는 과정을 의미한다. 이때 규범은 많은 경우 내재화되어 겉으로는 잘 드러나지 않지만, 동기를 유발하는 암묵적이고 지시적인 힘을 통해 구성원들의 사회적, 문화적 삶에 깊숙이 관여한다는 것이다.

이 같은 규범의 개념을 번역에 적용시키면, 규범은 번역의 목적이나 목표를 설정하는 데뿐 아니라 구체적인 번역 전략, 또는 실제 번역 과정에서 나타나기 마련인 협상, 선택, 결정의 절차에 중대한 역할을 한다. 위에서 언급했듯이, 번역에 작용하는 규범은 실제 언어가 전환되는 과정에만 적용되는 것이 아니라 번역을 둘러싼 모든 단계와 관련된다. 다시 말해, 사회의 공유된 가치로서 사회적, 정치적, 문화적 이데올로기 문제 등에 기초를 두고 있는 규범은 번역물의 생산부터 분배에 이르는 복잡하고 역동적인 맥락 속에서 작동하는 것이다(허만스, 65).

이때 우리는 한 시대에 보편적으로 받아들여지는 읽기나 쓰기 방식이 존재한다는 사실 또한 전제할 수 있다. 영국의 문화연구가 스튜어트 홀 Stuart Hall은 이를 '규범적 읽기'라고 부른다(Hall, 130). 그는 「기호화와 기호해독 Encoding/decoding」에서 어느 사회든 간에 텍스트를 포함한 메시지에 대한 '선호되는 읽기 preferred reading' 방식이 존재한다고 말한다(Hall, 130). 그런데 이 선호되는 읽기 방식은 정치적, 이데올로기적 질서가 내재되어 있는 지배적인 의미와 무관하지 않다는 것이다. 그렇다면 선호되는 읽기 방식에는 지배적 의미 혹은 가치 체계가 하나의 규범으로 작용하는 것이다.

번역가가 독자들이 선호하는 규범적 읽기 방식을 파악하고 따라야 하는 것은 당연하다. 그것에 적응하지 못한 번역은 독자들에게 읽히지 못하고 외면당할 것이기 때문이다. 곧 번역가는 자기 시대 독자들의 감성과 취향, 지적 욕구, 가치 체계 등을 파악하고 그것을 충족시키지 않으면 안 된다. 다시 말해 번역 텍스트를 도착 문화의 규범에 합당하게 가다듬고, 이를 통해 사회적으로 용인되고 수용될 수 있게 만들어야 하는 것이다. 이처럼 규범적 읽기 방식에 상응하는 대표적인 번역으로 (영미권) 베스트셀러의 번역을 들 수 있다. 베스트셀러 현상은 이미 많은 독자들이 선호하는 읽기 방식, 나아가서는 지배적인 인식 체계나 언어 체계에 어느 정도 상응함을 의미하기 때문이다.

로렌스 베누티 Lawrence Venuti는 이 같은 지배적, 규범적 읽기 방식, 나아가서는 번역 방식이 한 사회 내에서 외국 문학이나 문화의 이미지를 재현하고 구축하는 데 엄청난 힘을 행사한다는 점을 지적한다(베누티, 120). 규범적 읽기를 통해 외국 문학에 대한 스트레오타입화된 이미지가 결정된다는 것이다. 이 이미지들은 도착 문화의 사회적, 미학적 가치에 따른 것이며, 외국 문화에 대한 일종의 승인으로 작용한다는 것이다.

그에 반해, 이 같은 규범적 읽기와는 상반되는 저항적 읽기 혹은 저항적 글쓰기로서의 번역 또한 존재한다. 이것은 우리가 익숙해 있는 문화적, 언어적 규범이나 사고 체계, 주류 이데올로기 속에서 텍스트를 이해하고 옮기는 것이 아니라 오히려 이를 거스르는 번역을 말한다. 다시 말해, 텍스트 내외의 갖가지 규범들을 비판적으로 재검토하고, 그런 가운데 텍스트의 의미를 새롭게 해석해 내는 행위를 의미한다. 이 경우 번역가들은 출발 텍스트 속에 담긴 고정되고 굳어진 의미나 그것을 둘러싼 지배적인 읽기 방식을 해체하고 재구성하게 된다.

이 같은 저항적 번역은 기존의 문화 담론들을 수정하고, 문화 계층 간에 구축된 위계질서를 뛰어넘으며, 제도화된 가치와 관행들을 반복적으로 재생산하는 방식에 변화를 가져올 수 있다(베누티, 322). 이로써 저항적 방식의 번역은 지배적인 규범에 의문을 제기하고, 그것의 견고함을 흔들고 마침내는 전복시키는 것이다.

이런 의미에서 바바라 존슨 Barbara Johnson은 이미 번역된 중요한 텍스트들을 다시 읽고, 재번역할 것을 제안한다. 이는 번역이 이루어진 시기에 지배하던 규범에 따라 억압되거나 생략된 부분들, 혹은 서로 모순되는 부분들을 새롭게 밝혀내기 위해서이다(바스넷 42에서 재인용).

규범에 순응하는 대표적인 번역이 베스트셀러 번역이라면, 그것에 저항하는 번역의 한 예로 페미니즘 계열의 번역을 꼽을 수 있을 것이다. 예컨대 수전 드 로트비니에르-하우드 Susanne de Lotbinie re-Harwood와 같은 페미니즘 번역가는 번역을 일종의 정치적 행위로 파악한다. 그녀는 "나의 번역은 언어가 여성을 위해 말하게 하는 것을 목표로 하는 정치적 행위이다. 그래서 번역에 한 나의 서명은 이 번역이 언어로 여성을 보이도록 만들기 위해 페미니스트의 모든 가능한 전략을 사용했음을 의미한다. 언어로 여성을 보이게 만든다는 것은 실제 세계에서 여성이 보이고 들리도록 만드는 것을 의미한다."(Flotow, 131에서 재인용)라고 말한다.

그렇다면 규범에 대한 저항적 읽기와 쓰기로서의 번역은 주류 문화에서 배제된 채 주목받지 못했던 텍스트를 찾아내는 일차적인 작업뿐 아니라, 이미 번역된 텍스트라 할지라도 그 속에서 제대로 명명되지 않거나 드러나지 않은 목소리를 드러내는 행위라고 말할 수 있을 것이다. 곧 역사적으로 망각된 텍스트나 그 속에 담긴 목소리들을 찾아내고 새롭게 평가하는 행위인 것이다.

이와 유사한 맥락에서 로만 알루아레즈 Roman A lvarez와 카르멘 아프리카 비달 Carmen-A frica Vidal은 번역 텍스트 속에 번역 규범, 혹은 문화 권력이 어떤 식으로 자리 잡고 있는지를 분석해내는 것이 중요하다고 말한다(알루아레즈 & 비달, 22). 곧 번역 주체가 무엇을 옮기는지도 중요하지만, 무엇을 옮기지 않는지, 또 어떤 방식으로 옮기는지가 더 중요하다는 것이다. 또한 이전의 번역가가 지배적 규범에 따라 추가하거나 생략했던 것, 선택한 단어들, 그것들을 배치하는 방식을 밝혀낼 필요가 있다는 것이다.

이처럼 번역에서의 규범은 일차적으로는 자신의 번역물이 유통되고 독자들에 의해 읽히기 위해 번역가가 좇아야 하는 공공의 약속과 규정, 규칙들을 의미한다. 그것은 언어 체계, 가치 체계나 인식 체계 등 중층적인 차원으로 나누어질 수 있을 것이다. 이 규칙과 규정을 습득하는 것은 번역 교육이나 훈련 과정에서 필수적인데, 이를 바탕으로 독자와의 소통이 이루어지기 때문이다. 또한 상이한 규범들은 번역가의 개별적 해석이 지나치게 자의적이거나 주관적으로 흐를 위험성을 막아주고, 그것을 일정한 맥락 속에서 파악하게 하는 장치로 작동한다. 이를 통해 실제 독자들을 위한 가독성이나 이해도를 높여주는 것이다.

다른 한편, 규범은 실제 번역 행위에 있어 일종의 지배 권력으로 작동한다. 이는 우선 번역가의 독자적인 해석이나 개성적인 글쓰기를 억압하거나 부정하는 방식으로 작용할 수 있기 때문이다. 그뿐 아니라 자국의 문화와 상충되는 타 문화의 이질적 요소를 검열하는 심급으로 나타나기도 한다. 그 결과 지배적인 규범에서 벗어나는 어휘나 이해 방식은 번역 과정에서 걸러지고 삭제되거나 일정 부분 왜곡, 변형될 수도 있다. 그렇다면 규범이 지닌 지시적이고 규제적인 힘은 번역가의 독자적인 선택이나 타 문화의 이질적 요소를 억압하는 기제로 작동하게 되는 것이다.

번역에 영향을 미치는 규범이 가지는 이 같은 상반되는 효과를 논의하는 데 중요한 것은 그것이 하나가 아니라 복수적이며, 종종 경쟁적인 상태에 놓이거나 상충될 가능성을 가진다는 점이다. 예컨대 테자스비니 니란자나 Tejaswini Niranjana는 번역은 종교적, 인종적, 성적, 경제적 규범에 의해 중복 결정된다고 말한다(허만스 71에서 재인용). 따라서 중첩되는 규범 중 어떤 것을 선호하고 그것에 대해 어떤 입장을 취할지, 곧 순응하는 혹은 저항하는 입장을 취할지는 번역가 자신이 선택할 몫으로 남겨진다. 이때 복잡하고 중첩적인, 혹은 서로 모순적인 규범들이 서로 경쟁하면서 오히려 새로운 읽기 방식이나 해석의 가능성을 열어준다.

2 QUESTION 언어적 규범의 문제

번역과 관련된 여러 규범들 중에서 언어적 규범에 대해 별도로 논의해 보자. 바르트 Roland Barthes는 랑그 자체를 파시스트적이라고 규정한 바 있다(Barthes, 457). 이것은 언어가 그 자체로 이미 전체주의적 성격을 지니고 있다는 것을 의미한다. 바르트의 이 같은 주장은 언어 자체를 평등하고 중립적인 의사소통의 도구라고 보는 언어 기능주의적 사고에 반기를 드는 것이다.

실제로 언어 규칙들은 특정 언어 공동체에서 널리 통용되고 어릴 때부터 습득되기 때문에 인위적이라기보다는 자연적, 중립적인 것으로 보인다. 그러나 언어 속에 내포된 당연시되는 의미들은 언어가 투명하거나 실제로 자연스럽기 때문이 아니라 우리가 그것에 익숙해져 있기 때문이다. 이와 비슷한 맥락에서 홀은 언어는 관습의 산물이며, 언어 규칙이나 의미 규칙은 특정 담론이 관습적으로 받아들여지는데 필수적인 역할을 한다고 말한다(홀, 294). 곧 우리가 사물이나 담론을 자연스러운 것으로 인식하는 것은 언어의 개입과 지지를 통해서라는 것이다.

또한 동일한 언어 체계 속에서도 어떤 의미들은 당연한 것으로 공공연하게 통용되는 반면, 다른 것들은 지엽적이거나 부당한 것으로 인식되어 주변으로 밀려난다. 이때 지배적인 의미는 종종 이미 굳어져서 의문의 여지없이 사용되는 상식적 표현이나 관용어로 나타나기도 한다. 이들의 굳어진 의미는 누구나가 쉽게 인식할 수 있는 장점을 가진다. 그러나 이 같은 상식적 표현이나 관용어는 지배적 가치나 헤게모니의 유지에 기여한다는 것이 홀의 주장이다(홀, 268). 흔히 사용되는 일상어, 속담이나 사자성어 등도 그것에 속한다.

그렇다면 번역가는 일상적이고 상식적인 언어, 관용적 언어를 어떻게 다루어야 하는가? 이 같은 질문의 배경에는 일반적인 의사소통을 위한 상식적이고 일상적인 언어가 최상의 번역어가 될 수 없다는 전제가 깔려 있다. 다시 말해 규범화된 언어를 별다른 의식 없이 사용하는 과정은 번역가에게 자신만의 독자적이고 개성적인 언어를 구사할 가능성을 차단한다. 일상어를 선호하는 번역은 가장 대중화된 의사소통을 지향하는 것이며, 이때 관용적 표현은 굳어지고 완성된 언어의 결정체인 까닭에 더 이상 언어의 변화나 운동을 수용하기 어렵다.

언어적 규범과 관련하여, 출발 언어와 도착 언어가 국제 사회에서 동일한 위상을 지니고 있지 않는다는 것 또한 자명하다. 곧, 각각의 언어들은 중립적이고 평등한 관계가 아닌 대단히 불균형적인 권력 관계 속에 놓여있다는 말이다. 영어를 비롯한 특정 서구 언어가 제3세계 언어에 비해 월등하게 우월적인 위치를 차지하는 것은 두말 할 것도 없다. 그렇다면 번역은 언어 간의 위계에 깊이 연루되어 있으며, 이 관계를 유지할 수도 있고 반대로 무너뜨릴 수도 있는 "문화적 실천"(베누티, 271)이 된다.

번역가는 출발 언어와 도착 언어의 권력 관계 사이에서 어떤 입장을 취해야 하는가? 각 사회의 언어는 모두 자신만의 가치, 표준, 분류 체계를 가진다. 이것들은 각 언어마다 다를 수 밖에 없는데, 이 같은 차이가 실제 번역과정에서 다양한 변수와 어려움을 가져온다. 이때 번역가가 차이가 나는 요소들을 어떤 시각으로 바라보는가가 중요하다. 곧 주류 혹은 지배 언어와 비주류 언어 혹은 소수 언어 사이에서 어떤 입장을 취하느냐는 것이다. 예컨데, 소수 언어가 가지는 그들만의 가치와 표준, 분류 방식이 주류 언어와는 달리 미분화되어 있다든가 체계적이지 못하다 하더라도 그들의 고유한 양상을 인정하고 받아들이는 것이 필요하다. 이들 간의 차이를 유지하고 수용하느냐 혹은 다른 것을 같게 만드느냐에 따라 도착어의 양상은 달라질 수 있다. 이때 번역가에게 중요한 것은 차이를 어느 정도 허용할지, 어느 정도 동일화시킬지의 한계를 설정하는 것이다.

번역물이 생산되고 읽혀지기 위해서는 언어 체계, 문법 규칙을 따라야 할 뿐 아니라 일반적으로 통용되는 관용적인 표현 또한 이해하고 구사할 수 있어야 한다. 그것에 익숙지 못한 번역은 가독성에 장애를 일으키고 번역의 일차적 목표인 의미전달이나 의사소통에 실패할 수밖에 없다. 하지만 한 걸음 더 나아간다면, 누구나가 사용하는 상식적이고 관용적인 언어, 전형적인 표현들은 언어의 변화나 발전을 유도할 수 없다는 것 또한 사실이다. 실제로 언어의 변천 중 많은 부분은 번역을 통해 이루어졌고, 글쓰기 방식이나 문체 역시 상당 부분 번역을 통해 이루어졌다. 그렇다면 주류 언어의 굳어진 표현이나 규범화된 사용에 저항하는 번역이 오히려 새로운 언어를 창출할 가능성이 높다. 이로써 모국어의 변화를 유도하고, 개성적인 문체를 만들어낼 뿐 아니라, 궁극적으로는 새로운 글쓰기의 전범을 창출하는데 기여할 수 있다.

그 결과 일반적으로 통용되는 언어와 그것이 담고 있는 일반화된 가치 혹은 지배적 가치에 순응하는 번역과 그것에 저항하거나 비판적으로 개입하는 번역은 도착 텍스트에서 대단히 다른 양상으로 나타날 것이다.

3 QUESTION 맺는 말

위에서 살펴본 것처럼, 좁은 의미의 번역 규범은 번역가가 필수적으로 습득해야 할 다양한 규칙과 관례들을 의미한다. 자신의 번역물이 한 사회 내에서 유통되고 인정받기 위해서는 번역가는 이 규범들을 수용하고 익히지 않으면 안 된다. 그것은 당대의 사람들이 선호하는 읽기 방식을 의미하기도 하는데, 그 속에는 가치 체계와 인식 체계, 감정의 구조 등이 포함되어 있기 때문이다. 그러나 이 같은 규범의 그물망 속에는 정치적, 문화적, 언어적 이데올로기가 내재해 있다. 이때 다양한 규범들은 단독으로 작동하는 것이 아니라 서로 연결되고 상충되기도 하면서 권력적 심급으로 작동한다.

번역가가 지배적인 규범에 지나치게 의존할 때, 그의 번역은 자국의 지배적인 가치를 통해 이질적인 요소들을 배제시키고 최종적으로는 자국의 문화나 언어를 고수하고 강화하는 효과를 낳는다. 곧 규범들에 순응하는 번역은 자국의 가치에 합당하지 않는 논의들이나 모순점들을 배제하고, 이를 통해 특정한 외국 문화에 대한 스트레오타입을 형성하고 강화한다.

실제로 한 사회에서 유통되는 대부분의 번역은 규범에 순응하지만, 그것에 저항하는 사례 또한 없지 않다. 규범에 저항하는 번역은 기존의 가치와 상충하고 때로는 그것을 부정하기도 하면서 다른 나라 혹은 다른 문화의 스트레오타입화된 이미지를 수정하는데 중요한 역할을 하는 것이다.

이런 관점에서 보자면 번역은 원래의 텍스트와 동일한 것을 만들어내는 것이라기보다는 '다시 쓰기 rewriting'의 복잡한 과정이다(Lefebvre, 10). 이 다시 쓰기의 과정은 번역가가 지배적 가치나 지배적 규범에 대해 가지는 입장 속에서 이루어진다. 그렇다면 오늘날의 번역 연구는 번역을 통해 특정 문화에 대한 이미지나 지식이 생산되는 과정, 나아가 그것이 전달되고 재배치되며, 새롭게 이해되는 맥락을 밝혀내는 임무를 수행해야 한다.

이에 대해 베누티는 번역이 낳는 중요한 효과 중 하나는 도착문화의 사회문화적 정체성을 형성하는 것이라고 말한 바 있다

(베누티, 121). 곧 번역은 한 사회의 문화적 정체성의 일관성과 동질성을 유지하기도 하고, 경우에 따라서는 그것에 대한 저항과 혁신, 변화를 시도하는 역할을 한다는 것이다. 심지어 번역은 한 사회의 제도를 위협할 수도 있는데, 그것은 번역이 이 제도들을 지탱하고 있는 사회적, 정치적, 문화적 기반의 불안정성을 드러내기 때문이다. 이런 의미에서 오늘날 번역가의 역할은 두 개의 언어를 구사하는 기능인으로서의 역할보다 훨씬 더 중요하게 부각되고, 번역은 일종의 문화 정치적 행위로 파악될 수 있다.

Translation as Border-Crossing

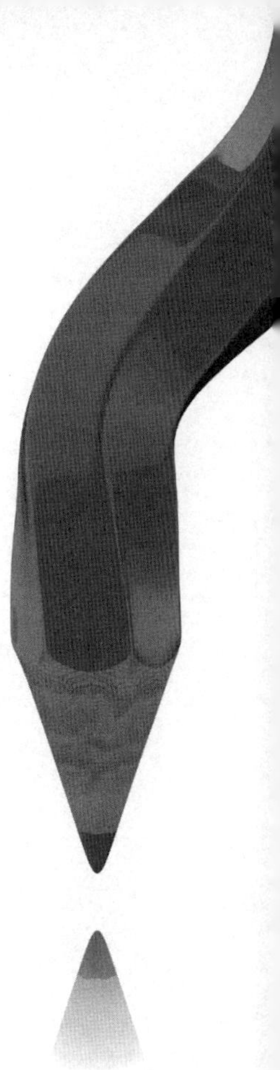

Chapter 2
독일 계몽주의 시대의 번역문학 논쟁

QUESTION

Chapter 2 독일 계몽주의 시대의 번역문학 논쟁

독일 문학사에서 근대적 의미의 번역문학의 도입기였던 이 시기에 당시의 문인들이 논의했던 제반 문제들은 오늘날의 우리에게도 시사하는 바가 적지 않다. 번역의 개념이나 방법론, 번역가의 위상들이 전혀 확립되지 않은 척박한 상태에서, 작가들은 대부분 번역일을 병행했다. 전문적인 번역가라기보다는 문인들이었던 그들은 스스로의 경험과 오류를 통해 방법을 터득해야 했고, 번역뿐 만 아니라 문학 전반의 열악한 환경에 대항하여 싸워야 했다. 이들은 독일 (민족)문학이 아직도 정체성, 혹은 자신들만의 고유한 특성과 장점을 갖추지 못한 상태에서 외국문학을 수용함으로써 궁극적으로는 민족문학이 나아가야 할 길을 찾을 수 있기를 염원했다. 나아가 문학 자체는 더 이상 학자들이나 상류층을 위한 전유물이 아니라 시민을 위한, 그리고 시민에 의한 여론의 장으로 작용할 기틀을 마련하지 않으면 안 되었다.[1] 따라서 그들의 논의와 시행착오, 그리고 올바른 번역에 대한 노력과 번역가의 위상을 찾기 위한 투쟁은 어느 때보다 치열하게 나타난다. 또한 그들이 논의했던 쟁점들은 순수문학적, 미학적 차원에 머무르지 않고 오히려 사회사적, 문화사적 요소를 다분히 내포하고 있다.

18세기 독일 계몽주의 작가들의 번역을 둘러싼 그 같은 논의의 한가운데는 고쉐트 J. Ch. Gottsched를 중심으로 한 이른바 라이프치히 학파와 보트머 Bodmer와 브라이팅어 Breitinger를 필두로 하는 취리히 학파 간의 격렬한 번역문학 논쟁이 놓여있다. 뒤이어 등장한 젊은 비평가 레싱은 양쪽을 동시에 비판하면서 그들의 시대를 종식시키고, 수많은 사람들을 대상으로 독자적인 논쟁을 계속한다. 엄밀한 의미에서 보자면 그들은 비단 번역문학 자체만을 두고 논쟁을 펼쳤다기 보다는 오히려 문학, 시학 전반에 대해 논의했던 까닭에, 그들의 번역문학 논쟁은 문학 전반에 대한 논의와 맞물려 있다.

---

1) 식자들이 주도한 이전 시기의 문학은 여전히 상당 부분 라틴어로 쓰여졌고, 궁정을 비롯한 상류층에서는 프랑스어가 주로 사용되었던 사실은 독일 문학의 발전에 저해 요인으로 작용했다. 그런 의미에서 본다면 고쉐트가 라이프치히 대학에서 독일어로 강의를 했던 것은 획기적인 사실이었음에 틀림없다. 아울러 번역이 교양어나 식자들의 언어를 '시민 계층'의 독자를 대상으로 하는 독일어로 옮긴다는 점에서는 지적 수준이 낮은 작업으로 오인될 수 있었다.

1 QUESTION 계몽주의 시대의 번역이론

본격적인 번역문학 논쟁을 다루기에 앞서 우선 당시의 번역에 대한 이론들을 잠시 살펴보기로 한다. 실제로 번역문학의 출판과 시장 점유율이 눈에 띠게 높아지고 있었지만, 번역은 개인적인 경험에 의존하는 경우가 대부분이었고, 번역에 지침이 될 만큼 실질적이고 체계적인 이론은 거의 존재하지 않았다. 그런 가운데 고췌트가 집필하여 당시에 널리 통용되던 문학사전에서는 '번역'이란 표제어 아래 다음과 같이 설명하고 있다.

> 번역이란 하나의 글을 다른 언어로 옮기는 것을 말한다. 그것은 글쓰기 기법에 아주 유용한 훈련이 된다. 왜냐하면 번역자는 모든 단어, 어법, 문장, 전체 말의 구성에 대해 일반 독자보다 훨씬 더 많은 주의를 기울이기 때문이다. 그는 다른 사람이 간과해 버리는 곳에서도 여러 가지 수식이나 아름다움을 발견한다(Gottsched, 38).

이것은 바로크 시학의 대가였던 마르틴 오피츠 Martin Opitz의 구절을 거의 그대로 인용한 것으로(Opitz, 68), 당시의 번역에 대한 이해가 여전히 바로크의 수사학과 시학의 전통을 계승하고 있으며, 번역의 주된 과제를 글의 장식적 요소 ornatus를 살리는 데서 찾고 있음을 보여준다. 나아가 오피츠와 마찬가지로 이 사전의 집필자인 고췌트도 젊은 작가들에게 고대 작품을 번역할 것을 권고했는데, 이는 무엇보다 문체를 연습하기 위한 목적에서였다. 다시 말해 번역을 독자적인 활동이라기보다는 습작 수단으로 이해하는 것이다.

이보다 체계적인 번역이론으로는 게오르크 벤츠키 Georg Venzky의 「훌륭한 번역의 양상 Bild eines geschickten Übersetzens」을 들 수 있다. 그는 「독일 언어, 시학, 웅변의 비판적 역사를 위한 기고 Beiträge zur kritischen Historie der deutschen Sprache, Poesie und Beredsamkeit 1732-48」에 발표한 위의 논문에서 다음과 같이 쓰고 있다.

> 능숙한 번역이란 모사로서, 원전에 쓰인 것을 다른 언어로 다시 전달하며, 완전히 한 단어 단어가 아니라, 한 문장 한 문장씩 원전의 자취를 그대로 쫓아간다(Gottsched 1751, Bd. 9, 64에서 재인용).

번역에 대한 당시의 주먹구구식 이해와 비교해 본다면 이는 체계화된 이론을 확립해 보려는 시도임에 틀림없다. 우선 그는 번역의 기본단위를 '문장 Satz'에 둠으로써 '축자역 wörtliche Übersetzung'보다 유동적인 자세를 보인다.

그러나 벤츠키의 번역론은 근본적으로 원형 Vorbild과 모사 Nachbild의 관계, 다시 말해 18세기 문학론 자체의 중심 논제라고 할 수 있는 '모방 원칙 Nachahmungsprinzip'에서 출발하고 있음을 알 수 있다. 다시 말해 자연을 모범으로 삼아 대상을 있는 그대로 충실하게 재현하려고 하는 미메시스 Mimesis의 원칙이 원문과 번역문 사이에도 마찬가지로 적용되는 것이다. 또한 번역자의 역할은 원전에 내재된 저자의 의도보다는 텍스트의 표층구조에 나타난 부분들을 얼마나 기교적으로 모사하느냐에 따라 평가되는데, 여기에 번역자의 주관적이고 창의적인 해석이 개입될 여지는 거의 없다. 이는 번역이란 텍스트를 있는 그대로 옮기는 것이 아니라 새로운 작품에 버금가는 창조적인 행위로, 언어 속에 내재해 있는 개인적이고 집단적인 경험까지도 인지해야 한다고 여겼던 이후 낭만주의자, 특히 아우구스트 빌헬름 폰 슐레겔 August Wilhelm von Schlegel이 주장했던 것과는 커다란 차이가 있다(최민숙, 41).

2 QUESTION 출발어 텍스트에 대한 논쟁

1. 고대문학 vs. 동시대 문학

번역이론을 정립하기 위한 이 같은 시도들과 더불어 가장 먼저 논의된 것은 출발 텍스트의 선정 문제이다. 어떤 작품을 번역할 것인가 하는 텍스트 선정의 문제는 당시 여전히 상당한 영향력을 미치고 있는 고대작가들의 텍스트와 동시대의 외국문학 텍스트로 크게 나누어졌는데, 그것은 이 중 어느 쪽이 독일문학의 발전에 더 큰 도움을 줄 수 있을까라는 물음과 관련된다. 나아가 이 논쟁은 실은 17세기 프랑스에서 시작된 신구논쟁 La Querelle des Anciens et des Modernes과 무관하지 않다.

개선문의 비명을 라틴어로 하느냐, 프랑스어로 하느냐는 문제에서 발단된 이른바 신구 논쟁에서 브왈로 Boileau와 라 브뤼에르 La Bruyère, 라 퐁텐느 La Fontaine, 라신느 Racine 등은 고대문학의 편에 섰다. 그들은 고대문학이 이미 완벽한 아름다움, 다시 말해 아름다움의 극치를 구현했기 때문에, 그것은 미적 판단에 있어 시간과 장소와 무관하게 불변의 척도로 작용한다고 보았다. 그에 반해 페로 Perrault, 퐁트넬 Fontenelle을 선두로 궁정 여성들과 아카데미 회원들이 가세한 반대 세력은 미적 판단에 '취향 goût'의 개념을 도입하여 그때까지 논란의 여지가 없었던 고대문학의 권위에 의문을 제기했다. 이 논쟁은 고대 정신에 대한 민족 정신, 보편주의에 대한 개별주의의 반발이자 고대의 권위에 대한 맹신적인 숭배로부터의 해방으로, 다음 세기를 지배할 정신적 혁명으로 평가된다(쓰지 유미, 117).

프랑스에서 시작된 이 신구 논쟁은 18세기에 들어와 독일 문인들 사이에서도 활발히 거론되었다. 여기서도 미적 판단에 불변하는 기준이 있을 수 있는지, 아니면 그것은 시대와 사회적인 요인에 따라 변화하는 것인가 하는 논의가 우선되었다. 미적 판단 기준으로 '취향 Geschmack'이 새로운 패러다임으로 떠오른 것과 더불어[2] 그때까지 미적 기준의 전범으로 작용했던 고대문학의 절대성에 대해서도 의문이 제기되기 시작한 것이다. 그러나 엄밀하게 본다면 이것은 고대문학 자체에 대한 불신이라기

2) 독일에서 취향의 문제를 제일 먼저 거론한 사람은 작센의 궁정 시인 요한 울리히 쾨니히 Johann Ulrich König였다. 그는 1727년 「좋은 취향에 관한 고찰」에서 취향이란 감각적인 작품에 대해 느끼는 즉각적인 감정의 반응인데 반해, 판단은 엄격한 논리적 전개를 거쳐 진리에 도달하는 오성의 활동이라고 구분하였다. 그에게 있어 취향이란 어디까지나 낮은 단계의 인식에 불과했다. 예컨대 고쳬트의 경우, 취향이 오성이 가지는 판단 기능을 대신할 수 있다고 보지는 않았다. 그러나 그는 취향이란 특수한 신분에 속하는 사람들만이 향유할 수 있는 것이 아니라 비록 시민 계층이라 할지라도 후천적인 교육을 통해 습득이 가능하다고 보았다는 점은 그의 미학적 개념이 시민적인 바탕과 계몽적인 의지에서 출발하고 있음을 보여준다. 물론 그의 시론, 특히 장르론에서 신분제한규정을 지키도록 요구한다는 점에서 신분적인 한계를 완전히 뛰어넘지는 못했다 할지라도 미적 취향이 누구에게나 가능하다고 보았다는 점에서는 그의 문학관이 가지는 시민성을 어느 정도 인정해야 할 것이다. 취향의 개념에 관한 한, 그의 반대자였던 보트머와 브라이팅어 역시 시대적 제약을 완전히 벗어나지 못했고, 그 결과 고쳬트의 이론과 크게 다르지 않았다. 그들은 작가의 역할이란 독자들에게 '훌륭한 취향'을 가르치는 것으로, 작가들 스스로 훌륭한 취향을 소지하고 있어야 한다고 믿었다.

보다는 프랑스 의고전주의에 의해 굴절된, 다시 말해 과도한 이성과 합리성, 규칙과 규범으로 해석된 프랑스 의고전주의식 고대문학에 대한 의문제기라고 불러야 할 것이다.

신구 논쟁, 또 뒤이어 벌어진 취향 논쟁과 더불어 일기 시작한 새로운 문학에 대한 욕구는 고대문학의 권위를 단번에 폐기하지는 않았다 하더라도 각 민족의 고유하고 개별적인 문학적 특성을 부각시키는 결과를 가져왔다. 그로 인해 고대문학으로 기울어 있던 독서 취향과 관심은 젊은 세대들을 중심으로 프랑스, 영국, 이탈리아, 스페인 문학과 같은 다른 유럽 국가들의 동시대 문학으로 확산된다.

그 결과 18세기 중반 이후부터는 고대 원전 외에 출발텍스트의 종류도 언어별로 눈에 띄게 다양해진다. 예를 들면 「서적과 예술품 거래를 위한 잡지 Magazin des Buch-und Kunsthandels」에 따르면 1780년에서 1782년 사이에 라이프치히 도서전시회에 전시된 외국서적의 종류는 프랑스어로 된 것이 약 40%(648종)로 여전히 가장 많지만, 그 뒤를 영어 20%(327종), 이탈리아어 19%(305종)로 뒤따르고 있다(Kiesel u. Münch, 195). 뿐만 아니라 네덜란드어, 덴마크어, 스페인어 서적 또한 적지 않게 소개되었다. 특히 18세기 후반에서 번역서가 가장 활발하게 출판되었던 1785년의 경우, 프랑스 서적의 번역이 70권으로 가장 많고, 그 다음으로는 영어가 38권, 이탈리아어가 10권, 네덜란드어가 7권, 덴마크어가 5권, 스페인어가 4권에 이른 반면, 라틴어 책의 번역은 15권, 그리스어 4권, 히브리어 3권에 불과했다는 사실은 출판 혹은 독서계의 관심이 동시대 문학으로 선회하고 있음을 입증하는 것이다(Kiesel u. Münch, 197). 실제로 18세기 초반까지 도서시장에 나온 책들 중에는 여전히 라틴어 서적이 독일어로 된 책의 종류를 능가했다는 사실을 상기한다면 이는 엄청난 변화라고 부를 수 있다.

2. 영국 문학 vs. 프랑스 문학

고전어 번역을 대신하여 이렇게 언어별로 다양해진 번역서의 출판은 다음 단계로 동시대 문학 중에서는 어떤 문학, 특히 프랑스 문학과 영국 문학 중 어느 쪽의 수용에 더 많은 비중을 두느냐 하는 물음으로 이어진다. 여기서 라이프치히 진영과 취리히 진영은 정면으로 대립한다. 아울러 이들을 중심으로 양분되어 있던 당시의 독일 문학 현장은 영국 문학과 프랑스 문학의 우열을 가리는 논쟁에서도 대부분 당파적인 입장에서 벗어나지 못했다. 라이프치히 진영에서는 여전히 프랑스 문학의 우수성을 확신하고 있었고, 프랑스어 텍스트의 번역에 주력하였다. 고췌트는 영국 문학 전반을 자신이 주장하는 규칙미학 혹은 규범문학의 기준에 어긋나는 불규칙적인 문학이라고 여겼고, 이에 반해 프랑스 문학은 고대인들이 설정해놓은 규칙과 모범을

훨씬 더 정확히 따르고 있다고 확신했다.[3]

고쉐트의 추종자들이었던 라이프치히 진영에서 가장 왕성한 번역 활동을 한 사람으로 루이제 아델군데 빅토리에 고쉐트 Luise Adelgunde Victorie Gottsched(1713-1762)를 꼽을 수 있다.[4] 그녀는 무엇보다 동시대 지식인들에게 많은 영향을 주었고, 백과사전학파의 선구자라 불리는 피에르 베일 Pierre Bayle의 『역사와 비평 사전 *Dictionnaire historique et critique*』(1697)을 옮기는 작업에 동참하였다. 뿐만 아니라 그녀는 탁월한 지적 능력과 섬세한 언어 감각으로 마리보 Marivaux의 『벼락부자가 된 시골뜨기 *Paysan parvenu*』를 번역했으며, 몰리에르, 데튜슈, 볼테르의 작품들도 소개했다. 그녀의 번역 원칙은 계몽적 의지에 충만했던 고쉐트의 뜻에 따라 독일 독자들이 쉽게 접근할 수 있도록 프랑스 작품들을 독일식으로 바꾸어 번안하는 것이었

---

3) 예를 들면 고쉐트가 연극개혁을 실현하기 위한 방편으로 1741년부터 1745년까지 발간한 「도이췌 샤우뷔네 *Deutsche Schaubühne*」에는 전체 38편의 작품 중에서 16개의 번역 작품을 포함하고 있다. 그들 대부분은 프랑스 원작으로 다음과 같다. Racine의 *Iphigenia*, St. Evremond의 *Die Opfern*, Moliere의 *Der Menschenfeind*, Du Frony의 *Der Widerwillige*, Marie-Anne Barbier의 *Die Mutter der Graccen*, Destouches의 *Das Gespenst mit der Trommel oder Der wahrsagende Ehemann*, *Der Verschwender oder Die ehrliche Betrügerin*, *Der poetische Dorfjunker*, Corneille의 *Die Horazier*, *Cid*, Voltaire의 *Zaire*, Dufresny의 *Die Spielerin* 등을 들 수 있다.

4) 그녀는 실은 프랑스어뿐만 아니라 영어에도 능통했다. 그녀는 애디슨 Addison과 스틸 Steele의 「스펙테이터 *Spectator*」의 완역에 크게 기여했고, 그녀가 번역한 「관객 *Der Zuschauer*」은 독일 도덕주간지의 모범이 되었다. 「가디언 *Guardian*」의 독일어 판이라 할 수 있는 「감독자 혹은 후견인 *Aufseher oder Vormund*」 역시 그녀의 번역에 힘입고 있다. 따라서 그녀는 연극계의 노이버린과 더불어 18세기 초반의 여성으로 문학사에 남아있는 보기 드문 경우이다.

다. 예컨대 그녀는 원작의 등장인물들을 당시에 유행하던 계몽적인 '유형극 Typenkomödie'에 맞추어 독일 이름으로 바꾸었다.[5)]

그녀는 『불평등한 결혼 *Die ungleiche Heyrath*』, 『유언 *Das Testament*』, 『재담꾼 *Der Witzling*』과 같은 이른바 작센 희극 Sächsische Komödie을 직접 쓰기도 했다. 그녀의 작품 중에 비교적 많이 알려진 『페티코트 속의 경건주의 *Die Pietisterey im Fischbein-Rocke*』 또한 실제로는 프랑스 작품을 번안한 것이다. 그녀의 독일어 개작은 엄밀한 의미에서 창작도 번역도 아닌, 그 어느 쪽에도 충실치 못했던 것이 사실이지만, 당시의 상황을 고려한다면 그녀의 업적에 더 많은 의미를 부여해야 할 것이다. 남편의 영향력 아래에 있긴 했지만 여성으로 보기 드물게 문학 활동에 관여했으며, 나아가 순수한 창작물을 낳을 만큼 독창성이 확보되지 않은 상태에서 번안은 창작으로 나아가기 위한 중간 단계의 역할을 했던 까닭이다. 다시 말해 상이한 문화와 언어에서 오는 이질감을 최소화시키고, 친숙한 인물이나 상황 설정을 통해 독자들에게 보다 쉽게 다가가게 한다는 그녀의 작업 원칙은 '계몽'이란 시대적 담론에서 비롯된 것이었다. 이렇게 본다면 이질 문화를 이입하는 초기단계에서 나타났던 번안 혹은 개작은 오늘날 종종 논의되는 상호텍스트성과는 또 다른 의

5) 예를 들면 『페티고트 속의 경건주의』에 나오는 등장인물의 이름은 Herr Glaubeleicht, Wackermann, Herr Magister Scheinfromm, Frau Zanckenheimin, Frau Seuffzerin 등이다.

미로, 미학적인 측면보다는 문학의 의사소통적, 교육적, 계몽적 측면을 강조하면서 임시적이긴 하지만 시대적 요청에 상응하는 중대한 기능을 수행했던 것이다.

프랑스 문학을 옹호하는 라이프치히 진영에 반해 취리히 진영에서는 영국 문학의 우수성을 주장했다. 그들은 무엇보다 영국 문학이 담고 있는 시민적이고 '자연스러운' 기질이 독일인의 정서에 더 일치한다고 보았다. 그러면서 취리히 학파는 영국 작가들 중에서도 밀턴을 자신들의 모범으로 간주했다. 특히 밀턴의 『실낙원 *Paradise Lost*』은 종교적이고 교화적인 성향으로 기울어져 있던 취리히 문인들에게 고대 호메루스나 핀다로스를 능가하는 최고의 문학으로 여겨졌다. 1732년부터 1780년에 이르기까지 총 여섯 번에 걸쳐 이 작품을 번역한[6] 보트머는 밀턴을 자신이 주장하는 '경이로운 것 das Wunderbare'과 '고귀한 것 das Erhabene', '상상력 Einbildungskraft'이라는 명제에 일치하는 전형으로 보았다. '보이지 않는 것 das Unsichtbare', '새로운 것 das Neue', 그리고 새로운 것의 극단적인 형태인 '경이로운 것 das Wunderbare'은 종교적인 표상에서 가장 잘 표현된다고 보았던 그의 주장에 밀턴의 작품이 탁월하게 부합했던 것이다. 브라이팅어 역시 "정신을 고양시키고 마음을 감동시키며", 이로써 "열정적이고 감동적이거나 혹은 마음을 움직이는 글쓰

6) 최초의 번역은 1724년에 끝났지만, 그것은 종교적인 교조주의자들의 저항과 취리히 시 당국의 검열 때문에 1732년 처음으로 발표되었다.

기 양식 pathetische, bewegliche oder hertzrührende Schreibart" (Breitinger, 323)의 전범을 밀턴에서 보았다. 한때 취리히파 사람들과 가까웠던 클롭스톡 역시 수십 년에 걸친 『메시아 *Der Messias*』의 작업동안 보트머가 번역한 밀턴의 『실낙원』을 모범으로 삼았고, 보트머의 번역을 통해 많은 자극을 받았다고 고백한다.

이에 대해 고췌트는 보트머의 번역뿐 아니라 밀턴의 『실낙원』 자체를 비난했다. 특히 고췌트는 보트머가 밀턴을 자신들의 이론을 위한 준거로 삼는 것을 로엔슈타인식 과장문체 Schwulst로 역행하는 처사라고 비난했다. 그리고 보트머에게는 어느 작가도 능가할 수 없는 탁월한 업적으로 여겨졌던 밀턴의 운문이 고췌트에게는 거칠고 딱딱하기 짝이 없고, 밀턴의 언어적인 특징은 영어의 일반적인 문법에 위배되며, 나아가 그것을 번역하는 것은 독일어 규칙에도 악영향을 미친다는 것이다 (Gottsched 1740, 652).

그러나 이 같은 논쟁의 결과, 독일 문인들의 외국문학 수용 자세에는 커다란 변화가 감지된다. 특히 지리적으로 영국과 가까운 북부 독일에서는 이미 시민 의식이 강하게 나타난 영국 문학에 대한 관심이 급속도로 커져갔다. 이것은 18세기에 이르러 함부르크를 중심으로 하는 독일 북부지역과 영국 사이의 경제적인 교류가 급속하게 늘어난 것과도 무관하지 않다. 영국으로 여행하던 독일인들의 숫자도 빠른 속도로 증가했고, 작가들 중에서도 예컨대 알베르트 폰 할러 Albrecht von Haller와 프리트리히 하게도른 Friedrich Hagedorn은 영국 여행을 한 후, 그곳에서 얻은 인상을 독일 국민들에게 전하기도 했다.[7] 이에 따라 시 분야에서는 알렉산더 포프 Alexander Pope, 제임스 톰슨의 『사계 *The Seasons*』 등이, 소설에서는 리처드슨 Richardson의 『파멜라 *Pamela, or Virtue Rewarded*』를 비롯한 편지소설, 그리고 샤프츠버리의 철학적 논고가 독일어로 여러 차례 번역되면서 많은 독일 작가와 번역가들에게 영국문학은 새로운 패러다임으로 작용했다. 비록 영국문학에 대한 그들의 이해가 여전히 피상적이고 단편적이었으며, 몇몇 작가에 대한 부분적인 인상에 국한되었다 하더라도, 그것은 독일 문학이 일방적으로 프랑스 문학을 모방하던 것에서 벗어나 다양화된 수용양상을 보여주고, 나아가 부상하고 있는 시민계급을 위한 문학의 기틀을 마련하는데 기여하게 된다.

7) 함부르크는 당시 영국 문화를 전하는 관문이었다. 그곳에서는 일찍부터 (예를 들면) 「Spectator」, 「Tatler」와 같은 영국의 도덕주간지들이 알려져 있었고, 그것을 모방한 독일 도덕주간지들도 급속히 생겨났다. 1724년 함부르크에 이 도시의 대표적인 상인 가문 출신들이 중심이 되어 애국협회 Patriotische Gesellschaft가 만들어졌고, 1724년부터 1726년 사이에 「애국자 Der Patriot」라는 도덕주간지를 발간하기도 했다(Oppel, 53).

3 QUESTION 번역방법론에 관한 논쟁: 운문텍스트의 산문번역

이 장에서는 앞에서 살펴본 영국 문학의 번역 및 수용 과정의 대표적인 사례로, 크리스토프 빌란트 Christoph Wieland의 셰익스피어 번역이 가지는 의미와 문제점들을 짚어보고자 한다. 이는 빌란트의 번역이 독일의 셰익스피어 번역사, 영국 문학 수용사에서도 중요한 위치를 차지한다는 사실 이외에도 당시 번역방법론에 대한 핵심적인 논쟁을 불러 일으켰기 때문이다.

애초에는 주로 유랑극단에 의해 독일에 소개된 셰익스피어의 극은 18세기 전반까지지도 거칠고 조야한 즉흥극의 형태를 벗어나지 못했다. 그것은 제대로 정립된 대본도 갖추지 않은 채 상황에 따라 즉흥적으로 공연하는 경우가 많아, 곧잘 피비린내 나는 살인과 광기, 관능과 불륜을 다루는 비도덕적인 정사극 혹은 복수극으로 인식되곤 했다. 젊은 세대의 독일 문인들은 점차 셰익스피어의 명성과 그의 극이 프랑스 궁정극과의 본질적으로 다르다는 사실을 인식하긴 했지만, 개별 작품들을 제대로 알고 있지 못했다. 예컨대 레싱은 여러 차례 셰익스피어의 천재성을 예찬했음에도, 실제로 그의 작품들을 제대로 파악하고 있었다고 보기는 어렵다(안미현, 159).

그런 가운데 빌란트가 셰익스피어의 작품들을 번역한 것은 셰익스피어의 수용에 새로운 국면을 열어주는 것이다. 재능 있는 젊은 작가들을 자신의 집으로 불러들였던 취리히의 후원자 보트머의 초청을 받아들여 한동안 그곳에 머물렀던 빌란트는 자신의 문학적 성향이 종교적, 교화적 성향이 강한 보트머의 요구와 더 이상 맞지 않음을 인식하게 된다. 비버라흐로 돌아온 후, 빌란트는 부분적으로는 경제적인 궁핍을 해결하기 위한 방편으로 번역을 시작했고, 1762년에서 1766년까지 셰익스피어의 드라마 중 22편을 번역했다. 뿐만 아니라 비버라흐 시의 개신교 희극단 Evangelische Komödiantengesellschaft의 책임자이기도 했던 그는 이 연극단체를 위해 셰익스피어의 『폭풍우 *The Tempest*』를 번역했다. 다음은 그가 번역한 『폭풍우 혹은 마법에 걸린 섬 *Der Sturm, oder; Die bezauberte Insel*』의 한 부분이다.

All things in common nature should produce
Without sweat or endeavour. Treason, felony,
Sword, pike, knife, gun, or need of any engine
Would I not have; but nature should bring forth
Of it own kind all foison, all abundance,
To feed my innocent people.[8)]

---

8) William Shakespear, The Tempest, in: The Complete Works, Stanley Wells and Gary Taylor, (edi.), Oxford 1988, p.1167-1189, p.1176.

Alle Dinge sollten gemein seyn; die Natur sollte alles von sich selbst hervorbringen, ohne Arbeit und Schweiß der Menschen. Keine Ver- rätherey, keine Übelthaten, kein Spieß, kein Messer, kein Schieß- gewehr, kurz keine Nothwendigkeit von irgend einem Instrument; denn die Natur sollte aus eigenem Trieb alles in Überfluß hervorbringen, was zum Unterhalt meines unschuldigen Volkes nötig wäre.[9]

이 두 텍스트에서 첫 눈에 알 수 있는 것은 빌란트는 상당 부분 운문으로 된 셰익스피어의 드라마를 전부 산문으로 옮겼다는 점이다. 하지만 그의 번역은 셰익스피어의 원전을 접할 수 없었던, 그래서 그의 명성 정도나 알고 있었던 많은 독일 문인들로부터 탁월한 업적으로 평가받았다. 무엇보다 빌란트는 취리히 체류 시절 사전과 독서를 통해 독학으로 영어를 배워 영어의 관용적인 표현들을 거의 알지 못했다는 점이나 그에게는 이후 아우구스트 빌헬름 폰 슐레겔이나 루트비히 티크와 같은 낭만주의자들에게 가능했던 여러 가지 보조 수단들이 존재하지 않았다는 점을 감안한다면[10] 오늘날의 역자들도 경탄할 만한 수준이다.

---

9) Martin Wieland, Der Sturm oder; Die verzauberte Insel, in: http//www.gutenberg.aol.de/Wieland.

10) 빌란트가 셰익스피어 번역에 사용한 보조 수단이라고는 단지 Abel Boyer의 『*Dictionnaire Royal, francois-anglois et anglois-francois*』와 셰익스피어 표현법을 수록한 작은 책자 한 권에 불과했다(Brender, 39).

그러나 전반적인 찬사에도 불구하고 빌란트의 셰익스피어 번역은 번역에 있어서의 원전형식에 대한 논란을 불러 일으켰다. 18세기 중반에 들어서자 이미 운문 작품들을 산문으로 번역하는 사례가 늘어나기 시작하는데, 이처럼 원전의 형식을 자의적으로 바꾸는 방식은 비단 빌란트의 경우에서만 볼 수 있는 것은 아니었다. 이 같은 흐름은 운문 텍스트를 다른 언어로 옮길 때, 각운, 음절, 리듬 등 운문 특유의 특징들을 살리는 것은 거의 불가능에 가깝다는 인식과 함께, 근본적으로 운문 텍스트가 가지는 지나치게 구속적인 외형의 족쇄로부터 벗어나고자 하는 일련의 시도와 맞물려 있다. 반면, 작품의 형식적인 특징이 내용과 불가분의 관계에 있는 운문의 경우, 형식적인 특성을 고려하지 않는 것은 원전을 조악하게 일그러뜨리는 행위라는 비판 또한 만만치 않게 제기되었다.

실제로 빌란트는 원전이 가지는 언어적, 형식적인 측면, 나아가 셰익스피어가 구현한 언어의 리듬감과 음악성을 고려하지는 못했다. 그의 번역이 앞서 논의한 루이제 아델군데 빅토리에 고췌트의 경우와 비교한다면 훨씬 더 원문에 충실한 것은 사실이지만, 그것은 원전의 형식까지 살린 '형식적 등가'(Stolze, 93)의 번역과는 거리가 먼 채, 셰익스피어를 1760년대의 문체로 옮겨놓은 것에 가까웠다. 뿐만 아니라 빌란트 자신이 여전히 뿌리를 두고 있던 로코코식 문학관으로는 셰익스피어 극이 가지는 스케일과 깊이, 그리고 작품의 다층적인 구조와 복합적인 역사성을 이해하기란 쉽지 않았다. 그는 셰익스피어의 원문을 줄이거나 늘렸고, 많은 부분을 생략했으며, 때로는 슈바벤 사투리를 섞어 넣기도 했다. 또한 오늘날의 용어로 정의한다면 '전체역 total translation'이 아닌 '부분역 partial translation'에 해당하는 것으로, 텍스트 비평적 차원이나 문헌학적 관점보다는 문화적 전이 기능이 강조된 번역이라 하겠다.

그러나 빌란트는 셰익스피어 번역을 통해 그때까지 경험해 보지 못했던 개인적인 표현의 자유와 직접성, 그리고 주관적 열정을 알게 되었다고 고백한다. 또한 빌란트는 "그(셰익스피어)보다 인간적인 마음을 더 잘 알고 더 잘 발견한 사람은 별로 없다. 그리고 너무나도 다양한 장면 속에서 그렇게 많은 진실을 담은 자연을 그보다 더 잘 묘사한 사람은 없다"라고 셰익스피어를 평가한다(Sengle, 164에서 재인용). 이렇게 하여 빌란트는 "오해의 역사이며, 세계문학에서 가장 생산적인 수용의 역사"(포제너, 191)라고 불리는 독일인들의 셰익스피어 수용사에서 적지 않은 몫을 담당한다. 다시 말해 빌란트의 번역은 슈트름 운트 드랑 작가들의 천재예찬 Geniekult의 바탕을 마련해주었고, 이후 독일 문인들이 산문으로 극을 쓰는데 기여했던 것이다. 이는 곧 빌란트의 셰익스피어 상이 영국의 셰익스피어와는 다른, 천재의 표상이라는 독일 특유의 셰익스피어를 갖게 되는 정초를 마련해 주었음을 의미한다. 셰익스피어의 작품 속에 자연과 삶과 인간의 본질이 계시되어 있다는 통념이 그를 통해 이후 독일 문인들 사이에 확고하게 자리 잡게 되는 것이다.

결과적으로 본다면 운문 텍스트의 산문 번역이 부정적인 영향만을 가져온 것은 아니다. 이는 문학을 무엇보다 운을 맞추는 기술 Reimkunst로 이해하던 바로크 식 문학관을 벗어나 내용적인 측면, 내재적인 의미에 점점 더 큰 비중을 두면서 형식적인 구속보다는 자유로운 리듬을 따르려는 당시의 시인들의 요구와 관련되어 있다. 다시 말해 이 같은 추세는 규칙과 규범을 맞춘 문학에서 내면성과 주관성의 표현으로서의 문학으로 이행되는 과정으로 이해될 수 있다. 그 결과, 무운시행 Blankvers과 자유 리듬시 등이 그때까지 지배적이었던 알렉산더 시행의 위치를 흔들어 놓는 결과를 가져오게 된다(Schuppenhauer, 105).

4 QUESTION 작품 외적 상황에 관한 논쟁: 번역 및 번역가의 사회적 위상

번역문학에 대한 지금까지의 몇 가지 논의에 이어 계몽주의 시대의 문학 외적인 상황을 잠시 살펴보자면, 이는 무엇보다 번역가의 사회적 위상과 관련된다. 번역이 전문적인 지적 활동으로 인식되지 않고, 번역가들이 전문 직업군으로 자리 잡지 못한 상황에서 번역 활동과 번역가 자체에 대한 사회적 인식이나 대우가 열악했던 것은 두말할 필요가 없다. 대부분 번역가 겸 작가이기도 했던 그들은 이후 이른바 '자유기고가 freier Schrift-steller'로 불리게 되지만(Ungern-Sternberg, 158), 그들이 번역 작업을 통해 자신의 생계를 보장받는 것은 상상할 수 없는 일이었다. 이 같은 상황이 이백년이 훨씬 지난 오늘날에도 크게 달라지지 않았다는 점을 미루어 본다면 당시의 상황으로는 전혀 놀라운 일이 아니니다.

따라서 번역 활동에 대한 사회적 인식의 개선과 제도적인 뒷받침을 요구하는 목소리들 또한 없지 않았고, 이 같은 요구는 당시의 군주였던 프리트리히 2세와 프로이센 학술원에 대한 비판으로 이어진다. 독일의 대표적인 학술기관이었던 베를린 학술원은 라이프니츠의 권고에 따라 영국의 왕립학회 Royal Akademie와 프랑스 학술원 Académie française의 모범에 따라 1700년에 만들어진 것으로, 프리트리히 대제 때 전성기를 누렸다. 역사가들에 의해 종종 프리트리히 대제라 불렸던 프리트리히 2세는 1741년 프랑스의 철학자이자, 수학자, 물리학자인 모페르튀이 Pierre Louis Moreau de Maupertuis를 베를린 학술원장으로 임명했다.[11] 그 외에도 복잡한 친분 관계를 유지했던 볼테르, 주치의이자 유물론적 철학자였던 라 메트리 La Mettrie, 바퀴라르 다르노 Baculard d'Arnaud와 같은 프랑스 철학자들을 베르사유 궁전을 본뜬 산수시 궁전으로 불러들임으로써 그

11) 모페르튀이는 라이프니츠의 추종자였던 사무엘 쾨니히 Samuel König와 볼테르 Voltaire와의 갈등으로 1756년 물러날 때까지 베를린 학술원장 직책을 맡았다.

의 궁전은 독일 내 프랑스 문화의 중심지가 되었다. 그는 이를 통해 자신의 궁정을 유럽의 정신적, 문화적 중심지로 만들고자 했던 것이다.

이른바 문무를 겸비한 지적인 계몽군주로 불리는 프리트리히 2세는 프랑스 문화에 경도되어, 프랑스어로 말하고 글을 읽고 썼다. 그는 자국의 문화나 문학에 대해서는 별다른 이해심을 보이지 않았고, 이런 상황에서 독일 문학이나 번역에 대한 정부 차원의 정책적인 후원은 기대하기 어려웠다. 프리트리히 2세와 베를린 학술원의 이 같은 분위기는 1660년에 설립된 영국 왕립학회의 입장과 비교해보면 좋은 대조를 이룬다. 영국 왕립학회는 당시 추구하던 고전주의 문학 이념에 맞추어 작가들에게 명료하고 솔직하며, 지나치게 기교를 부리거나 현학적이지 않은 문체를 사용하도록 권고함으로써 중산층과 일반인들이 즐겨 사용하는 언어를 장려했던 것이다. 이런 상황에서 당시 독일 지식인들이 프리트리히 치하의 독일이 유럽의 어느 나라보다 자유가 제한되었으며, 학문과 예술에 대한 지원과 이해가 부족하다고 여겼던 것은 놀라운 일이 아니다. 고췌트, 보트머, 브라이팅어, 겔러트와 같이 대학교수직을 얻거나, 클롭스톡이나 쾨니히처럼 궁정의 후원을 받았던 몇몇 운 좋은 문인들과는 달리 대부분의 작가들은 공적인 지위를 얻지 못했고, 그 중의 한 사람이었던 레싱은 미발표 원고에서 프리트리히 2세에 대해서 다음과 같이 말한다.

메첸에게

[...]

저기서 군주는 한 무리의 훌륭한 사람들을 먹여 살린다네, 농담을 하며 국사의 염려로부터 휴식하기 원하는 저녁이면 즐거운 충고를 해주는 그들을 필요로 하지.

메첸이 되기에 그에게는 얼마나 많은 것이 부족한지!

훈장 더미를 얻는다 해도 내가 그처럼 비천한 역할을 할 수 있으리라고 생각지 않네.

왕은 계속해서 나를 지배할 수 있겠지. 그는 나보다 권력이 많지만, 더 나은 생각을 하지는 못하리라. 비천함을 행할 만큼 그렇게 많은 은전을 내게 하사할 수 없으니.

레싱은 자신의 군주를 라틴 문학의 황금기를 가능하게 했던 로마 황제 아우구스투스, 그의 치하에서 호라티우스와 베르길리우스와 같은 시인들을 후원했던 메체나스 Maecenas와 비교하면서 이들 사이의 간극이 얼마나 큰지를 보여주는 것이다.

그러나 사회적, 제도적인 뒷받침이 부족한 현실에 대한 비판 외에도 번역자 자신들의 자성적인 목소리 또한 적지 않았다. 예컨대, 독일어로 된 조악한 번역들이 원전을 훼손시킨다는 지적이 적지 않았는데, 이는 근본적으로 외국어 및 그 나라 문화에 대한 번역가들의 인식 부족에서 기인된 것이라고 비판했다. 실제로 번역작가들은 전문적인 외국어 교육을 받지 않아 해당 외국어와 문화적 배경에 대한 지식이 부족했을 뿐만 아니라 모국어에 대한 자의식 또한 부족했다. 대다수 김나지움의 언어 교육이 독일어를 제외하고는 여전히 그리스어와 라틴어와 같은 고전어에 집중되어 있었고, 개혁적인 성향의 몇몇 학교에는 프랑스어가 교과 과정에 도입되기도 했지만,[12] 그 숫자는 여전히 얼마 되지 않았다. 따라서 프랑스어, 영어, 이탈리아어, 스페인어 등의 외국어 능력은 실제로는 학교에서의 체계적인 언어교육이 아니라 가정교사와 같은 사적인 경로를 통하거나 개별 작가들의 타고난 언어 감각과 독학에 의존하고 있는 실정이었다.

작가들의 부족한 자질은 위에서 언급한 바와 같이 대부분 일정한 직업을 갖지 못한 시민계급 출신 젊은이들의 불안정한 위상과도 관련이 있다. 그들은 신문이나 도덕주간지 등에 몇 편의 글을 기고하고, 그와 병행해서 자신이 습득한 얼마간의 외국어 지식으로 생계를 위해 번역을 시도했던 것이다. 이는 번역의 질적 향상은 사회적 요인의 개선과 개인적인 자질의 상보적인 발전이 없이는 불가능함을 보여준다.

12) 예를 들면 1774년 바이에른 소재의 김나지움들의 교과과정은 종교, 독일어, 라틴어, 그리스어, 지리, 세계사, 제국사, 지역사, 문학사, 산술, 대수, 평면기하학, 입체기하학, 과학사로 이루어져 있다(Kiesel u. Münch, 72).

5 QUESTION 맺는 말

이상과 같이 독일 계몽주의 시대의 번역문학에 대한 전반적인 논의를 살펴보았다. 이들에게서는 번역과 창작, 번역자와 작가의 역할이 아직 엄밀하게 구분되지 않은 한계를 볼 수 있다. 번역에 필수적인 외국어 지식이 부족하였을 뿐 아니라 교양층에서는 여전히 고전어나 프랑스어를 선호했던 탓에 독일어 자체의 문학적 표현 가능성은 상당히 뒤떨어져 있었다. 그러나 이들은 자신들의 한계나 문학 전반에 대한 사회적인 이해의 부족에도 불구하고 번역에 대한 인식과 방법론 등 번역 전반에 관한 이해를 확립하기 위해 부단한 노력을 기울였다. 그들은 번역문학이 자국의 문학을 형성하기 위한 자양분일 뿐 아니라, 독창적인 민족문학은 외국문학과의 밀접한 교류와 활발한 수용을 통해서만 비롯될 수 있음을 인식하였다. 따라서 번역은 이전처럼 고대문학이나 특정 외국문학에 대한 막연한 숭배나 일방적인 수용이 아니라 이질적인 문화에 대한 다각적이고 적극적인 도전, 다시 말해 일종의 '논쟁적 행위'를 의미했다. 그런 의미에서 계몽주의자들의 번역을 둘러싼 논쟁은 문학적, 미학적 차원에 머무르지 않고 문화 애국주의, 민족주의적 색채를 강하게 띠었고(Osterkamp, 37), 이 같은 목적 지향적이고 계몽적인 태도는 이후에 나타난 문학의 자율성이란 관점에서 곧잘 평가 절하되기도 했다. 그러나 다음 시대에 이르러 본격적으로 논의되는 민족문학이나 세계문학의 개념은 계몽 작가들의 열띤 토론과 힘겨운 투쟁에 의해 밑받침되었다는 사실이나 그들이 논의했던 번역의 문제점들이 오늘날에도 완전하게 해결된 것은 아니라는 점에서 번역문학을 둘러싼 당시의 논쟁이 가지는 역사적 의의와 현재성을 확인할 수 있다.

Chapter 3
근대 독일의 여성번역가

QUESTION

Chapter 3 근대 독일의 여성번역가

- 루이제 고트쉐트의 경우 -

18세기 독일의 언어와 시학과 수사학 분야의 대변자로 이성적이고 합리적인 문학의 규범을 마련하고자 했던 요한 크리스토프 고췌트 Johann Christoph Gottsched의 이름은 독일 문학사에서 중요한 위상을 차지한다. 비록 그가 낭만주의자들을 비롯한 많은 후대인에게 극복되어야 할 '반면교사'로 남아있다 할지라도, 계몽과 비판정신으로 충만하여 시학의 규범 체계를 이룩해낸 그의 업적이나 위상을 부인할 수 없다. 무엇보다 문학이 근대적 학문으로서의 체계를 갖추기 시작한 것은 고췌트에게 힘입은 바 크다.

고췌트의 이 같은 열정적인 활동의 이면에는 남편의 이름을 따라 '고췌딘 Gottschedin'이라 불렸던 루이제 고췌트 Luise Gottsched(1713-1762)의 역할이 숨겨져 있다. 여성교육의 이념을 적극적으로 찬성했던 고췌트는 여성들도 정신적 활동에 참여해야 한다고 믿었고, 아내의 지적 능력을 적극 장려했다. 그에 의해 곧잘 '영리한 여자친구 die geschickte Freundin' 혹은

'영리한 조력자 geschickte Gehülfin'라고 불렸던 루이제 고췌트는 남편을 대신해 서신교환이나 서지 작업, 교정 작업을 거의 도맡아 했을 뿐 아니라 여러 언어로 된 글들을 번역하여 고췌트가 발행하는 잡지에 실었다.

루이제 고췌트에 대한 지금까지의 얼마 되지 않은 연구들은 그나마 그녀가 쓴 작품들에 집중되어 있을 뿐, 그녀가 한 번역에 대해서는 구체적으로 다루지 않았다. 번역은 여전히 학문적 탐구의 가치가 있는 영역으로 간주되지 않을 뿐 아니라, 그마저 대부분 익명으로, 혹은 남편의 이름으로 출판되어 그녀의 독자적인 작업으로 분류하는데 어려움이 있는 것도 그 이유일 것이다. 그러나 실제로 그녀가 했던 번역 작업의 스펙트럼은 대단히 넓다. 의사의 딸로 일찍부터 외국어를 배웠던 그녀는 여러 언어를 구사했다. 교육학, 철학, 신학, 정치학, 물리학, 저널리즘, 순수문학 등의 여러 분야에서 그녀는 상이한 문체와 형식, 전문용어들을 독일어로 옮겼다.

좀 더 구체적으로 살펴보면 교양어, 학술어로 프랑스어가 우세했던 당시에 그녀는 영어 텍스트를 번역했다. 무엇보다 애디슨 Joseph Addison과 스틸 Richard Steel이 발간한 「스펙테이터 Spectator」의 번역을 들 수 있는데, 1739년부터 1743년까지 그녀가 옮긴 「관객 Der Zuschauer」은 그 후 독일에서 우후죽순처럼 생겨난 도덕주보 Moralische Wochenschrift의 전범이 되었다. 예컨대 「가디언 Guardian」을 「감독자 혹은 후견인 Aufseher oder Vormund」으로 독일화한 것 또한 그녀의 모범에 따른 것이다.

이때 그녀의 번역체는 당시 글쓰기의 모범을 만드는 것에 일조하는데, 이는 도덕주보란 저널리즘의 특성과 관련이 깊다. 당시의 시민적 공론 bürgerliche Öffentlichkeit을 주도한 도덕주보는 문어체보다는 구어체를, 고풍스러운 학자들의 언어보다는 '자연스러움 Natürlichkeit'의 원칙을 따라 시민들이 사용하는 일상 언어를 구사했던 것이다. 남편 고췌트의 문체가 여전히 학자들의 무겁고 경직된, 권위적인 문투를 벗어나지 못한 측면이 있다면, 아내의 글쓰기는 훨씬 경쾌하고 기지와 위트로 가득 차 있고, 이 같은 글쓰기 양식의 변화는 문체사에서도 중요한 위상을 차지한다.

그녀가 한 영어권의 번역으로 알렉산더 포프의 『머리채 겁탈 The Rape of the Lock』을 빼놓을 수 없다. 이 번역은 당대의 저명한 시인이자 독일에서 영국 문학 옹호자로 알려져 있던 프리트리히 폰 하게도른으로부터 찬사를 받았다. 하게도른은 그녀의 번역이 "시인 자신도 이전에 전혀 이해하지 못했던 모호한 부분들에 예기치 않았던 빛을 밝혀주었다 [...] gewissen dunklen Stellen des Dichters, die er vorhin selbst niemals verstanden, ein unerwartetes Licht angezündet habe."(Brown, 44 재인용)고 평가한다.

어린 시절부터 프랑스어에도 능통했던 그녀는 피에르 베일 Pierre Bayle의 『역사비평사전 Dictionnaire historique et critique』 (2권은 1695/96년, 4권은 1702년 출판)을 『Historisches und critisches Wörterbuch』(1741-1744)로 옮기는 작업에 관여했다. 1760년대까지 10판을 찍은, 프랑스 백과사전의 전신이라 불리는 이 사전을 독일어로 옮기는 작업은 고췌트가 주도한 야심적인 번역 프로젝트였다. 오늘날 더 이상 이름이 알려지지 않은 많은 역자가 관여한 이 작업에서 루이제 고췌트는 635항목 가운데 330항목을 옮김으로써 중심적인 역할을 했다. 그러나 이 작업들은 대부분 익명으로 머물렀고, 독자적인 결정이나 선택이라기보다는 남편 고췌트의 전반적인 기획과 지시에 따른 것으로 알려져 있다.[1]

그녀는 여러 편의 연극작품을 직접 쓰기도 했는데, 그것은 이른바 작센희곡이라 불리는 일종의 유형극 Typenkomödie에 해당한다.[2] 그중 많은 것들은 역시 익명으로 출판되었지만, 가장 알려진 작품인 『페티코트 속의 경건주의 Die Pietisterey im Fischbein-Rocke』(1736)는 프랑스 극작가 기욤-이아생트 부장 Guillaume-Hyacinthe Bougeant의 『여박사 혹은 실추된 장세니스트 신학 Femme Docteur, ou la Théologie Janseniste tombée en Quenouille』을 모범으로 삼은 것이다. 이 작품은 프랑스 원전의 골격을 대부분 그대로 유지한 채, 줄거리의 배경을

1) 그 외에도 그녀가 한 프랑스어 번역으로 마리보 Marivaux의 『벼락부자가 된 농부 Paysan parvenu oder der glücklich gewordene Bauer』가 1748년에 출판되었다.

2) 그녀가 쓴 작센희곡으로는 『Die ungleiche Heyrath』, 『Die Hausfranzösin』, 『Das Testament』, 『Der Witzling』이 있다. 이밖에도 그녀는 고췌트의 저서 『Sprachkunst, Kritische Historie der deutschen Sprache』나 6권으로 된 『Deutsche Schaubühne』를 위해 사전 작업을 했고, 많은 기고를 하기도 했다.

독일로 옮겨놓고, 등장인물의 이름을 모두 독일식으로 바꾸었다.[3] 번역연구의 관점에서 보자면 이 작품 역시 그녀의 대부분의 다른 작품들과 마찬가지로 번역과 창작의 경계에 놓여 있다. 번역과 창작을 엄격하게 구분하지 않는 것은 비단 그녀뿐 아니라 당시 문단의 전반적인 상황이었지만, 그녀는 원전의 의미를 훨씬 과감하게 전복시킨다.

창작과 번역 사이의 이 같은 관계는 독자 중심적 번역이 대세를 이루었다는 것을 말한다. 계몽의 담론이 지배했던 시기에 번역가는 독자의 지적 수준과 언어적 이해도를 충분히 고려해야 했으며, 낯선 문화에 대한 독자의 이해를 최우선에 두었다. 모든 번안이 그러하듯, 그녀는 이 작품을 통해 베르만이 '가장 만족시키기 쉬운 대상'이라 칭한 독자를 만족시키려 했다. 즉 원 텍스트를 배반함으로써 도착어의 독자를 만족시키려 한 것이다.

그러나 그녀의 창작/번역은 실제로 독자를 만족시키지는 못했다. 오히려 독자들의 엄청난 분노를 사는 결과를 가져왔는데, 이는 그녀가 원작보다 훨씬 더 강력하게 경건주의를 비이성적이라 조롱하고 우스갯거리로 만들었기 때문이다. 독자를 충족시키려 한 그녀의 전략은 정반대의 결과를 낳았다고 볼 수 있지만, 이성과 합리성, 비판정신의 입장에서 당시의 과장된 경건주의를 비판했다는 점에서 그녀는 '계몽된' 여성이었고, 남편이 주

---

3) Magister Hängekopf, Herr Weinfaß, Frau Plappergern, Frau Zanckenheimin, Frau Seuffzerin, Magister Trincklieb, Magister Judas, Frau Hadersdorffin, Magister Saalbaader, Frau Kalbskopfin 등을 들 수 있다.

도한 계몽담론의 일환이었던 번역론에 가장 충실한 실천가였다.

번역과 창작의 경계가 이처럼 유동적이었던 것은 이 시기의 번역이 반드시 창작의 하위적, 종속적인 위치에 머물러 있었다고 주장하기 어렵게 만든다. 오히려 번역은 창작의 단순한 모방이나 모사에서 벗어나 창작의 영역을 심각히 침해하고, 심지어는 그것을 전복하는 형태로 나타난다. 이 작품의 원저자인 부장 Bougeant 또한 몰리에르의 『여학자들 Femmes Savantes』을 모방했다는 것을 기억한다면, 원전이란 개념 자체가 모호했다는 것을 말해준다. 이는 번역과 창작이 분명하게 구분되지 않고, 서로의 영역을 놓고 다투고 있었음을 의미한다. 이처럼 오늘날의 저작권의 개념이나 원전에 충실한, 비평적 번역 textgetreue, kritische Übersetzung이 아직 통용되지 않은 상황은 역으로 번역이 독립적이고 고유한 영역으로 자리 잡지 못했다는 것에 대한 반증이기도 한다.

50여 권의 텍스트를 독일어로 옮긴 번역가로서 루이제 고췌트는 열렬한 계몽주의자이자 당시 문단에서 최고의 권력을 행사했던 남편의 충실한 조력자, 동료, 그의 이론의 실천가였다. 그녀의 명성은 프리트리히 2세와 마리아 테레지아에게까지 알려져 있었지만, 그녀가 한 많은 번역작업들은 독자적인 이름으로 기억되기보다는 익명으로, 혹은 남편의 주도하에 공동으로 이루어진 것으로 인식되고, 문학사에서 그녀의 업적, 특히 번역가로서의 업적은 고췌트에 관한 장황한 기술과 평가 밑에 부차적으로 덧붙여진다. 18세기를 통틀어 가장 유능했던 여성 중의 한 사람인 그녀는 남편이 이후 문학적, 이념적 반대자들과 치열한 논쟁을 벌이는 동안,[4] 그것에 일체 관여하지 않고 고독하게 남아 있었다.

18세기 초반까지 원전의 모방이나 모사(模寫)로, 창작적인 글쓰기의 훈련 과정으로, 이른바 문학의 하위 영역으로 머물러 있던 번역이 18세기 중반에 이르면서 새로운 관심의 대상으로 부상한다. 무지와 미신, 미성숙함으로부터 깨어나기 위해 지적 욕구가 증폭했던 시기에 번역은 스스로를 책임지는 성숙한 시민을 육성하기 위한 계몽 수단으로, 고전텍스트의 암송, 인용, 모방에서 벗어나 민족 언어로의 표현 방식으로, 점점 활발해져 가는 문화교류의 매체로 장려되었다.

베르만이 번역은 지식의 새로운 대상이 되어야 한다고 주장한 것처럼(베르만, 368), 보편화된 지식의 전달과 문화교류의 수단으로 이 시기의 번역은 지식의 원천이자 매개 수단으로, 나아가서는 지적 연구의 주제로 부상하기 시작했다. 이렇게 본다면 18세기의 번역은 단순히 언어적 차원이나 텍스트의 차원에 머무르지 않고, 학문사적, 문화사적 측면에서도 새로운 과제와 직면했다는 것을 말한다. 이는 이 시기의 번역이 하위 주제에서 벗어나 독립적인 주제로 자리매김하기 위한 전면적인 인정투

---

4) 취리히 학파로 불리는 보트머, 브라이팅어와의 문학논쟁은 독일문학사에서 가장 유명한 논쟁 중의 하나에 속한다. 여기서 양대 진영은 '경이로운 것 Das Wunderbare', 밀턴의 『실낙원』에 대한 평가 등에서 의견이 갈라졌다.

쟁의 단계에 있었음을 말해준다.

이때 여성번역가는 이중의 의미에서 하위주제에 해당된다. 곧 남성들이 창작 활동과 이론 작업을 할 때 번역을 했으며, 그마저 자신의 이름으로보다는 남편 혹은 아버지의 이름으로 세상에 알려졌다. 자신의 목소리를 낼 수 없었던 여성들은 남성의 언어를 옮기면서 그들의 사유와 언어를 차용해 왔다. 루이제 고췌트는 대단히 열정적으로 번역에 몰두했고, 그녀의 번역은 창작의 경계를 침범할 정도로 공격적이었다. 곧 그녀에게 번역은 이질적인 텍스트를 그대로 전달하기보다는 독자를 고려해 적극적으로 변형시키고 자국화해야 하는 대상에 해당되었다. 달리 말하면 번역은 계몽적 이념을 위한 도구적 수단이었던 것이다. 나아가 자신의 창작적 글쓰기에 밑바탕을 이루면서 스스로의 정체성을 찾는데 중요한 수단이었다.

공적, 학문적 영역으로의 등장이 여전히 금지되어 있던 상황에서 여성번역가들은 자신의 존재와 명예를 걸고 독자적으로 활동하지는 못했다 하더라도, 이들은 번역을 통해 자신들의 방식으로 문화교류, 학문적 · 문학적 담론 형성에 관여했다. 또한 의식했든, 아니든 간에 이들은 전통적인 여성상, 기존의 젠더 정체성에서 벗어나고 있다. 그렇다면 번역은 지적 욕구를 지닌 여성들의 (부분적인) 자아실현의 방안으로, 세계이해의 방식으로 불릴 수 있지 않을까? 이로써 이들 근대 초기의 여성 번역가들은 머지않아 대거 등장하게 되는 여성 번역가란 직업군의 선구적인 역할을 담당했으며, 하위주체란 위상에도 불구하고 문화 교류의 첨단에 서게 된다.

최근의 한 조사에 따르면 여성이 우리나라 번역가의 74%를 차지한다(2009년 산업직업별 고용구조조사). 또 다른 연구는 직업 정보란에 (통)번역을 여성에 적합한 직업이라고 소개한다.[5] 이런 주장들은 그다지 오래된 사실이 아니고 객관적 수치나 가설의 의미에 대해서 보다 심층적으로 분석해야 할 필요성이 있지만,[6] 번역과 여성간의 밀접한 관계를 말해주는 것은 사실이다. 사이몬 Sherry Simon이 "페미니즘 번역에서의 충실성

---

5) http://report.dreamwiz.com/view/view.hcam?no=3427673 그 이유로는 '안'에서 일하는 직업인만큼 임신, 출산, 육아 등 여성의 신체적, 생리적 특성으로부터 어느 정도 독립적이라는 근거를 대고 있다. 예컨대 정혜연도 통번역 현장에서 통용되는 가설의 하나로 여성의 언어능력이 남성보다 우수하다는 점을 지적하면서 통번역이 여성에게 적합한 직업이라고 주장한다. 정혜연은 다른 연구 결과를 빌어 여성은 남성에 비해 언어과제 수행 시 양뇌를 골고루 사용하는 경향이 있다며 (맥건 1980), 좌뇌, 우뇌에서 많은 정보를 교환하고, 단순한 어휘나 문장산출보다는 복잡한 스토리 이해에 있어 양쪽 뇌를 더 활발히 사용하는 경향이 있어(Sommer et. al., 2005) 통번역이 여성에게 더 적절하다는 가설을 뒷받침한다(정혜연 2012, 145-176).

6) 많은 연구 결과나 이론적 전제들이 번역이 여성에게 적합한, 어울리는 직업이란 결론에 도달했다 하더라도 그것이 반드시 현실과 일치하는 것은 아니다. 우선 번역가란 직업 자체가 우리 사회뿐 아니라 서구 사회에서도 여전히 불안정한 직업이란 점을 감안한다면 그만큼 많은 여성들이 불안전한 직업 상황에 처해 있다는 것을 반증하는 것이기도 하다. 다시 말해 남성들이 비교적 지속적이고 안정적인 직업에 종사하는 반면, 여성 번역가들은 불안정하고 산발적이며 임시적인 성격의 번역시장에 내맡겨져 있다는 사실과 무관하지 않다. 또한 양적으로 번역가의 74%가 여성이라 하더라도 여성 번역가가 질적으로도 우위에 있는지는 별개의 문제다. 수적인 우세에도 불구하고 실제로 더 영향력 있는 번역서들이 여성보다는 남성 번역가에 의해 이루어진다면, 혹은 남성 번역가들은 거의 대부분의 번역 장르를 넘나드는데 반해, 여성 번역가의 주된 장르는 주로 문학, 인문, 아동 상당히 제한된 영역에 머무른다면 이것은 다시 여성번역가의 지적 지평, 선호하는 장르, 전문성의 문제와도 무관하지 않다.

은 원저자나 독자를 향하지 않는다. 대신, 원저자과 번역자가 모두 참여하는 글쓰기 프로젝트를 지향한다"(Simon, 2)고 말한 것처럼, 번역은 원전의 의미전달만을 목적으로 하지 않는다. 그것이 의미전달이란 일차적 과제를 넘어 가치 전환 혹은 새로운 가치 질서를 가져오는데 기여할 수 있다면, 오늘날 대거 등장한 여성번역가들이 기존의 언어나 글쓰기의 체계, 나아가서는 기존의 가치질서를 답습하고 보존하기보다는 새로운 해석의 의미망과 글쓰기, 궁극적으로는 새로운 젠더질서를 구축하는데 기여하리라고 기대해도 좋을 것이다.

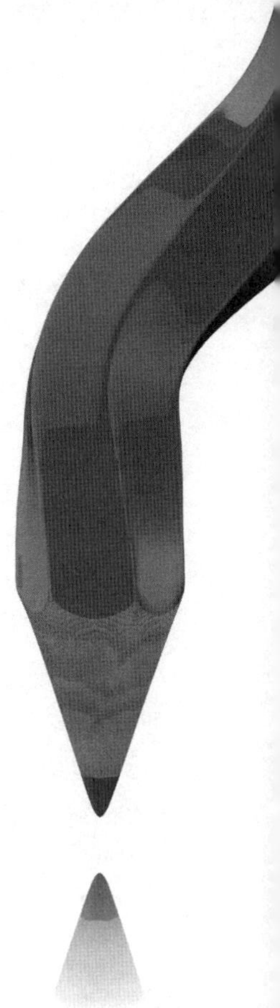

Chapter 4
괴테와 번역

QUESTION

Chapter 4 괴테와 번역

한 민족에게 번역가란 일종의 예언가이다.

-괴테가 1827년 7월 20일에 칼라일에게 보낸 편지 중에서

독일의 근현대 번역사를 논할 때 빼놓지 않고 언급되는 것이 괴테 Johann Wolfgang von Goethe다. 문학의 어느 영역에서든 그를 빼놓고 논의하기란 가능하지 않지만, 번역 분야에서도 예외는 아니어서 번역을 이론적으로 접근하든 실무적으로 접근하든 괴테의 이름은 빠지지 않는다. 그런데 엄밀히 따지자면 괴테가 번역이론에 대해 종종 언급한 것은 사실이지만, 실제로는 단편적이고 짧은 단상에 해당되는 경우가 많다. 괴테의 산발적인 번역 이론에 관해서뿐 아니라 그가 행한 실제 번역에 대한 연구가 국내에서는 충분치 않은 것은 그의 번역 작업이 워낙 방대하고 분야도 다양해서 손을 대기가 쉽지 않다는 점을 들 수 있겠다.

이런 의미에서 괴테가 직접 수행한 번역에 관해 다루고자 하

는 이 장에서는 우선 괴테와 외국어의 관계를 알아보고, 이어서 번역에 대한 그의 이론적 입장을 잠시 살펴보고자 한다. 그러나 이 장에서는 이론적인 측면보다는 주로 그의 번역 방법과 번역 태도 등에 초점을 맞출 것이다. 실질적인 번역 작업과 관련해서는 그가 심혈을 기울였을 뿐 아니라 당시 독일인들의 외국 문학 수용, 특히 프랑스 문학 수용 과정에서 큰 비중을 차지했던 드니 디드로 Denis Diderot(1713-1784) 번역에 대해 알아보기로 한다. 괴테는 당시의 지식인, 문인들과 마찬가지로 디드로에 대해 지대한 관심을 보였고, 「회화에 관한 에세이 Les Essai sur la peinture」 외에도 그의 글을 여러 편 번역했다. 여기서는 디드로의 텍스트 중 『라모의 조카 Le Neveu de Rameau 1761』 번역을 중심 대상으로 삼고자 하는데, 무엇보다 뒤에서 다루게 될 원전 『라모의 조카』와 괴테의 번역본이 가지는 불가분의 관계 때문이다. 그 외에도 이 작품은 당시의 지성사적, 문학적, 문화적 논의를 넘어 20세기 후반 미셸 푸코에 이르기까지 여전히 현재성을 지니고,[1] 그 영향력 또한 무시할 수 없다는 점을 이유로 들 수 있다.

1) 푸코의 경우, 『라모의 조카』를 '의도적인 미친 짓의 세계'와 '광기의 세계' 사이의 단절을 나타내는 작품으로 분석한다. 그는 무엇보다 18세기 사람들은 주인공의 기묘한 복장, 즉 찢어진 의복, 누더기를 걸친 채 드러내는 교만함과 무례함 등에 주목했을 뿐, 『라모의 조카』에 담긴 의미, 다시 말해 그가 사회와 세상을 향해 던지는 문제제기를 파악하지 못했다고 보았다. 이런 이유에서 푸코는 라모의 조카를 광인과 광대가 보여주는 오래된 유사성에 따라 규정하고, 광인과 광대가 지니고 있었던 풍자와 비꼼의 능력을 라모의 조카에게서 발견한다(푸코, 545).

1 QUESTION 괴테와 외국어

자녀에 대한 교육열이 투철했던 아버지 요한 카스파르 괴테 Johann Caspar Goethe의 덕택으로 어린 시절부터 다양한 외국어를 습득했던 괴테는 라틴어, 고대 및 근대 그리스어, 영어, 프랑스어, 이탈리아어 등의 유럽 언어 외에도 브라질어에서 중국어에 이르기까지 여러 외국어로 쓰인 텍스트를 부단히 접하고 독일에 소개했다. 외국어를 습득한 과정에 대해 그는 『시와 진실 Dichtung und Wahrheit』에서 다음과 같이 말한다.

> 어떤 식으로 설명되지는 않지만 나는 재빨리 이해하고 소화하고 포착해서 아버지나 그 밖의 다른 스승이 내게 제공해주었던 수업들을 곧바로 뛰어넘었다. 문법은 내 마음에 들지 않았는데 그것은 인위적인 법칙으로만 보였기 때문이었다. 그 규칙들이 내게 우스꽝스럽게 보였던 것은 다시 별도로 배워야 했던 많은 예외를 통해 상쇄되기 때문이었다. [...] 나는 언어의 형태와 어법들을 쉽게 깨우쳤다. 마찬가지로 나는 어떤 사물의 개념 속에 들어있는 것을 재빨리 발전시켰다. 언어적인 오류 때문에 가끔 뒤처졌다 하더라도 수사학적 문제들, 크리에, 즉 <격언의 해석>이나 그와 비슷한 것에서는 아무도 나를 능가하지 못

했다. (FA. 12, 907)[2]

특히 프랑스어와 관련해서는 슈트라스부르크 시절 "제2외국어를 문법이나 강의 없이 교제(交際)와 연습을 통해 자기 것으로 만들었던 것처럼"(Schlösser, 128) 자연스럽게 익혔다고 말한다. 그는 어린 시절부터 편지나 에세이적인 글들을 외국어로 쓰는 것을 좋아했는데, 이것은 외국어를 습득하는 수단으로 작동했다. 예컨대, 그는 여동생 코르넬리아에게 보내는 많은 편지들을 프랑스어로 쓰곤 했다. 뿐만 아니라 외국어로 된 많은 텍스트를 내용을 이해하기 위한 방편으로 번역하기도 했는데, 이 경우 의미역에 가까운 경우가 대부분이다. 그러나 외국어 습득 단계나 훈련 단계를 넘어선 본격적인 번역 작업은 슈트라스부르크 시절에 시작되었다고 봐야 한다.

슈트라스부르크 시절에 괴테가 번역했던 텍스트의 스펙트럼은 대단히 넓다. 예를 들면 당시 그곳에 머물고 있던 헤르더의 영향 아래 호메로스와 핀다로스, 오디세이와 일리아스, 에우리피데스와 같은 고대 그리스 작가들의 작품을 번역했을 뿐 아니라 『아가 Hohes Lied』와 코란, 단테의 『신곡 Divina Comedia』의 번역을 시도했고, 볼테르, 라신, 코르네유를 비롯한 프랑스 고전주의 작품들, 셸리니, 바이런, 만조니 외에도 스코틀랜드

---

2) Goethe, Sämtliche Werke, hrsg. v. Hans-Georg Dewitz, Frankfurt a. M.: Deutscher Klassiker Verlag 1998. 이하 FA.로 표기함.

민중문학이나 보헤미아 민중문학 등을 독일 문학의 영역에 소개했다. 이때 그는 아랍어와 중국어 원전은 영역본을 저본(底本)으로 삼았고, 브라질어, 핀란드어, 신 그리스어는 프랑스어 번역본에서 옮김으로써 제2의 언어를 매개어로 이용했다.

또한 괴테가 독일어로 옮긴 텍스트 중에는 엄밀한 의미의 독립적이고 완성된 번역보다는 그 자신의 작품 속에 부분적으로 삽입되거나 용해되어 들어간 경우도 적지 않다. 예컨대 『젊은 베르테르의 슬픔』에 들어있는 오시안/맥퍼슨 Ossian/Macpherson 작품의 일부라든가, 『클라비고 Clavigo』에 나타나는 보마르세 Beaumarchais의 『네 번째 기억 Quatrième mémoire』의 구절, 『빌헬름 마이스터의 편력 시대 Wilhelm Meisters Wanderjahre』에 포함된 「순례하는 어리석은 여자 Pilgernde Törin」, 또 같은 소설의 격언 Maxime 부분에서 찾아볼 수 있는 히포크라테스와 플로티누스의 구절 등을 그 예로 들 수 있다.

이처럼 어린 시절부터 외국어에 대한 해박한 지식과 낯선 것에 대한 열정적인 호기심을 가진 괴테는 자신의 창작 과정동안 시종 번역과 함께 했다. 번역에 대한 그의 기본 입장에서 드러나는 것은 번역이 그의 일생동안 문화와 학문 간의 경계를 뛰어넘어 대화를 가능하게 하고 창작 동기를 부여하는 중요한 매체로 작동했다는 점이다.

2 QUESTION 번역에 관한 괴테의 이론적 입장

번역에 대한 괴테의 견해와 관련해서는 다음 세 편의 글이 중심을 이룬다. 하나는 『시와 진실』에 나타나는 구절, 다음으로는 『빌란트에 대한 우정 어린 기억을 위하여 Zu brüderlichen Andenken Wielands 1813』, 그리고 또 하나는 『서동시집』에 관한 괴테 자신의 글(「서동시집을 더 잘 이해하기 위한 기록과 에세이들 Noten und Abhandlungen zu bessern Verständnis des west-östlichen Divans 1816/1817」)이다. 그의 이론적인 입장을 논의할 때 자주 언급되는 이 구절들은 위에서 언급한 것처럼 단편적이고 산발적이다. 이처럼 번역에 대해 체계적이고 이론적인 글이 많지 않은 이유는 그가 이론보다는 실제 번역에 더 치중했음을 말해주는 것으로도 볼 수 있다.

우선 『시와 진실』에서 그는 산문 번역과 시적 번역에 대해 거론하면서 호메로스 번역과 루터의 성경 번역을 예로 든다. 그러면서 시를 시답게 하는 것은 리듬과 운율에 있는 것이 분명하지만, 더 중요한 것은 외형적인 것에 가려져 있는 순수한 내용이라고 말한다. 따라서 번역 교육의 초기 단계에서는 산문 번역이 오히려 바람직하다는 견해를 제시한다. 그러나 서로 다른 번역 방법에서 기준이 되는 것은 무엇보다 주된 독자층이 누구인가에 달려 있다고 믿는다.

대중에게 영향을 미쳐야 할 경우라면 단순한 번역이 항상 최선이다. 원전과 경쟁하는 저 비판적 번역은 원래 학자들끼리의 오락에나 기여한다. (HA. 9, 493)[3)]

다음으로는 빌란트에게 바치는 추모사에 들어있는 구절이다.

번역에는 두 가지 원칙이 있다. 하나는 외국 작가를 우리 쪽으로 데려오는 것으로, 우리는 그를 우리와 같이 바라볼 수 있다. 그에 비해 다른 하나는 우리 스스로가 낯선 쪽으로 건너가서 그의 상황과 언어방식, 그의 개성 속에서 우리 스스로를 발견하도록 요청하는 것이다. (Störig, 35에서 재인용)

이는 오늘날 말하는 도착어 중심 번역 zieltext-orientierte Übersetzung 혹은 독자중심 번역 leser-orientierte Übersetzung과 출발텍스트 중심 번역 ausgangstext-orientierte Übersetzung 또는 원전중심 번역 textgetreue Übersetzung으로, 괴테는 전통적인 두 가지 방법을 자신의 말로 다시 표현하지만 어느 방식이 더 나은지에 대해서는 언급하지 않는다. 마지막으로는 『서동시집』에 대한 기록에 나오는 대목이다.

3) Goethe, Werke, hrsg. v. Erich Trunz, München: C. H. Beck, 1982, Bd. 9. 이하 HA.로 표기함.

> 번역에는 세 가지 종류가 있다. 첫 번째 것은 우리를 우리 자신의 의미에서 외국과 친숙하게 만드는 것이다. 여기에는 단순하고 산문적인 번역이 최선이다. [...] 두 번째 시기가 그것을 뒤따라오는데, 여기서 사람들은 외국의 상황에 자신을 옮겨놓지만, 원래는 낯선 의미를 자기 것으로 만들어 고유한 의미로 다시 표현하려고 노력한다. 그런 시기를 나는 순전히 단어적인 의미에서 개작적 시기라고 부르고 싶다. [...] 우리는 세 번째 시기를 경험했는데, 그것은 최고이자 마지막 단계라고 부를 수 있는 것으로, 말하자면 번역을 원작과 동일하게 만들고 싶어 해서, 하나가 다른 것을 대신하는 것이 아니라 다른 것의 자리에서 작동해야 한다. 원작과 동일해지고자 노력하는 번역은 궁극적으로는 행간 번역에 접근하고, 원작의 이해를 최고로 쉽게 한다(HA. 2, 225).

이 같은 논의들은 실제로는 당시의 주된 번역담론에서 크게 벗어나지 않는 것으로, 괴테만의 독자적인 의견이라고 보기는 어렵다. 그 자신이 실제로 행한 방대한 양의 번역을 고려한다면 짐짓 빈약해 보이는 이 같은 견해는 이른바 '세계문학'의 개념을 통해 보완된다. 알려진 것처럼, 괴테는 '세계시학 Weltpoesie', '세계교류 Weltverkehr', '세계문화 Weltkultur', '세계유통 Weltumlauf'과 같은 용어를 즐겨 사용함으로써 각각의 민족문학이 가지는 한계와 제약을 극복하고자 했다. 그의 견해에 따르면 세계문학이 등장했다고 해서 개별 민족의 문학이 종말을 고하는 것이 아니다. 오히려 세계문학의 등장은 민족문학이 각각의 다양성을 인정하고 수용하면서 서로 영향을 미치는 단계로 진입했음을 의미한다. 따라서 그에게서 세계문학이란 동시대의 모든 문학이 적극적인 방식으로 공존하는 것으로, 고대 그리스·로마의 고전이 중심을 이루었던 문학 패러다임이 동시대 문학으로 넘어오고 있음을 보여준다.

이처럼 동시대의 다양한 문학이 적극적이고 의식적으로 공존하기 위해서는 각국의 문학은 자신과의 관계나 타자와의 관계를 동시에 변화시켜야 한다. 다시 말해, 이들이 공존하기 위해서는 서로 간의 차이를 소멸시키는 것이 아니라 오히려 차이에 대해 스스로를 열어야 하기 때문이다. 이때 고유한 것과 낯선 것과의 관계는 대립적 관계가 아니라 상호 공존 혹은 상호 보완이라는 또 다른 가능성 속에 놓인다. 이것이야말로 괴테가 세계문학을 통해 추구했던 세계시민주의의 본질이자 근대성의 본질이라 하겠다.

> 얼마 전부터 보편적인 세계문학 Weltliteratur에 대해 이야기가 되고 있는데, 그것은 정당하다. 끔찍한 전쟁 속에서 모든 민족들은 엉망진창으로 뒤흔들렸고, 그런 다음 다시 자기 자신으로 되돌아오자 자신들이 많은 낯선 것을 알게 되었고 자기 안으로 받아들였으며, 지금까지 알려지지 않은 정신적인 욕구들을 감지했다는 사실을 여기저기서 인식해야 했다. 거기서부터 이웃관계에 대한 감정들이 생겨났고, 정신은 지금까지 스스로를 폐쇄했던 것 대신 많든 적든 자유로운 정신적 교류 속에서 함께 받아들여지려는 갈망에 이르게 되었다(FA. 12, 1554).

이처럼 동시적으로 존재하고 상호 간의 인정을 지향하는 세계문학의 활성화를 위해서는 무엇보다 각국의 문학이 더 적극적으로 번역되어야 한다. 그뿐 아니라 짐짓 번역 불가능한 것 Unübersetzbarkeit까지 옮기고자 하는 시도를 감행하지 않으면 안 되는데, 이는 번역이 더 이상 가능하지 않은 한계 지점에서야 비로소 타민족과 이국 언어 속에 내재된 고유한 본질이 제대로 드러나기 때문이다.

실제로 번역이 번역하는 언어(도착어)뿐 아니라 번역되는 언어(출발어)에도 커다란 영향을 미친다는 사실을 괴테는 누구보다 잘 알고 있었다. 이것은 자신의 작품이 외국어로 번역되는 것을 지켜보는 과정에서 깨달은 것으로,[4] 번역의 결과가 어떤 형태로든 원전에 다시 영향을 미친다는 사실을 직접 체험했던 것이다.[5] 이와 관련하여 베르만은 '낯선 것의 가담'이라 할 수 있는 번역이 없다면 한 작품은 자기 안에서 고착되어 버리고, 본래의 언어 범주 안에서 효력을 미칠 뿐이라고 말한다(베르만, 130). 다시 말해 작품은 번역을 통해서만 이국의 언어 속에서 다

---

4) 1774년에 출판된 『젊은 베르테르의 슬픔』은 1776년에 이미 프랑스어로 번역되었고, 1779년에는 영어로 번역되었다. 그 이외에도 1785년에는 『괴츠 폰 베를리힝엔』이 프랑스어로, 1790년에는 『에그몬트』가 홀란드어로 옮겨졌다. 그가 생존해 있는 동안 『헤르만과 도르테아』가 라틴어로 번역되는 등, 19세기동안 그의 작품들의 대부분이 유럽어로 옮겨졌다.

5) 로렌스 베누티는 번역이 원작에 역으로 영향을 미칠 수 있음을 보여주는 대표적인 사례로 밀란 쿤데라의 『농담』을 들고 있다. 그는 작가 쿤데라가 다른 나라에서 출판된 번역서들이 보여준 훌륭한 해석들을 바탕으로 1967년 체코어 원본을 대폭 수정했다고 말한다(베누티, 16-18).

시 생명력을 얻고 모국어 독자들에게도 새로운 모습으로 나타나는 것이다.

3 QUESTION 괴테의 번역

위에서 언급한 것처럼 괴테 자신이 직접 행한 번역은 크게 두 가지 유형으로 나누어 논의할 수 있다. 하나는 다른 텍스트의 일부를 번역하여 자신의 작품 속에 용해시키는 방식이고, 다른 하나는 원작을 완역한 경우이다. 여기서는 첫 번째 경우를 위해서는 『젊은 베르테르의 슬픔』에 들어있는 오시안/맥퍼슨 번역을,[6] 후자의 경우에는 디드로의 『라모의 조카』를 예로 들어 논의한다.

---

6) 갈리아 신화에 나오는 인물인 오시안은 스코틀랜드 출신의 제임스 맥퍼슨 James Macpherson(1736-1796)이 수집한 노래들로 인해 유명해졌다. 노래의 내용은 서사적으로 묘사된 전투와 왕국을 구하기 위해 애쓰는 고귀한 영웅들의 운명을 담고 있다. 맥퍼슨은 이에 대해 갈리아 지방에 구전되어 오던 가인(歌人) 오시안의 작품을 수집한 것이라고 밝혔다. 아직도 순수한 자연적 삶을 영위했던 조상들의 민요 수집을 통해 맥퍼슨은 에드워드 영과 토마스 그레이와 함께 영국 낭만주의의 창시자로 간주되었고, 이 작품들은 곧 유럽의 다른 언어로 번역되어 열광적으로 받아들여졌다. 그러나 이 노래들이 실제로는 맥퍼슨 자신이 직접 쓴 것이었음이 나중에 밝혀졌다.

1. 작품 속에 용해된 번역: 오시안의 「젤마의 노래」

괴테가 『젊은 베르테르의 슬픔』에 자신이 직접 번역한 오시안 텍스트의 일부를 삽입한 사실은 잘 알려져 있다. 이것은 오시안에 포함된 「젤마의 노래 Songs of Selma」로 오시안의 시 중에서 비교적 짧은 작품이지만, 오시안의 작품 세계를 전형적으로 드러내 준다고 일컬어진다.

괴테는 헤르더를 통해 오시안에 대해 관심을 갖게 된 1771년 가을에 이 텍스트를 번역한 것으로 추측된다. 애초에 그는 이 시에 큰 의미를 부여하지 않았으나 1774년 『베르테르』를 집필하던 도중 이 시를 다시 찾아내었다. 이렇게 본다면 그가 이 번역 텍스트를 자신의 작품에 삽입한 것은 주인공 베르테르의 성격, 특히 감상주의적 성격을 부각시키기 위해서라고 할 수 있다. 그 중 한 부분을 맥퍼슨의 영역본과 비교하면 다음과 같다.

> STAR of descending night! fair is thy light in the west! thou that liftest thy unshorn head from thy cloud: thy steps are stately on thy hill. What dost thou behold in the plain? The stormy winds are laid. The murmur of the torrent comes from afar. Roaring waves climb the distant rock. The flies of evening are on their feeble wings: the hum of their course is in the field. What dost thou behold, fair light? But thou dost smile and depart. The waves come with joy around thee: they bathe thy lovely hair.

Farewell, thou silent beam! Let the light of Ossian's soul arise![7]

Stern der dämmernden Nacht, schön funkelst du in Westen, hebst dein strahlend Haupt aus deiner Wolke, wandelst stattlich deinen Hügel hin. Wornach blickst du auf die Heide? Die stürmenden Winde haben sich gelegt; von ferne kommt des Gießbachs Murmeln; rauschende Wellen spielen am Felsen ferne; das Gesumme der Abendfliegen schwärmet übers Feld. Wornach siehst du, schönes Licht? Aber du lächelst und gehst, freudig umgeben dich die Wellen und baden dein liebliches Haar. Lebe wohl, ruhiger Strahl. Erscheine, du herrliches Licht von Ossians Seele! [...] (HA. 6, 108)

이를 위해 괴테는 자신의 모든 서정적 능력을 담아 이전에 했던 번역을 다듬었다. 그 결과 괴테의 번역은 단어 선택이나(예를 들면, funkelst, strahlend) 리듬감에 있어 1771년판 번역이나 심지어는 영어판을 능가하는 것으로 평가된다. 그는 영어판의 산문을 더 부드럽고, 더 서정적으로 바꾸어 놓았던 것이다. 예를 들어 “The flies of evening are on their feeble wings: the hum of their course is in the field.”를 “das Gesumme der Abendfliegen schwärmet übers Feld.”라는 하나의 문장으로 옮

7) www.sacred-texts.com/neu/.../oss23.htm

긴 것이나, “But thou dost smile and depart. The waves come with joy around thee:”의 경우도 쉼표를 이용해 두 문장을 연결시킴으로써 시적 함축성이 더 두드러지게 했다.

괴테가 번역한 이 부분은 오시안의 세계를 잘 드러내는 동시에 베르테르의 감상주의적 심리 상황에도 대단히 잘 부합하는 것으로 알려져 있다.

2. 완역본의 경우: 디드로의 『라모의 조카』

수많은 시들과 단편적인 글들을 제외하고 괴테는 플로렌스의 금세공업자이자 조각가인 벤베누토 첼리니 Benvenuto Cellini의 자전적인 글 『벤베누토 첼리니의 생애 Leben des Benvenuto Cellini』, 볼테르의 비극 『마호메트 Mahomet』와 『탕크레드 Tancred』를 완역했다. 이 번역들은 위에서 괴테 자신이 언급한 분류에 따르면, “외국 작가를 우리 쪽으로 데려오는 것으로, 우리는 그를 우리에게 속한 사람으로 바라볼 수 있는 것”, 즉 도착어 독자들을 위한 번역이라 할 수 있다. 이때 도착어의 독자들이란 좁은 의미로는 바이마르 궁정의 독자들을 의미한다고 보아야 한다.

그러면 괴테가 완역한 작품 중의 하나인 디드로의 『라모의 조카』의 경우는 어떤지 살펴보자. 우선 디드로에 대한 괴테의 관심은 일찍부터 시작되었음을 알 수 있다. 그는 열한 살이 채 되기 전 고향도시 프랑크푸르트에서 풍자적으로 변형된 디드로의 연극을 처음으로 접했다. 그 후 1760년에는 디드로의 『가장 Père de famille』을, 1780년에는 『운명론자 자크 Jacques le Fataliste』를 읽게 된다. 뿐만 아니라 1796년에는 디드로의 「회화에 대한 에세이」와 「1765년의 살롱 Salon de 1765」을 처음으로 접하고 디드로를 번역하기로 마음먹는다. 그렇다면 그는 1803년 『라모의 조카』를 알게 될 때까지 계속적으로 디드로의 작품에 몰두해 온 셈이다.

여기서 흥미로운 점은 『라모의 조카』의 경우는 프랑스 원문보다 괴테의 독일어 번역본이 먼저 출판되었다는 것이다. 백과사전학파의 대표자로 프랑스에서 출판을 금지 당했던 디드로의 작품 중 상당수는 사후에 발견되었고, 괴테가 번역을 위해 사용한 사본은 상트페테르부르크 도서관에서 유출된 것이었다. 루돌프 슐뢰써 Rudolf Schlösser는 괴테가 정식 인쇄본이 아니라 미심쩍은 경로를 통해 흘러나온, 상태가 좋지 않은 필사본을 사용한 것이 그의 오역이나 오류의 한 요인이 되었을 것이라고 지적한다.[8)]

괴테는 『라모의 조카』에 대해 엄청난 애착을 보여, 원문 번역에 이어 이 작품에 등장하는 인명과 주요 개념에 대해 알파

---

8) 이 번역본의 생성사에 대해서는 Rudolf Schlösser: Rameaus Neffe. Studien und Untersuchungen zur Einführung in Goethes Übersetzung des Diderotschen Dialogs, a.a.O., S. 107ff. 국내 연구로는 드니 디드로: 라모의 조카, 황현산 옮김, 고려대학교 출판부 2006, 189쪽 이하 참고. 괴테의 번역은 디드로의 수기본이 발견되기 전, 역으로 프랑스어로 번역되는데 사용되기도 했다.

벳순으로 긴 주석을 덧붙였다. 단순히 번역작업으로 끝나지 않고 독자의 이해를 돕기 위해 추가적인 설명까지 달았던 것이다. 괴테는 달랑베르 d'Alembert , 도베르뉴 Dauvergne, 바토 Batteux, 데튜슈 Destouches, 도라 Dorat, 프레롱 Freron, 마리보 Mariveaux, 몽테스키외 Montesquieu, 팔리소 Palissot, 볼테르 Voltaire, 피롱 Piron과 같은 많은 인물들에 대해서 뿐 아니라 '취향 Geschmack', '철학자', '음악' 등과 같은 항목에 대해서도 주석을 달고 있다. 그의 주석은 상당히 상세한 편으로, 여기서 특별히 관심을 끄는 것은 당연히 '라모'와 '라모의 조카'에 관한 항목이다. 이는 특히 '라모의 조카' 항목에서 괴테 자신이 이 인물이나 원작에 대해 어떻게 생각하고 있는지를 읽어낼 수 있기 때문이다.

> 우선 그는 (디드로를 말함-필자) 아첨꾼과 식객의 나쁜 점의 전 방위적으로 묘사하기 위해 모든 정신을 쏟는데, 그때 그들의 후견인들도 결코 관대하게 다루어지지 않는다. 동시에 작가는 자신의 문학적 적대자들 또한 이들과 유사한 사기꾼이자 아첨꾼 족속으로 분류하고자 하며, 나아가서는 프랑스 음악에 대해 자신의 견해와 생각을 표명할 기회를 가진다. (FA. 11, 788)

그 외에도 괴테는 『라모의 조카』가 부분적으로는 탁월하지만 전체적으로는 그다지 훌륭하지 못하다고 평가했던 당시의 일반적인 견해에 반대해 현실의 이질적인 요소들을 전체 속에 잘 통합시키고 있다고 변호한다. 나아가서는 "생동감, 힘, 정신, 다양성, 우아함에서 bei mündlicher Unterhaltung, an Lebhaftigkeit, Kraft, Geist, Mannigfaltigkeit, Anmut"(FA. 11, 788) 이 작품을 능가할만한 작품이 없으며, 특히 대화 형식이 담고 있는 연설적이고 도덕적인 의도는 감탄을 자아내기에 충분하다고 극찬한다. 또한 주인공의 무례함이 절정에 달하는 부분에서도 분명한 목적을 가지고 있어 철저하게 계획된 작품임을 알 수 있다고 평가한다.

괴테의 이 같은 견해를 차지하고라도 『라모의 조카』에서 철학자인 '나'와 라모의 조카인 '그' 사이의 대화 내용 중 많은 부분은 오늘날까지도 그 의미나 현재성을 잃지 않는다. 특히 대화의 도처에서 거듭 거론되는 예술가의 불안한 경제적 위상을 한 예로 들 수 있는데, 이는 디드로가 예술가의 불확실한 재정 상태나 논란의 여지가 많은 천재 개념 등, 예술경영이 안고 있는 본질적인 문제들을 1770년대에 이미 예감하고 있었다는 사실을 말해 준다. 한 가지 예를 들자면, 사람들은 유복한 상황이 예술가의 천재성을 해친다고 흔히 주장하지만 실제로 예술가에 대한 긍정적인 평가는 사후에 찾아오는 경우가 많은 것을 보면 살아있는 동안 겪는 극도의 비참함이 과연 천재의 전제조건되느냐고 라모의 조카는 따진다. 나아가 예술가란 일반 시민에게는 한갓 '식객'에 불과하고, 예술 활동에 기껏해야 값싼 취미 이상의 의미를 부여하지 않는 당시의 현실을 폭로하는 것이다. 두 사람의 대화는 예술의 상업화에 대해서도 비판적으로 거론하는데, 시장은 예술가에게 부단히 새로운 것을 만들어내도록 압력을 가하지만, 이 모든 것은 과거에 이미 존재했다는 것이다.

사치와 쾌락을 추구했던 루이 15세 치하의 프랑스 상류 사회와 고답적인 문단 분위기를 훨씬 앞서 가는 디드로의 이 같은 예리하고 비판적인 통찰에 괴테는 십분 동조했던 것으로 보인다. 나아가 이 같은 사실들이 괴테 자신의 시대에 와서는 이미 더 이상 간과할 수 없을 정도로 명백해졌다고 보았다. 그러면 괴테가 실제로 『라모의 조카』를 어떻게 번역했는지 원문과 번역문의 한 부분을 비교해 보기로 한다.

> Un après-dîner, j'étais là, regardant beaucoup, parlant peu et écoutant le moins que je pouvais, lorsque je fus abordé par un des plus bizarres personnages de ce pays où Dieu n'en a pas laissé manquer. C'est un composé de hauteur et de bassesse, de bon sens et de déraisons. Il faut que les notions de l'honnête et du déshonnête soient bien étrangement brouillées dans sa tête, car il montre ce que la nature lui a donné de bonnes qualités sans ostentation, et ce qu'il en a reçu mauvaises sans pudeur. Au reste, il est doué d'une organisation forte d'une chaleur d'imagination singulière, et d'une vigueur de poumons peu commune. (Diderot, 6)

> Eines Nachmittags war ich dort, beobachtete viel, sprach

> wenig und hörte so wenig als möglich, als eine der wunderlichsten Personagen zu mir trat, die nur jemals dieses Land hervorbrachte, wo es doch Gott an dergleichen nicht fehlen ließ. Es ist eine Zusammensetzung von Hochsinn und Niederträchtigkeit, von Menschenverstand und Unsinn, die Begriffe vom Ehrbaren und Unehrbaren müssen ganz wunderbar in seinem Kopf durch einander gehn: denn er zeigt, was ihm die Natur an guten Eigenschaften gegeben hat, ohne Prahlerei, und was sie ihm an schlechten gab, ohne Scham. Übrigens ist er von einem festen Körperbau, einer außerordentlichen Einbildungskraft und einer ungewöhnlichen Lungenstärke(FA. 11, 657).

괴테의 이 같은 번역이 엄밀한 의미에서 정확한 번역인가라는 물음에 대해 연구자들은 상당히 단호하게 아니라고 답한다. 그러나 이것은 물론 슐뢰써의 주장처럼 괴테의 완벽하지 못한 프랑스어 문법 지식에서 연유되는 오류나 착각일 수도 있지만, 보다 근본적인 것은 번역에서도 예외 없이 나타나는 괴테 자신의 문체 이상 Stilideal 때문이기도 하다. 다시 말해 괴테는 유럽 계몽주의의 가장 대담하고 전복적인 텍스트 중의 하나로 평가되는 디드로의 문장을 원문 그대로 옮기지는 않는다. 이는 무엇보다 디드로가 당시 프랑스 문단의 지나치게 인위적이고 현실과는 거리가 먼 문체 원칙을 거부했을 뿐 아니라, 자신의 시대에 팽배했던 가치관에 대해 의구심을 표하며 비판을 서슴지 않았던 것과 무관하지 않다.

괴테는 디드로의 생존 시기동안 하나의 스캔들로 받아들여졌던, 때로는 "숨 가쁘고, 신경질적이며, 경직된 문체 der atemlose, nervöse, verkrampfte Stil"(Nebrig, 68), 때로는 삽입구나 관계문이 지나치게 많은 디드로의 긴 문장을 괴테 자신의 이상적인 문장원칙에 따라 조정한다. 이처럼 문장의 길이를 임의로 조정한 것은 지나치게 길고 현학적인 디드로의 문장을 최소한 독자의 독서 호흡에 맞추려는 시도로 보인다.

다른 한편, 괴테는 자신이 칭찬했던 원작의 대화 부분에 비중을 두어 번역함으로써 '그'와 '나' 사이에서 이루어지는 대화의 활기와 생동감을 최대한 살리고자 한다. 그러나 이때도 시시때때로 바뀌는 주인공의 제스처나 몸의 움직임을 표현하기 위해 나열된 디드로의 단문들, 자주 끊어지는 스타카토 형식의 원문 리듬을 괴테는 번역문에서 훨씬 더 부드럽고 균형 잡힌 모습으로 변형시킨다.

Moi A côté d'un César, du'n Marc-Aurèla, d'un Sokrate.

Lui Non, je serais mieux entre Diogène et Phryré. Je suis effronté comme l'un, et je fréquente volontiers chez les autres.

Moi Vous portez-vous toujours bien?

Lui Oui, ordinairement; mais pas merveilleusement aujourd'hui.

Moi Comment? vous voilà avec un ventre de Silène et un visage...

Lui Un visage qu'on prendrais pour son antagoniste. C'est que l'humeur qui fait sécher mon cher oncle engraisse apparemment son cher neveu.

Moi A propos de cet oncle, le voyez-vous quelquefois? (Diderot, 13)

Ich Neben Cäsar, Mark Aurel, Sokrates.

Er Nein! Ich stünde lieber zwischen Diogenes und Phryne. Unverschämt bin ich wie der eine, und die andern besuch' ich gern.

Ich Ihr befindet Euch immer wohl?

Er Ja, gewöhnlich, aber heute nicht besonders.

Ich Und wie, mit Eurem Silenenbauch, mit einem Gesicht -

Er Einem Gesicht, das man für die Rückseite nehmen könnte. Wißt Ihr, daß böse Laune, die meinen Onkel ausdorrt, wahrscheinlich seine Neffen fett macht?

Ich A propos! den Onkel, seht Ihr ihn manchmal? (FA. 11, 661)

이 같은 대화 부분의 번역에서 괴테는 원문이 가진 생동감과 해학성, 어느 방향으로 튈지 예상할 수 없는 즉흥성과 순간적인 순발력 등을 가급적 살리려 하지만, 다른 한편으로는 자신의 희곡에서 이미 충분히 훈련한 극적 효과와 '대화성 Dialogizität'을 적용시킨다. 이를 통해 그의 번역체는 디드로의 문체보다 훨씬 일상 대화에 가까운 동시에 우아함을 잃지 않는다. 다시 말해 괴테는 때로는 길고 때로는 간결한, 때로는 일상적이고 때로는 대단히 철학적인 디드로의 원문에서 대화가 가지는 구어성과 현장성, 흥미로움과 진지함을 십분 이해하지만, 이를 자신의 문체 이상에 맞추어 조절한다. 이때 그는 종종 철학자인 '나'와 자신을 동일시하는 반면, 라모의 조카와는 거리를 두는 입장을 취한다. 이런 의미에서 보자면 그의 번역은 프랑스 의고전주의적 문체를 거부하는 디드로의 문체를 독일 고전주의적 문체 이상에 따라 변형시킨 셈이다(Nebrig, 68).

그렇다면 괴테는 자신의 번역에 대해 어떻게 평가할까?

> 번역 자체는 대단히 자유롭고, 부분적으로는 생략하고 부분적으로는 의역이지만, 그처럼 다룬 것을 고려하지 않는다면 전적으로 원전의 의미 속에 머물러 있다. 그 의미 속으로 충분히 파고드는 방식으로 텍스트는 연결되고 조화를 이루면서 아주 편안하게 읽힌다. (FA. 11, 810)

이처럼 괴테는 디드로가 의도한 의미론적으로나 구문론적으로 지나치게 과장된 대비 효과나 대립 명제, 혹은 너무 노골적인 성적 암시나 무리한 표현들을 가급적 절제된 표현으로 바꾸어 놓는다. 이는 괴테가 부분들의 조화와 '가독성 Lesbarkeit'이란 원칙을 따르고 있음을 보여주는 것이다. 고전주의적 예술 원칙에 따른 그의 번역은 언어형식적인 측면에서나 의미적인 측면에서 완결성과 조화를 보여주는데, 불확실하거나 의심스러운 경우에는 '고상함 Dezenz'의 원칙을 따른다. 따라서 풍자적이고 거친 디드로의 표현들은 추상적이고 철학적이며 단정한 언어로 교체되었다. 그렇다면 어느 의미에서 괴테는 당시의 관습을 거부하는 동시대인의 문학과 구분 되는 디드로 문학의 특징들을 충분히 고려하지 않은 셈이다.

4 QUESTION 맺는 말

괴테는 일생동안 번역에 대한 관심을 놓지 않았다. 번역에 대해 그는 "번역 행위의 불충분함에 대해 사람들이 무엇이라 말하든 간에 번역 행위는 여전히 세계의 보편적 교류가 이루어지는 시장에서 가장 본질적이고 가장 존경받아 마땅한 작업 중의 하나"라고 말한다.[9]

9) 1828년에 자신의 희곡 『타소 Torquato Tasso』(1789)를 영어로 번역한 토마스 칼라일에게 쓴 편지.

위에서 살펴본 바와 같이 괴테는 이론적으로는 『서동시집』에서 '세 번째 시대'의 번역을 최고의 단계로 간주했지만, 그가 한 번역을 엄밀한 의미에서 원전중심의 번역 textgetreue Übersetzung이라 부르기는 어렵다.

오히려 번역가로서 괴테 자신의 활동은 하나의 명제나 이론적 틀에서 벗어나 스스로의 규칙을 적용시킨다. 그는 때로는 출발텍스트의 많은 부분을 자신의 작가적, 창작적 감수성으로 보완하고 원작보다 훨씬 시적으로 변형시킨다. 이 경우 그는 엄밀한 언어학자나 전문 번역가의 자세라기보다 세계시민적 바탕 위에서 이질적 문화가 가지는 타자성에 대한 열린 자세, 혹은 번역을 또 다른 창작의 과정으로 이해하는 공동 저자의 자세를 취한다.

디드로의 『라모의 조카』의 번역사와 수용사에서 괴테는 독일에서뿐 아니라 프랑스에서도 첫 번째 자리를 차지한다. 대단히 문제가 많은 이 작품이 프랑스에서는 여전히 이해받지 못하던 시절, 괴테에게 번역을 처음 권한 사람은 쉴러였고, 그런 쉴러의 청을 괴테가 받아들였다는 사실은 이들이야말로 프랑스인들에 앞서 이 작품의 중요성을 꿰뚫어 보았다는 것을 의미한다. 그러나 실제 번역에 있어 괴테는 동시대인들로부터 비난받았던 "디드로의 급작스러움과 다급함, 과격한 수사, 그의 현혹적인 반대 명제들과 모순어법, 그의 계몽적 열정과 궤변"(Nebrig, 77 재인용)을 그대로 재현하기 보다는 자신의 방식대로, 자신의 문체 이상에 따라 부드럽고 우아하고 유연하게 옮겨 놓는다.

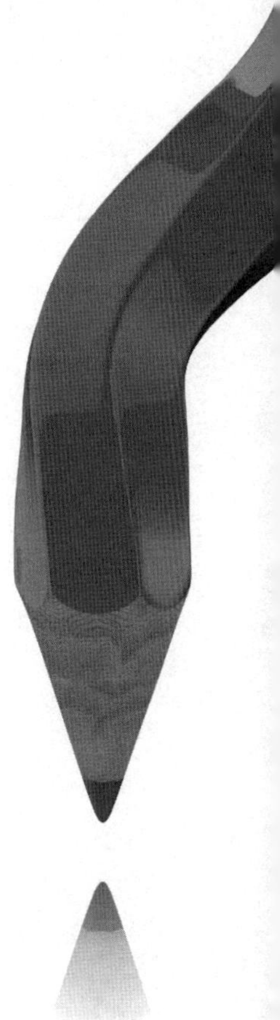

Chapter 5
낭만주의에서의 언어, 번역, 해석

QUESTION

Chapter 5 낭만주의에서의 언어, 번역, 해석

독일 낭만주의는 문학사에서 뿐 아니라 번역사에서도 하나의 전환점을 이룬다. 실은 이 두 가지가 별개의 사건이 아니라고 할 수 있는데, 창작 활동과 번역 활동은 실제로 상당 부분 서로 맞물려 진행되기 때문이다. 많은 작가들이 창작 활동 이외에 번역에 몰두했던 낭만주의 시대에 더욱 두드러지는 이 같은 현상은 여러 가지로 해석될 수 있다. 한편으로는 작가와 번역가의 영역이 오늘날처럼 엄밀하게 분화되거나 전문화되지 않았음을 뜻하고, 다른 한편으로는 외국문학을 통해 민족문학을 활성화하고자 하는 낭만주의 문인들의 열망이 엄청나게 컸음을 의미한다. 괴테 시대 이전까지 독일 지식인들의 라틴어에 대한 의존도는 어느 나라에서보다 더 오래 지속되었고, 민족어에 대한 인식과 이를 가꾸기 위한 노력 또한 다른 유럽 국가들에 비해 뒤늦게 생겨났다. 수많은 방언으로 이루어졌던 독일어가 일반적으로 이해될 수 있는 하나의 통일된 언어로 발전한 것이 마르틴 루터의 성서 번역(1521년경)에서 이루어졌다면, 낭만주의 시기는 문어체 독일어 Schriftsprache, 예술 언어 Kunstsprache의 비약적인 발전이 이루어진 시기라 일컬어야 할 것이다.

이 같은 상황에서 독일 낭만주의자들은 유럽인으로, 혹은 세계시민으로 나아가기 위해 민족문학의 확립과 외국문학의 생산적 수용이란 두 가지 명제 사이의 경계를 부단히 오가야 했다. 다시 말해 민족문학을 부흥시키기 위해 외국문학의 수용과 번역은 불가피하다는 사실과 양자 사이의 이중적이고 변증적인 관계를 십분 의식하고 있었던 것이다. 이런 의미에서 앙투안 베르만 Antione Berman이 『낯섦의 시련 -독일 낭만주의 문화와 번역』에서 지적한 것처럼, 이 시기는 독일어와 독일 문화가 타자와의 접촉을 거치면서 성장한 시기이며, 모든 것을 자국어로 동화시켜 버렸던 프랑스 고전주의 번역 방식, 즉 자국민 중심주의 Ethnozentrismus와는 달리 외국문학과 외국 문화에 대해 훨씬 적극적이고 열린 자세를 취했다(Berman, 149).

따라서 독일에서 1800년경을 중심으로 번역문학이 전성기를 이루었다는 것은 놀라운 일이 아니다. 아우구스트 빌헬름 폰 슐레겔은 단테, 페트라르카, 보카치오, 칼데론 등을 번역했으며, 루트비히 티크는 세르반테스를, 요한 하인리히 포스 Johann Heinrich Voß는 호메로스를, 그리고 J. C. 보데스 Johann Christoph Bodes는 필딩과 스턴의 소설을 집중적으로 번역하였다.[1] 이것은 고전어 텍스트를 주된 대상으로 삼았던 이전까

1) Vgl. Reallexikon der deutschen Literaturwissenschaft, Bd. III, Berlin u. New York

지의 번역 활동이 여러 언어의 작품들로 다양화되었음을 보여주는 대목이기도 하다.

번역에 관한 이 같은 독일 낭만주의자들의 인식과 작업의 밑바탕에는 모국어에 대한 성찰과 문학을 통해 새로운 세계를 창조하려는 '낭만적-진보적 romantisch-progressiv' 열정이 깔려 있었다. 이런 의미에서 이 장에서는 우선 낭만주의자들의 독일어에 대한 성찰을 살펴보고, 이를 바탕으로 그들의 번역관과 번역 실제를 분석해 보기로 한다. 구체적인 사례로 아우구스트 빌헬름 폰 슐레겔/루트비히 티크의 셰익스피어 번역과 횔덜린의 소포클레스 번역의 경우를 살펴보고자 하는데, 횔덜린은 일반적으로 낭만주의자로 분류되지는 않지만, 그들과 동시대인이란 점을 감안한다면 이 장의 범위에서 크게 벗어나지는 않는다고 생각된다.

2003, S. 723.

1 QUESTION 낭만주의 번역에서의 언어의 문제

근대적 의미의 민족 개념이나 국가 개념의 성립이 다른 유럽 나라에 비해 늦었던 독일에서 국가와 민족, 언어에 대한 성찰이 낭만주의 시기만큼 치열하게 이루어졌던 적은 일찍이 없었다. 계몽주의를 거치면서 민족의식과 민중의식이 생겨난 것은 사실이지만, 그것이 문학의 핵심 사안으로 부상하게 된 것은 18세기 후반에 이르러서라고 하겠다. 프랑스 혁명을 목격한 독일 낭만주의자들은 자신들이 열망하는 민족 국가의 확립은 무엇보다 언어를 통해, 그리고 나아가서는 독일어로 쓰인 문학 작품을 통해 실현될 수 있다는 사실을 인식했다.[2] 따라서 그들은 언어가 지니는 창조적, 생산적, 집단적인 힘에 천착했고, 구체적으로는 독일어 사전과 독일어 문법을 집필했던 그림 Grimm 형제처럼 독일어의 역사성과 특수성을 밝혀내고자 노력했다. 이때 어느 의미에서는 문학적, 학문적 언어로 확고히 자리 잡지 못했던 독일어에 독일적 사유와 문학적 표현 가능성을 최대한 확장시키고, 학문적 논의에 적합한 언어로 만들어야 했던 현실적 상황을 간과할 수 없다.

---

2) 헤르더는 1784년에 가장 먼저 '민족문화 Volkskultur'란 용어를 사용했는데, 이때 그는 '민중 Volk'과 '민족 Nation'이란 개념을 거의 동일하게 사용했다. 그 후 18세기 후반부와 19세기 초에 Volk란 용어에 대해 집중적으로 논의되었다.

낭만주의자들에게 언어란 민족정신의 가장 대표적인 구현체로서, 그들은 언어 속에 민족정신이 살아있다고 믿었다. 다시 말해 그들은 언어란 단순히 추상화된 기호나 문법 체계, 일상적인 의사 전달 수단만이 아니라 그 자체 속에 창조적인 힘을 내포하고 있으며, 이 창조적 힘에 의해 세계가 구성된다고 믿었던 것이다. 이렇게 본다면 낭만주의 언어관은 단순히 언어학적 이해라기보다는 문학, 철학, 종교의 통합적 사유에서 생겨났으며, 창조적 기능과 인식적 기능을 동시에 지닌다(이성준, 32). 이 같은 언어관은 이미 하만과 헤르더와 같은 이전 세대의 학자들에 의해 시작된 것이라 하더라도, 특히 훔볼트의 언어관에서 절정을 이룬다.

빌헬름 폰 훔볼트 Wilhelm von Humboldt(1767-1835)는 언어를 내적인 정신활동을 통해 세계를 언어적 표현으로 바꾸어 놓는, 동적이고 능동적인 요소로 간주한다. 나아가 유기적 전체로서의 언어 개념은 동태성뿐만 아니라 전체성, 즉 개개 구성요소들의 상호규정성까지도 포괄한다. 뿐만 아니라 그에게서 정신활동과 언어는 서로 불가분한 관계를 가지기 때문에, 인간의 사유 활동과 언어는 근본적으로 하나이며, 따라서 언어는 지식체계에 있어서나 '교양 Bildung'의 개념에서 중심적인 위치를 차지한다.

훔볼트에 따르면 각 민족의 사고방식이란 곧 언어 자체 속에 내재된 세계관에서 비롯된다. 이 경우 언어란 단순히 대상들을 모사하는 것이 아니라 세계가 언어를 통해 개별화되고, 언어의 상이성은 소리나 외적인 형식뿐만 아니라 언어 속에 내포된 세계관의 양식을 규정한다. 동시에 이 같은 언어와 세계관의 상이성에도 불구하고 언어가 가지는 '사이 zwischen'의 기능, 다시 말해 중개의 기능은 번역을 위해서도 중요한 바탕을 제공한다.

> 언어란 어디서나 중재자이다. 우선 무한한 자연과 유한한 자연 사이를, 그 다음에는 한 개인과 다른 개인을 중재한다. 동시에 이런 활동을 통해 언어는 하나 됨을 가능하게 만들고 바로 그 하나 됨에서 생겨난다. 언어의 전체적 본질은 개별적 본질 속에 있지 않고, 항상 다른 것에서부터 추측되거나 예감된다(Humboldt, III, 296).

훔볼트가 이렇게 일반 언어학적 측면에서 언어를 고찰했다면, 야콥 그림 Jakob Grimm은 민족어로서의 독일어에 대해 관심을 집중한다. 그는 민족정신이 언어에서와 마찬가지로 문학 속에, 특히 민담과 같은 민중문학 속에 살아있다고 보았다. 야콥 그림에게 있어서도 민족정신은 단순히 한 민족의 독특한 특성을 의미할 뿐 아니라, 창조적 공동체, 무의식적 집단적 힘을 의미했는데, 그 힘은 일차적으로 민중의 언어에서 기인한다. 나아가 "언어의 과정은 자연과 마찬가지로 더디지만 중단하는 법이 없다. 그것은 애당초 결코 멈추지 않는다. Der Gang der Sprache ist langsam, aber unaufhaltsam wie die Natur. Stillstehen kann sie eigentlich niemals."(「독일어 문법과 독일어 사전에 대한 서문」). 그 속에는 '지칠 줄 모르고 창조하는 정신'이 작용한다고 보았다.

2 QUESTION 번역 패러다임의 변화: 모방에서 창작으로

이상과 같은 낭만주의자들의 생성적 언어관과 그와 밀접하게 관련된 문학관은 번역에 대한 견해에도 근본적인 변화를 가져왔다.

> 최고의 시적인 정신은 변화하는 번역에 속한다, 그 번역이 진정한 것이라면 말이다. […] 이런 종류의 진정한 번역가는 실제로는 예술가임에 틀림없고, 전체의 이념을 임의로 이렇게 혹은 저렇게 제시할 수 있어야 한다. 그는 시인의 시인이고, 그래서 자신과 그 시인의 고유한 이념에 따라 시인으로 하여금 말하도록 할 수 있어야 한다. 인류의 천재가 모든 개별 인간들과 가지는 관계 또한 유사하다(노발리스 Novalis, 『꽃가루』, 1798, 355).

이 글의 집필자인 노발리스는 이처럼 번역가를 "시인의 시인 Dichter der Dichter"이라고 불렀다. 본질적으로 문학이란 '세계와 자연의 번역'이라는 생각에서 출발하는 그는 번역가란 "최고의 시적 정신"을 가진 자이며, 예술가와 마찬가지로 작품의 전체적인 이념을 나름대로 제시할 수 있는 사람이며, 천재 Genius의 유형에 속한다고 보았다. 이런 맥락에서 보자면 번역은 더 이상 모방이나 습작이 아니라 창작에 버금가는, 혹은 창작을 능가하는 행위가 되는 것이다. 그에게 '번역 übersetzen'이란 말 그대로 존재의 한계나 유한성을 '넘어서는 것 über-setzen'을 의미한다.

주지하다시피 '먼 것, 미지의 것, 비밀스러운 것에 대한 자아의 동경 die Ich-Sehnsucht nach der Ferne, nach Unbekanntem, Geheimnisvollem'은 노발리스의 낭만적 프로그램에서 시작과 끝을 이룬다. 자아의 동경은 제한된 현실로부터 벗어나 먼 것을 향하는데, 이는 '멂의 철학 Philosophie der Ferne'이 '원(原) 문학의 본질 urpoetische Natur'을 이루기 때문이다. 이 같은 노발리스의 명제에 따르면 번역은 여전히 원 텍스트 속에 내재된 미지의 것, 비밀스러운 것, 낯선 것을 향해 무한히 접근해감을 의미한다.

노발리스와 함께 초기 낭만주의 학파의 형이상학적이고 시적인 프로그램을 초안한 프리트리히 슐레겔 역시 유사한 의미로 "모든 번역은 규정되지 않은 무한한 과제 Jede Übersetzung ist eine unbestimmte, unendliche Aufgabe"이며, "작품들을 지속적으로 살아남게 하는 번역은 그 작품에 대한 시적 성찰 die Übersetzung wird als Fortleben der Werke zu deren poetischen Reflexion"(Schlegel, 42)이 된다고 말한다. 이로써 슐레겔은 번역은 한 번으로 끝나는 것이 아니라 무한한 시적 성찰을 계속하기 때문에, 원전의 생명력은 오히려 번역에 의존하고 있음을 역설한다. 우리는 여기서 낭만주의 번역론에서 출발하고 있는 하이데거의 견해, 즉 "모든 번역은 해석이며, 모든 해석과 해석에 기여하는 것은 동시에 번역"(Heidegger, 76)이라는 견해를 상기하게 된다. 이를 좀 더 구체적으로 표현한다면, 번역이란 출발텍스트에 관한 끊임없이 새로운 시적 성찰이자, 세대를 거듭해서 이어지는, 무한히 계속되는 해석의 과정인 셈이다. 이런 관점에서 본다면 번역은 부단히 이어지는 창조적 행위일 뿐 아니라 동시에 해석, 혹은 비평의 과정이 된다.

노발리스와 슐레겔의 사변적이고 단편적인 견해에 비해 플라톤 번역자이기도 한 프리트리히 슐라이어마허는 훨씬 엄밀하고 체계적인 번역방법론을 제시한다. 1813년 베를린 왕립학회에서 발표한 그의 논문 「번역의 여러 방법론 Ueber die verschiedenen Methoden des Uebersetzens」은 그에 앞서 논의되어 왔던 번역 방법론들을 구체적이고 종합적으로 다룬다. 이른바 해석학적 번역이론의 토대를 이루는 그의 번역론의 핵심은 '의역 Paraphrase'이나 '모사 Nachbildung'와 같이 당시에 널리 행해지던 번역 방식을 단호히 거부하고, 말을 전체 언어와의 관계에서 살펴보는 '문법적 해석'과 말을 말하는 사람의 생각과 연관하여 살펴보는 '기술적-심리적 해석' 모두를 요구한다(최신한, 31). 전자는 엄격한 통사론적 이해를, 후자는 의미론적, 심미적 이해를 의미하는데, 이 두 가지를 동시에 전제하는 그의 까다로운 요구는 이전의 번역 실제나 번역이론의 수준을 여러 단계 올려놓는 역할을 한다. 이 같은 그의 입장의 밑바닥에는 궁극적으로는 "무한한 것에 대한 감각과 취향 Sinn und Geschmack für das Unendliche", 나아가서는 이해하는 주체와 이해되는 대상의 일치라는 낭만적, 해석학적 입장이 깔려있다. 슐라이어마허의 이 같은 견해는 그 자신의 플라톤 번역에서 기본 노선으로 작용하고, 출발텍스트의 올바른 이해를 위한 번역자의 심리적 추체험, 전체와 부분 사이의 순환 작용과 유사성이란 낭만적 해석학의 구조를 완성시킨다.

이상의 낭만적-해석학적 번역관은 비단 이 시대에 국한되지 않고, 딜타이와 하이데거, 가다머 등을 통해 부분적인 비판과 수정을 받으면서도 독일 번역사에서 강력하고 지속적인 영향력을 발휘해 왔다.[3] 따라서 1960년대에 이르러 번역이론에서 이른바 '언어학적 전환 linguistische Wende'이 일어나기까지 독일 번역론의 주된 흐름은 이 낭만적-해석학적 번역론의 영향 하에 놓여 있었다고 하겠다. 뿐만 아니라 발터 벤야민, 조지 스타이너, 폴 리쾨르, 앙토완 베르만 등으로 대변되는 이른바 해석학적 번역이론은 많든 적든 슐라이어마허를 비롯한 독일 낭만주의 번역론에 빚지고 있다고 해도 과언이 아니다.

3) 슐라이어마허의 해석학적 번역이론은 가다머에 와서는 많은 부분 비판을 받는다. 가다머는 이른바 해석학적 순환이 가지는 객관성의 결핍을 "역사적 지평"이란 개념을 통해 보완하게 된다. 손디는 딜타이가 슐라이어마허의 문법적 해석 대신 심리적 해석을 편향적으로 수용한 것을 비판하면서, 문법적 해석의 현대적 의의를 재평가한다(Szondi, 189).

3 QUESTION 실제 번역의 두 가지 사례

그렇다면 이상과 같은 낭만주의 번역관은 실제 번역에서는 어떻게 구현되고, 이론과 실제는 어떤 상관관계 속에 있는가?

프랑스의 독일 문학 번역가인 베르나르 로르타리 Bernard Lortary는 독자의 감수성을 고려한 번역이야말로 문화의 전파에 기여해 왔다고 주장한다. 이런 맥락에서 그는 횔덜린이 그리스 문학을 너무나 동경하여 핀다로스와 소포클레스의 작품을 번역했지만, 원문을 그대로 옮겨놓아 그리스어를 아는 독일인밖에 이해할 수 없는 번역이 되고 말았다고 지적한다. 반면 '독일화 Verdeutschung'에 성공한 셰익스피어 번역은 독일 문학의 최고 걸작으로 평가받는다는 것이다(쓰지 유미, 150 재인용). 그의 주장에 전적으로 동의하지는 않는다 하더라도, 우리는 여기서 서로 다른 두 가지 대표적인 번역 사례를 확인할 수 있는데, 이에 대해 좀 더 구체적으로 살펴보기로 한다.

1. 낭만주의자들의 셰익스피어 번역

독일에서 셰익스피어의 번역과 수용은 그 어떤 작가의 경우보다 다양한 양상을 보여주며, 서로 다른 관심사와 다른 시대적 욕구에 따라 이루어져 왔다. 이런 의미에서 셰익스피어가 없었더라면 레싱 Gotthold Ephraim Lessing, 헤르더, 괴테, 쉴러 등 18세기 독일문학뿐 아니라 19세기 문학 또한 완전히 다른 노선을 걸었을 것이란 흔히 하는 상투적인 주장은 전적으로 틀렸다고는 할 수 없다. 그중에서도 특히 슈트룸 운트 드랑에 이어 낭만주의 운동은 셰익스피어를 자신들의 이른바 '천재미학 Genieästhetik'의 모범으로 삼고 그에게 열중했다. 그런 의미에서 독일 낭만주의의 주요 업적 중 하나가 아우구스트 빌헬름 폰 슐레겔의 셰익스피어 번역인 것은 우연이 아니다.

아우구스트 빌헬름 폰 슐레겔의 셰익스피어 번역은 1797년에서 1810년 사이에 출판되었던 14편의 작품에 해당된다. 그의 셰익스피어 번역은 나중에 루트비히 티크의 주도하에 도로테아 티크 Dorothea Tieck와 볼프 폰 바우디신 Wolf von Baudissin에 의해 보완되었고, 이것은 오늘날까지 독일에서는 일종의 표준으로 간주된다.

슐레겔에 앞서 크리스토프 마르틴 빌란트 Christoph Martin Wieland는 1766년 셰익스피어 드라마의 몇 작품을 산문으로 번역하였고, 이를 통해 슈트룸 운트 드랑 시대의 작가들 사이에서 산문 드라마를 유행하게 만든 바 있다. 그로부터 약 한 세대가 지난 후 A. W. v. 슐레겔은 셰익스피어의 작품을 처음으로 운문으로 번역했는데, 이때 그는 형식과 내용의 통일성을 무엇보다 중요한 원칙으로 삼았다. 그는 빌란트의 의미 중심의 번역과는 달리 출발텍스트의 (운문)형식이 도착 텍스트에서도 그대로 유지되어야 한다고 주장했다. 이로써 슐레겔의 번역은 '소재적' 번역의 다음 단계인 '형식의 번역'을 지향한다.

> 사람들이 칭찬하는 진정한 번역가는 대작의 내용뿐만 아니라 고상한 형식, 원래의 틀을 간직할 줄 아는 사람으로, 언어의 차이가 설정하는 좁은 한계를 뛰어넘어 천재의 명성을 퍼뜨리고, 천재의 귀한 재능을 나누는 전령이다(Schlegel, 98).

이 같은 형식의 번역을 시도함과 동시에 슐레겔에 있어서는 셰익스피어를 '시적으로 고상하게 만들기 poetische Veredlung Shakespeares'가 또 하나의 원칙으로 작용한다. 그의 스승 고트프리트 아우구스트 뷔르거 Gottfried August Bürger(1767-1845)의 주장을 받아들인 것이기도 한 이 같은 원칙에 따르면 산문적 소재까지도 시적으로 번역해내어야 하는 것이다. 예컨대 독일어로 번역하여 아름답게 들리지 않는 경우, 매끄럽지 못한 요소들을 최대한 고르게 해서 셰익스피어의 전반적인 문체이상 Stilideal에 도달하는 것이 번역자의 의무라는 것이다.

> 나의 의도는 그 종류가 무엇이든, 고대적인 것이든 현대적인 것이든, 예술적인 고전작품이든 자연적인 민족 작품이든, 모든 것을 그 형태와 특성에서 시적으로 옮기는 것이다.[4]

---

4) Atheneum (Wissenschaftliche Buchgesellschaft), Darmstadt 1960, II, 2, S. 281. (여

이 같은 시적 번역은 외국 언어와 문학에 대한 탁월한 민감성을 요구하는데, 슐레겔은 참된 시적인 번역기술을 고안해내는 명예가 독일인에게 주어질 수 있다고 믿었으며, 이를 통해 '낭만적 보편성 romantische Universalität'에 도달하기를 희망했다. 이렇게 슐레겔/티크의 셰익스피어 번역은 번역의 흔적을 완전히 지우고, 부분적으로는 거칠고 통일성이 없는 셰익스피어의 영어 대신, 그리고 셰익스피어의 희곡이 애초에 무대 상연을 위한 것이었던 만큼 텍스트로 기록되지 않은 채 누락된 부분들까지도 매끄럽고, 시적인 독일어로 재현해 내었다. 이런 시적 번역을 통해 슐레겔은 궁극적으로 셰익스피어가 마치 독일 작가인 것처럼 독자들에게 느껴지게 만들었던 것이다.

2. 횔덜린의 소포클레스 번역

초기 낭만주의자 그룹과는 약간 비켜서 있지만 동시대인으로, 이 시기의 중요한 번역 작품을 남긴 작가로 프리트리히 횔덜린을 빼놓을 수 없다. 시인 횔덜린 Friedrich Hölderlin(1770-1843)은 그리스 문학과 라틴 문학을 독일어로 옮긴 번역가이기도 하다. 엄청난 언어적 밀도와 사상의 풍부함, 이미지와 상징으로 가득 찬 그의 시적 특성들은 많은 부

기서는 S. Heyvaert의 번역에서 인용)

분 그 자신이 했던 번역 작업에서 영향을 받았다. 예컨대 그가 송가나 찬가와 같은 고대의 시 형식을 자신의 시에 사용한 것은 전통적 형식을 외형적으로 받아들인 것이 아니라, 즉 수동적인 수용의 차원이라기보다는 고대 정신과의 내적인 결합의 표현인 동시에 "한때 지상에 존재했고 또다시 돌아오리라는 징표를 Zeichen, daß einst er da gewesen und wieder/käme"(Hölderlin 2000, 237) 남겨두고 떠난 신들을 다시 현재 속으로 불러내기 위해서였다.

자신의 문학 활동 전반을 동반하고 있는 횔덜린의 번역 작업은 그 목적과 목표에 있어 몇 단계의 변천을 보여준다. 호메로스에서부터 소포클레스의 『안티고네』 중 합창 *힘센 것들은 많기도 하도다*가 번역된 1799년까지 번역은 전래적인 방식에 따라, 형식에 얽매이지 않은 채 의미를 재현하는 이른바 '의미번역'에 머물고 있다면, 1800년부터 1801년 말까지 이루어진 핀다로스 번역은 언어실험 혹은 형식실험을 위한 새로운 시도라 부를 수 있다(장영태 1998, 50). 2,000행에 가까운 그의 '대 핀다로스 번역 die große Pindar-Übertragung'[5]은 청각적 요소를 중시하며, 형식을 그대로 추적하고, 개별어휘나 문장의 배열을 원문 그대로 유지하려는 노력을 보여준다. 이에 대해 최초로 횔

5) 핀다로스의 송시 14편, 퓌토 송시 12편, 네메아 송시 11편, 이스트모스 송시 8편, 총 45편 중에서 올림피아 송시 7편과 퓌토 송시 10편을 합쳐 모두 17편을 번역한 것이다. 이 가운데 완역된 것은 올림피아 송시 제2, 11 및, 14편과 퓌토 송시 제 1,2,3,8,10,11, 12편 등 모두 10편에 해당되고 나머지는 미완으로 남아있다(천병희, 29).

덜린의 작품집을 내놓은 크리스토프 테오도르 슈밥 Christoph Theodor Schwab은 "원문이 없이는 거의 이해할 수 없는 철저한 축어역으로 나중에 훌륭한 의역을 하기 위한 토대로 삼으려 했던 것으로 추정된다"(천병희, 34 재인용) 라고 말한다. 따라서 축어역으로 이루어진 이 번역은 문장구성에 있어서 독일어가 수용할 수 있는 한계를 넘어서고 있다. 나아가 프랑스 보르도로부터 귀향하여 1802년과 1803년 사이에 집중적으로 매달렸던 소포클레스의 비극 『오이디푸스 왕』과 『안티고네』, 그리고 핀다로스 단편(斷片)의 번역은 해석을 동반한 마지막 단계의 번역이다(장영태, 55).

소포클레스의 오이디푸스 왕과 안티고네에 대한 횔덜린의 번역이 1804년 프랑크푸르트에서 프리트리히 빌만에 의해 출간되자 당대의 대표적 번역가 하인리히 포쓰나 비평가 쉴러는 냉담한 태도를 취했다. 원작의 '독일화 Verdeutschung'가 번역의 주된 흐름을 이루었던 당시 상황에서 많은 동시대인들은 횔덜린의 이 번역에서 직후에 나타난 그의 정신분열증의 전조를 보았던 것이다.

『안티고네』와 『오이디푸스 왕』의 번역에서 횔덜린은 무엇보다 그리스 정신의 복원을 위해 노력했다. 독일적인 것과는 본질적으로 다른 그리스 적인 것을 찾아내기 위해 그는 문헌학적 방법을 동원했고, 그리스 각 단어의 의미와 소리, 어순까지 고려하였다. 예를 들면 그는 "mit der Kraft der Tugend" 대신 "Füße Tugend"라고 쓴다든가, 원문을 정확히 옮기려는 의지에서 반드시 필요한 전치사나 접속사를 생략하는 경우도 많았다. 이때 그는 그리스 단어의 어원까지 고려하고, 그것이 가지는 예스러움을 살리기 위해 슈바벤 사투리나 루터 독일어를 사용하기도 했다(Berman, 167). 아울러 그는 번역에 이어 긴 주석을 덧붙였는데, 그의 주석은 자신의 번역에 관해서뿐 아니라 원전의 이해를 위해서도 중요한 정보를 제공해준다. 이런 의미에서 그의 번역은 주석을 곁들인 '해석적' 번역이라 부를 수 있는데, 이것은 동시에 출발텍스트에 대한 해석 Interpretation으로 기능할 수 있기 때문이다.

횔덜린의 번역을 통해 드러난 그리스 상은 동시대인들 사이에서 통용했던 그리스 상과는 차이가 난다. 다시 말해 그것은 빙켈만의 명제 '고상한 단순함과 조용한 위대함 eine edle Einfalt und eine stille Größe'으로 대변되는 고전주의적 미의 전범으로서의 고대 정신도, 낭만주의자들이 열망했던 '낭만적 회귀 romantisches Züruckwollen'의 대상도 아니다. 횔덜린에게 그리스 신들은 이상화되고, 미학화된 고전적 조각상처럼 보이는 것이 아니라 살아있고 실재하는 존재이다. 그 존재들은 인간의 삶에 놀라운 방식으로 영향을 미치고, 동시에 사람들의 두려움을 불러내기도 한다(마틴 하이데거 Martin Heidegger, 68).

> 오이디푸스에 관한 주석에서도 암시했듯이, 비극적 표현은 전적으로 인간과 하나인, 직접적인 신 (사도의 신은 보다 간접적이고, 최고의 정신 속에 있는 최고의 이성이기 때문이다) 그리고 무한한 열광이 끊임

> 없이, 다시 말해 대립 속에서, 의식을 끌어올리는 의식 속에서, 성스럽게 스스로를 구분하면서, 파악되고, 신이 죽음의 형상을 하고 나타나는데 근거한다.
>
> […] 그리스 비극의 언어는 치명적으로 실제적인데, 그 말에 사로잡히는 육신은 실제로 죽기 때문이다.
>
> (안티고네에 관한 주석)

이런 점에서 본다면 횔덜린은 소포클레스 번역에서 죽은 문자(그리스 어)를 축어적으로 옮기는 차원에 머무르지 않고, 인간의 삶에 직접적으로 개입하는 운명적인 힘을 가진 실체로 일깨워낸다. 인간이 신으로부터 멀어지고 자연과 단절된 채, 모든 것이 이성적으로 규정되고 따라서 간접적으로 작용하는 독일인의 종교적 표상이나 감각과는 달리 그리스 신들과 그들의 언어는 치명적일 정도로 직접적인 효과를 지닌다. 이처럼 수천 년이 지난 독일 독자에게는 익숙하지 않고 생소한 그리스 상을 통해 그들로 하여금 직접 고대 그리스 세계를 대면하게 하고, 양자 사이의 근본적인 차이를 드러냄으로써 궁극적으로 독일적인 것의 특수성을 인식시키고자 한다. 독일적인 것의 고유하고 독자적인 요소들, 여전히 명확히 규정되지 않고 모호하게 남아 있는 요소들은 오로지 낯선 것과 마주함으로써만 충분히 인식할 수 있기 때문이다.

이 같은 횔덜린의 번역 원칙에 대해 훗날 하이데기는 낯선 작품을 이해하게 만든다는 것은 하나의 시나 하나의 생각을 또 다른 이해의 지평 속으로 옮겨놓는 것을 말하며, 원래 가지고 있던 맹목적이거나 습관적인 생각을 무너뜨리고 본래의 참된 모습을 드러내 보이는 것을 의미한다고 말한다. 낯선 것과 그것의 본질적인 차이는 충분히 인식되고 인정되어야 하며, 이는 단순한 혼합이 아니라 낯선 것과 고유한 것을 대면시킴으로써 이루어진다는 것이다(Heidegger, 76). 횔덜린이 번역을 통해 되살려낸 그리스극의 운명적인 비극성은 동시대인들의 이상화된 그리스 상과는 분명히 차이가 나고, 니체에 이어 20세기가 되어서야 비로소 이해되었다. 즉 횔덜린이야말로 그리스 문화의 비고전주의적 특징들을 처음으로 인식했던 것이다.

이렇게 본다면 횔덜린의 소포클레스 번역은 낯설음을 그대로 유지하는 번역, 그 낯설음을 현재화시키고 되살려내는 번역이다. 이것은 자국의 독자들을 고려한 독일화된 그리스 상이 아니라 그리스 본연의 상을 회복시키고 재생시키고자 하는 시도이다. 이런 의미에서 횔덜린의 소포클레스 번역은 19세기가 흐르면서 독일어 번역의 주된 흐름이 점차 자국화되어 가던 경향과는 상당히 다른 양상을 보여준다.

4 QUESTION

맺는 말

이상과 같이 낭만주의 시대 번역의 실례를 낭만주의자들의 셰익스피어 번역과 횔덜린의 소포클레스 번역을 중심으로 살펴보았다.

『안티고네』 번역에서 나타나는 것처럼 횔덜린의 번역은 슐라이어마허가 수준 높은 번역을 위해 요구했던 대로 나의 관심 속으로 낯선 문화를 가져오는 것에 집중하지 않고, 오히려 낯선 문화 속으로 독자를 이끌고 간다. 이 같은 이질성, 타자성에 대한 그의 인식과 나아가서는 번역불가능성에 근접하는 투명한 언어를 추구했던 그의 번역은 오랜 몰이해와 망각에서 벗어나 오히려 오늘날에 와서 새롭게 주목받는다. 그에 비해 독일 낭만주의자들의 셰익스피어 번역은 나의 관심 지평 안으로 다른 문화와 전통을 흡수하는 방식을 취한다. 이는 낯선 것을 내 것 속에 완전히 용해해 전적으로 새로운 형태를 만들어냄으로써 자신의 문학, 심지어는 원전의 형태까지도 풍성히 하는 것이다. 이로써 낭만주의자들의 셰익스피어는 독일문학뿐 아니라 영국문학, 나아가서는 세계문학을 풍요롭게 하는데 기여했다.

낭만주의자들의 이처럼 서로 다른 번역 태도에는 여러 가지 외적 요건도 함께 작용했다고 볼 수 있는데, 번역 대상으로 삼았던 출발 텍스트의 상황과도 무관하지 않다. 횔덜린이 기록으로 남아있는 소포클레스나 핀다로스의 텍스트를 대상으로 삼고 있는 것과는 달리, 셰익스피어 드라마는 애초에 온전한 텍스트로 고정되지 않은 채 유랑 극단을 통해 독일에 유입되었고, 오랫동안 왜곡된 형식으로, 즉흥극의 형식으로 머물렀다는 점 또한 간과할 수 없다. 횔덜린이 엄격한 내재적 원칙과 그리스적 문체의지 Stilwille를 반영하는 데 충실했다면, 낭만주의자들의 셰익스피어 번역은 독일어의 예술적 표현 방식을 확대하고 시적 상상력을 자유롭게 풀어놓는 데 초점을 두었던 것이다.

이 두 가지 태도가 어느 면에서는 상반되는 방식을 취한다 하더라도 독일인들의 번역 수준을 한 단계 올려놓은 것은 부인할 수 없는 사실이고, 궁극적으로는 낯선 것을 통하지 않고서는 고유한 것 또한 제대로 꽃필 수 없다는 인식을 재차 확인시켜 준다. 이에 대해 슐라이어마허와 훔볼트는 번역의 '교육적 bildende' 기능에 대해 말하는데, "번역은 낯선 것에 대한 존중과 개인적 직관의 능력을 가르친다 Es lehrt die Achtung vor dem Fremden und das Talent der individuellen Anschauung." (Störig, 57 재인용)"고 보았던 것이다.

다시 한 번 언급해야 할 것은 낭만주의자들에게 창작과 번역, 나아가서는 해석 혹은 비평 사이에는 엄격한 경계가 존재하지 않았다는 사실이다. 초기 낭만주의자들은 번역이 창작과 버금가는 것이라고 믿었던 것과 마찬가지로 비평 자체도 예술작품이라고 믿었다. 따라서 노발리스는 작가인 사람만이 제대로 된 비평을 할 수 있으며, "시를 쓸 수 없는 사람은 시를 부정적으로

만 판단한다. 진정한 비평에는 비판받을 만한 시를 직접 쓰는 능력이 포함된다."라고 표현했고, 프리트리히 슐레겔은 "시는 오로지 시를 통해 비평될 수 있다 Poesie kann nur durch Poesie kritisiert werden."라고 말한다.

이처럼 낭만주의의 '보편적 진보 시학 universal progressive Poesie'(*Athenäum* 116)에서는 창작과 번역, 해석은 동일한 근원에서 출발하고 본질적으로 함께 속한다(Berman, 86). 바로 여기서 번역행위에 독자성을 부여하는 한편, 창작과 번역의 경계마저 사라져 버리게 하는 시적이고 창조적 독일 낭만주의 번역관의 특수성과 한계를 동시에 볼 수 있다. 그러나 모든 현실적 한계를 벗어나 우주적 보편성에 도달하기를 꿈꾸었던 낭만주의자들이 보여주는 번역 태도는 프랑스 고전주의식 자국민 우월주의나 오늘날 베누티를 비롯한 탈식민주의 번역론자들이 말하는 이른바 지배적 문화 권력이 빚어내는 번역과는 다른 맥락으로 이해될 수 있다. 뿐만 아니라 점점 자국민 중심주의로 흘렀던 19세기 후반의 세계문학의 흐름과도 달리 그들은 여전히 사변적이고 무한한 초월성을 향해 나아가고자 하는 낭만적 열정으로 가득 차 있다. 이 같은 번역에 관한 그들의 치열한 사고, 그것이 가지는 특수성과 한계는 횔덜린이 언급한 대로 독일 문학이 처해있던 '궁핍한 시대 dürftige Zeit'의 현실적, 역사적 맥락 속에서만 제대로 이해될 수 있다.

Chapter 6
번역과 젠더

QUESTION

Chapter 6 번역과 젠더

I am a translation because I am a wowan.

de Lotbinière-Harwood

젠더 연구 Gender Studies는 흔히 포스트모더니즘이 성취한 가장 큰 업적 중 하나로 불린다. 아울러 번역 연구 또한 20세기 후반의 '문화적 전환 cultural turn'을 주도하며 독자적인 학문 분야로 자리를 잡았다(바스넷, 11). 그렇다면 이 두 학문 분야의 거의 동시적인 부상이 직접적인 관련성 속에 있다고 보기는 어렵다 하더라도 모종의 연관관계를 추론해 볼 수 있다. 이를 위해 모두에서 인용한 몬트리올 출신의 작가이자 번역가인 드 로트비니에르 하우드 de Lotbinière-Harwood의 "나는 여성이기 때문에 번역이다. *I am a translation because I am a wowan.*"란 말이 이 둘의 관계를 단적으로 설명해준다. 여성인 내가 곧 번역이라는 말 속에는 남성이 원전이란 말이 전제되어 있고, 나아가 여성은 남성에 대해, 번역은 원전에 대해 열등하고 종속적인 위치에 있다는 의미를 함축한다. 이는 곧 남성중심주의에서 여성의 위치와 원전지상주의에서 번역이 차지하는 위치가 유사하다는 것을 말한다.

그렇다면 이 같은 공통점을 바탕으로 젠더 연구와 번역 연구는 어떤 방향으로 연대할 수 있을까? 이 두 학문 분야간의 연대는 남성중심주의와 원전지상주의에 저항을 시도하면서 여성과 번역의 열등한 위상에 새로운 가치를 부여하고자 하는 것으로 나타날 수 있다. 이때 젠더 연구가 남성우월주의나 가부장 제도에 대한 기존의 비판에 덧붙여 성적 정체성 자체가 더 이상 단일하고 고정된 개념이 아니라 일종의 '수행 performance'(버틀러, 131)이라고 주장하듯이, 번역 연구에서도 원전 자체를 고정된 의미체계가 아니라 늘 새롭게 읽히고, 새롭게 번역되며, 이를 통해 또 다른 해석을 요구하는 열린 텍스트로 상정한다. 그렇다면 번역은 흔히 기대하는 만큼 원전과 일치하는 객관적인 재생산이 아니라 새로운 텍스트의 생산을 의미한다. 이것은 또한 원전에 대한 수동적이고 기계적인 재현을 넘어 보다 적극적인 해석의 임무가 번역가에게 주어진다는 것을 뜻한다.

이처럼 젠더 연구와 번역 연구의 만남은 문법적이고 언어적인 차원을 넘어선다. 나아가 그것은 우리가 익히 알고 있는 기존의 사고 체계나 이데올로기 속에서 텍스트를 이해하고 옮기는 것이 아니라 이를 거슬러 읽어낼 가능성을 찾고자 시도한다. 다시 말해 텍스트를 둘러싸고 있는 각종 권력 관계를 재해석하고, 그 속에서 텍스트의 의미를 새롭게 생산해 내는 행위가 되는 것이다. 예컨대 벨기에 출신의 번역이론가 앙드레 르페브르 André Lefebvre는 "번역은 기존의 이데올로기나 시학을 강화 혹은 약화시키려는 다양한 시도를 중심으로 권력과 후원제도, 이데올로기와 시학과의 관계 속에서 연구될 필요가 있다."(Lefebvre, 10)라고 말함으로써, 번역이란 도착언어의 문화 체계 안에서 이데올로기적, 정치적 제동 장치와 함께 읽히고 생산되는 '다시 쓰기 rewriting'의 한 형태라고 주장한다(Lefebvre, 10).

이 같은 인식에서 한 걸음 더 나아가 위에서 언급한 드로트비니에르-하우드와 같은 페미니즘 계열의 번역가들은 번역을 여성을 위한 일종의 정치적 행위로 파악한다. 그녀는 "나의 번역은 언어가 여성을 위해 말하게 하는 것을 목표로 하는 정치적 행위이다. 그래서 번역에 한 나의 서명은 이 번역이 언어로 여성을 보이도록 만들기 위해 페미니스트의 모든 가능한 전략을 사용했음을 의미한다. 언어로 여성을 보이게 만든다는 것은 실제 세계에서 여성이 보이고 들리도록 만드는 것을 의미한다."(Flowtow, 131에서 재인용)고 말한다.

나아가 탈식민주의 이론과 연대한 번역 연구 역시 일정 부분 젠더 문제로 귀착되는데, 여기서는 서구가 원전이고 피식민 국가들은 번역이며, 서구인 원전은 다시 남성으로, 번역인 피식민 국가는 여성으로 연결되기 때문이다. 탈식민주의 번역이론은 서구의 원전들이 피식민 국가에 일방적으로 번역되는 행위, 그에 반해 역방향은 여전히 '침묵 mutedness' 혹은 '타자성 otherness'의 개념으로 머물러 있는 것에 반기를 든다. 그들은 지금까지 서구 중심의 번역이 얼마나 견고하게 제국주의적, 남성 중심적, 원전 중심적 가치체계와 연결되어 있는지를 밝혀내고자 한다.

이렇게 본다면 이 두 학문 분야는 과거 남성중심의 서구 담론들이 추구했던 이른바 객관성이나 보편성이란 이데올로기에 대한 저항을 공통으로 하고 있음을 알 수 있다. 젠더 연구의 입장에서 볼 때 서구의 원전들이 창출한 객관적이고 보편적 가치란 곧 남성 중심적 가치를 전제한다(박선주, 291). 또한 탈식민주의 노선의 번역이론들은 서구의 원전들이 번역을 통해 표방하고 확산해 온 이 같은 보편적 가치에 저항해 제3세계 하위주체 subaltern의 고유한 목소리를 전달하고자 한다.

이와 같이 최근의 번역 연구는 젠더 이론, 나아가서는 탈식민주의 이론과 연대하면서 언어학, 문법학에 기반을 둔 과거의 패러다임에 급격한 전환을 가져왔다. 번역학 주변에서 일어난 이 같은 일련의 변화를 바탕으로 이 장에서는 일차적으로 '번역가의 젠더가 자신의 번역관이나 번역 에토스에 어떤 영향을 미치는 가'라는 질문을 제기하고자 한다. 나아가 번역가의 여성 혹은 남성으로서의 성차가 번역 글쓰기에 어떤 유의미한 차이를 보여주는지를 밝혀보려 한다. 다시 말해 번역가의 성적 정체성이 개인적인 번역 글쓰기가 지니는 차이와 개성을 넘어 젠더의 차원에서 어느 정도의 공통성 혹은 상이성을 지니는지 논의하고자 하는 것이다. 또한 (역사적) 번역 평가와 관련해서 여성 혹은 남성 번역가의 업적이 당대나 후대에 공정하게 다루어지는지,

이때 공정성의 기준이 무엇인가 하는 물음도 제기할 수 있다. 여기서는 무엇보다도 남성 중심적 가치체계 속에서 여성 번역가의 위상이나 업적이 어떻게 평가받고 있는지, 특히 공동 번역의 경우, 여성 번역가의 업적이 누락되거나 배제되지는 않는지를 질문하게 될 것이다.

이 같은 질문에 답하기 위해 이 글에서는 셰익스피어의 작품을 둘러싼 독일 낭만주의자들의 번역 작업을 중심으로 그 속에 연루된 번역가의 성차 문제에 초점을 맞추고자 한다. 특히 셰익스피어 번역에 관여한 아우구스트 빌헬름 폰 슐레겔 August Wilhelm von Schlegel과 도로테아 티크 Dorothea Tieck의 경우를 들어 번역가 자신의 젠더 의식과 번역 에토스가 어떻게 연결되고, 그것이 어떤 결과로 나타나는지 등을 논의해 볼 것이다. 이를 위해 우선 낭만주의자들의 셰익스피어 번역에 관한 전반적 상황을 잠시 언급할 필요가 있다.

1. 독일 낭만주의자들의 꿈[1)]

셰익스피어 번역은 독일 번역사의 대표적인 업적 중 하나로 꼽힌다. 애초에 순회하는 유랑극단에 의해 독일에 소개되고,

1) 이 부분은 Chapter 5의 '낭만주의자들의 셰익스피어 번역'과 부분적으로 중복됨을 밝힌다. 하지만 번역가의 젠더에 따른 차이를 보여주기 위해 셰익스피어 번역을 분석 대상으로 삼다 보니 앞의 논의를 수정·재수록하는 것이 불가피했다.

1682년 그의 이름이 처음으로 문헌상에 언급된 이후 셰익스피어 극을 번역하는 작업은 오늘날까지도 계속되고 있다(Steiner, 364).

독일 번역사에서는 셰익스피어 번역의 선구자로 흔히 빌란트 Christoph Martin Wieland를 꼽는다. 그는 부분적으로는 경제적 궁핍을 해결하기 위한 방편으로 번역을 시작해서,[2] 1762년부터 1766년까지 셰익스피어의 극 중 22편을 산문으로 번역했는데, 그의 번역은 셰익스피어의 원전을 접할 수 없었던 많은 독일 문인에게서 탁월한 업적으로 평가받았다. 그러나 그는 원전에 포함된 운문 형식을 산문으로 옮겨 번역에서의 형식의 문제에 대한 논쟁을 불러 일으켰다는 사실은 앞 장에서도 언급하였다.

셰익스피어의 작품 중에서도 특히 『맥베스 Macbeth』가 독일 작가들에게 끼친 영향력은 지대하다. 그것은 쉴러에게서도 찾아볼 수 있어서, 쉴러 Friedrich Schiller가 개작한 『맥베스』는 1800년 5월 14일 바이마르에서 괴테에 의해 초연되었다. 이때 쉴러는 권력욕과 미신에 사로잡힌 맥베스를 양심의 가책이란 문제에 심각하게 시달리는 고상한 성격의 소유자로 바꾸어 놓았고, 셰익스피어에 의해 사용된 무운시 Blankvers를 유지했다.

---

2) 재능 있는 젊은 작가들을 자신의 집으로 불러들여 후원했던 취리히의 문학이론가 보트머의 초청을 받아들여 한동안 그곳에 머물렀던 빌란트는 자신의 문학적 성향이 종교적, 교화적 특성을 앞세우는 보트머의 요구와 맞지 않음을 인식하게 된다. 보드머와 결별한 후 고향 비버라흐로 돌아온 그는 비버라흐 시의 개신교 희극단을 위해 셰익스피어의 『폭풍우 Tempest』를 번역했다.

그 이외에도 산발적으로 이루어진 셰익스피어 번역을 완성하는 것은 낭만주의자들의 원대한 꿈에 속했다. 낭만주의자들은 슈트룸 운트 드랑에 이어 셰익스피어를 '천재미학 Genieästhetik'의 모범으로 삼았고, 주관적 감수성, 자연의 아름다움과 거침에 대한 열광, 개인의 체험과 영적 과정, 환상과 꿈과 같은 자신들의 문학적 프로그램이 완벽하게 구현된 대상으로 셰익스피어에게 열중했던 것이다. 산발적이고 체계 없이 이루어진 번역을 넘어 셰익스피어 희곡의 전작을 옮기려고 시도한 사람은 동생 프리드리히 슐레겔 Friedrich Schlegel과 함께 낭만주의 문학운동의 중심인물이었던 아우구스트 빌헬름 폰 슐레겔 August Wilhelm v. Schlegel이었다. 여러 언어에 능통했던 그는 (비교)언어학자이자 철학자이기도 하다.

아우구스트 빌헬름 폰 슐레겔이 행한 셰익스피어 번역은 1797년에서 1810년 사이에 출판되었던 14편에 해당된다.[3] 그의 번역에서 가장 특징적인 것은 빌란트가 산문으로 번역한 셰익스피어 극을 약 한 세대가 지나 처음으로 운문으로 옮겼다는 점이다. 이때 그는 형식과 내용의 통일성을 무엇보다 중요한 원칙으로 삼았고, 빌란트의 의미 중심의 번역과는 달리 원전의

---

3) A. W. 슐레겔이 옮긴 Shakespeare의 작품은 다음과 같다. Romeo and Juliet, A Midsummer Night's Dream, Julius Caesar, Twelfth Night, The Tempest, Hamlet, The Merchant of Venice, As You Like It, King John, Richard II, Henry IV, Henry V and Henry VI. The ninth volume, Richard III.는 1810년까지 출판되지 않았다. Shakespeare: Dramatische Werke 9 Bde. Berlin: Unger 1797-1810. (Ergänzt u. erläutert von Ludwig Tieck. Theil 1-9. Berlin: Reimer 1825-33)

(운문) 형식이 도착 텍스트에서도 그대로 유지되어야 한다고 주장했다. 이로써 슐레겔의 번역은 '소재적' 번역 혹은 '의미역'의 다음 단계인 '형식의 번역'을 지향한다는 사실을 이미 앞에서 밝힌 바 있다.

> 사람들이 칭찬하는 진정한 번역가는 대작의 내용을 옮길 뿐만 아니라 고상한 형식, 원래의 틀까지 간직할 줄 아는 사람으로, 언어의 차이가 설정하는 좁은 한계를 뛰어넘어 천재의 명성을 퍼뜨리고, 천재의 귀한 재능을 나누는 전령이다(Schlegel, 98).

형식의 번역과 동시에 슐레겔은 스승이었던 고트프리트 아우구스트 뷔르거 Gottfried August Bürger가 주장한 것과 마찬가지로 '셰익스피어를 시적으로 고상하게 만들기 poetische Veredlung Shakespeares'를 중대한 원칙으로 내세웠다. 예컨대 원전의 영어를 독일어로 번역하여 아름답게 들리지 않는 경우, 매끄럽지 못한 요소들을 최대한 고르게 해서 셰익스피어의 전반적인 문체이상 Stilideal에 도달하는 것이 번역자의 의무라는 것이다.

이렇게 슐레겔의 셰익스피어 번역은 번역의 흔적을 완전히 지우고, 부분적으로는 거칠고 통일성이 없는 셰익스피어의 영어 대신, 그리고 셰익스피어의 희곡이 애초에 무대 상연을 위한 것이었던 만큼 텍스트로 기록되지 않은 채 누락된 부분들까지도 매끄럽고 고상한 독일어로 재현해 내었다.[4] 이로써 슐레겔은 궁극적으로 셰익스피어가 마치 독일 작가인 것처럼 느껴지게 만들었던 것이다. 이에 대해 프리드리히 군돌프 Friedrich Gundolf는 슐레겔이 자신의 천재성을 바탕으로 셰익스피어의 '영적 소재 Seelenstoff'를 독일어로 구현하는데 성공했다고 말한다. "이렇게 해서 독일의 셰익스피어 번역 가능성이 실현되었는데, 그 속에서 독일 정신과 셰익스피어 정신이 공동의 매체를 통해 표현되고, 셰익스피어의 작품이 실제로 독일어가 되었다."(Gundolf, 351)고 그는 말한다.

슐레겔의 '시적 번역 poetische Übersetzung'은 문학에 대한 탁월한 이해력과 언어적인 감수성을 요구하는데, 그는 참된 시적 번역기술이 독일인에게 잠재되어 있다고 믿었을 뿐 아니라, 독일어가 다른 민족성을 받아들이고 인류의 정신을 매개하는 역할을 충분히 감당할 수 있다고 믿었던 것이다.

아우구스트 빌헬름 폰 슐레겔이 옮긴 셰익스피어의 희곡 중 14편은 1797년부터 출판되기 시작했다. 그러나 이 계획은 1810년에 중단되고, 1825년부터는 루트비히 티크가 이 작업을 넘겨

---

4) 루돌프 판뷔츠 Rudolf Pannwitz는 A. W. 슐레겔의 번역이 셰익스피어를 '게르만화'하기보다는 '이탈리아화'했다고 말한다. "A. W. 슐레겔의 번역은 과대평가되었다. A. W. 슐레겔은 셰익스피어의 운문이 가지고 있는 야성적이고 장엄한 느낌을 담아내기에는 지나치게 무기력하며, 로만의 운문과 괴테의 운문에 지나치게 발을 담그고 있다. A. W. 슐레겔이 번역한 셰익스피어는 영국의 운문이라기보다는 이탈리아의 운문처럼 느껴진다." 그러나 이 같은 판뷔츠의 평가에 문제가 전혀 없는 것은 아니라고 베르만은 말한다. 베르만, 같은 책, 36쪽 이하 참고.

받았다. 하지만 여러 가지 구설수와 통풍에 시달리던 티크는 이 작업에 대해 점점 열정을 잃어갔고, 앞으로의 작업에 대해 다음과 같이 쓴다.

> 출판인(게오르크 안드레아스 라이머)은 자신들의 모든 여가를 이 연구에 바칠 수 있는 젊은 친구들의 번역을 검토할 것과 필요한 부분에서는 그것을 수정하고, 연극에 얼마간의 논평을 덧붙이는 정도에서 당시에 예고된 판본을 마련해줄 것을 내게 요구했다.[5]

이 글에서 우리는 언급된 젊은 친구들이 실제 작업을 담당했고, 티크는 오늘날의 용어로는 최종 감수를 맡는 방식으로 작업이 진행되었다는 것을 알 수 있다. 이때 티크가 말하는 "자신들의 모든 여가를 이 연구에 바칠 수 있는 젊은 친구들" 중의 하나가 자신의 딸 도로테아였다.

아버지 티크의 주도하에 도로테아 티크는 셰익스피어의 극 중 『맥베스 Macbeth』, 『심벨린 Cymbeline』, 『베로나 사람들 Dic Veroneser』, 『코리올라누스 Coriolanus』, 『아테네의 티몬 Timon von Athen』과 『겨울 동화 Das Wintermärchen』를 번역했다. 그 외에도 하인리히 그라프 폰 바우디신 Wolf Heinrich Graf von Baudissin과 공동으로 『헛소동 Viel Lärm um

---

5) Shakespeares Dramatische Werke, übersetzt von A. W. Schlegel, ergänzt und erläutert von Ludwig Tieck. Band III. Berlin 1830, S. 3.

Nichts』, 『말괄량이 길들이기 Der Widerspenstigen Zähmung』를 옮겼다. 아우구스트 빌헬름 폰 슐레겔은 『맥베스』에 대해 아이쉴로스 Aischylos의 작품과 견줄 만하다고 여겼지만, 그의 번역은 마녀들의 장면을 넘지 못했고, 이를 완성시킨 사람이 도로테아 티크였다.

이렇게 해서 일반적으로 오늘날까지 표준판 Standardversion으로 알려져 있는 슐레겔-티크 판본 Schlegel-Tieck Ausgabe이 만들어졌다.[6] 슐레겔-티크의 셰익스피어 번역은 독일 낭만주의자들 사이에서 널리 퍼져있던 믿음, 곧 셰익스피어가 자연과 삶의 본질, 그리고 인간의 성격을 가장 완벽하게 표현해냈다는 믿음을 잘 구현한다. 이로써 독일 교양시민들은 번역의 흔적을 완전히 탈피한, 눈부신 시어로 된 셰익스피어의 작품을 접할 수 있게 되었으며, 이것은 또한 독일 민족문학의 빼놓을 수 없는 요소가 되었다. 1846년에 설립된 독일 셰익스피어 학회는 셰익스피어에 대한 독일인의 특별한 친근성을 단적으로 보여준다. 셰익스피어는 빌헬름 조르단 Wilhelm Jordan에 의해 괴테와 쉴러에 이어 "세번째 독일 고전주의자 dritter deutscher Klassiker"(포제너, 192)라고 불렸고, 흔히 "오해의 역사이자 세계문학에서 가장 생산적인 수용의 역사"(포제너, 198)라고 일컬

6) 1833년 슐레겔-티크 번역본 1판이 완성되었고, 1839/40년에는 2판이, 1843/44에 3판이 완성되었다. 이 세 가지 판본들은 세부적인 것에서 서로 약간 차이가 나는데, 이는 이후의 편집인들이 자기들 편에서 여기저기 부분적으로 개입했기 때문이다. 따라서 슐레겔-티크의 원래 텍스트를 구분해 내는 것은 쉽지 않다.

어지는 독일인들의 셰익스피어 번역사 및 수용사의 일부를 이룬다.

2. 아우구스트 빌헬름 폰 슐레겔 vs. 도로테아 티크

이처럼 여러 세대에 걸쳐 여러 사람의 손에 의해 이루어진 셰익스피어 번역을 대상으로 여기서는 특히 슐레겔과 도로테아 티크를 중심으로 그들의 번역관, 번역 에토스, 번역 전략 등을 젠더적 관점에서 비교해 보고자 한다.

우선 아우구스트 빌헬름 폰 슐레겔의 번역에 대한 열정과 이해는 초기 낭만주의자들의 견해와 맥을 같이 한다. 노발리스가 문학이란 본질적으로 '세계와 자연의 번역'이라는 생각에서 출발해서, 번역가란 "최고의 시적 정신"을 가진 자로 예술가와 마찬가지로 작품의 전체적인 이념을 나름대로 제시할 수 있는 사람이며, 천재 Genius의 유형에 속한다고 보았다면, 슐레겔 역시 번역을 사상의 한 범주로 격상시키고, 번역가를 원작의 정신과 교감하며 자신이 번역하는 언어와 문학을 풍요롭게 만드는 창조적인 인물로 보았다.

그러나 번역에 대해 사변적인 이념을 제시한 노발리스를 비롯한 다른 낭만주의자들과는 달리 문헌학자이자 비평가인 슐레겔은 실제로 다양한 언어로 된 원전들을 번역했고, 그 경험을 바탕으로 자신의 문학 이론을 발전시켰다. 그 중에서도 일상어를 제거한 '시적 언어'를 토대로 한 그의 번역론은 무엇보다 셰익스피어 번역에서 비롯된다. 그는 셰익스피어 번역의 경험을 바탕으로 모든 언어는 무한히 변형 가능하며, 시적 작업을 통해 생산된 형식들을 한 언어에서 다른 언어로 옮기는 것 또한 일정 정도 가능하다는 결론에 이르렀다(베르만, 260). 그 결과 절대적인 '번역불가능성 Unübersetzbarkeit'이란 존재하지 않으며, 모든 것의 번역은 무한히 교환 가능한 시적 보편소의 세계와 연결된다는 이론을 발전시켰다.

이처럼 슐레겔은 예나 문인들과의 활발한 교류를 통해 자신의 번역과 시학을 위한 생산적인 영향관계를 구축했을 뿐만 아니라 아내인 카롤리네 슐레겔과도 번역의 문제에 대해 논의했다. 그녀는 다양한 번역 가능성 가운데 선별 작업을 하고, 원고를 정서하는 등, 슐레겔의 작업에 상당한 도움을 주었다.

그렇다면 공동 역자로 참여했던 도로테아 티크의 경우는 어떤가? 이른바 셰익스피어의 '슐레겔-티크' 번역본에서 일반적으로 아버지 티크를 떠올리고, 그의 딸 도로테아 티크를 기억하는 사람은 많지 않은데, 이는 그녀가 오랫동안 아버지의 그늘 아래 머물면서 역자로 기록되지도 인정받지도 못했기 때문이다(Baillot, 192).

실제로 도로테아 티크는 프랑스어, 영어, 이탈리아어, 스페인어 외에도 그리스어와 라틴어 같은 고전어를 배웠고, 어린 시절부터 셰익스피어, 칼데론, 호메로스, 리비우스와 베르길리우스, 단테, 호라티우스 등을 원서로 읽었다. 그녀는 영어와 스페인으로 된 다른 텍스트들도 다수 번역했지만, 그것 역시 익명으로나 아버지의 이름으로 출판되었다. 1827년에는 『Vicente Espinels Biografie Leben und Begebenheiten des Escudero Marcos Obrégon』이 루드비히 티크의 서문과 함께 처음으로 독일어로 출판되었고, 세르반테스의 『뻬르실레스와 시히스문다의 고난 Leiden des Persiles und der Sigismunda』의 번역 역시 1838년 아버지의 서문과 함께 익명으로 출판되었다. 라우머 Friedrich von Raumer는 자레드 스팍스 Jared Sparks의 『조지 워싱턴의 생애와 서간들 Leben und Briefe George Washingtons』을 번역하도록 도로테아에게 청했고, 그것은 1841년에 나왔다.

번역에 대한 도로테아 티크의 입장은 그녀의 한 편지글에서 잘 나타난다. 그녀는 "저는 번역이란 애초에 남성보다는 여성을 위한 일이라고 생각하는데, 그것은 우리 여성들에게는 자신을 표현하는 것이 허용되지 않기 때문입니다."[7]라고 쓰고 있다. 고유한 사상을 표현하는 창작 행위는 여성들에게는 허용되지 않기 때문에 여성에게는 창작보다는 번역이 어울린다고 쓰고 있는 이 편지글에서 우리는 그녀가 앞에서 논의한, 남성에 대한 여성의 종속적 위치, 창작에 대한 번역의 열등한 위치를 철저히 내면화하고 있음을 읽을 수 있다.

그녀는 결혼하지 않은 딸로서 독립적 주체가 아니었으며, 아버지에 대해 의존적이면서도 동시에 아버지를 돌보아야 하는

7) Dorothea Tieck an Friedrich von Üchtritz, Brief vom 15. Juli 1831.

이중적이고 분열적인 아비투스를 취하고 있다. 여기서 우리는 부르디외가 '공론의 모순 Paradox der doxa'(Bourdieu, 7)이라고 지적한 대목, 곧 '남성 지배'의 공론이 작동하고 있음을 보게 된다. 부르디외에 따르면 남성들 뿐 아니라 여성들 스스로도 성차에 기반한 위계적 상징질서로서의 남성 지배를 자명한 공론으로 받아들이고 실천한다는 것이다.

나아가 우리는 도로테아가 작가에 비해 번역가의 열등한 위상 또한 의식하고 있음을 알 수 있는데, 번역이란 곧 창작을 할 수 없는 사람이 하는 부차적인 작업이라고 여겼다는 점이다. 따라서 그녀는 자신의 언어적 자질이나 번역 업적 자체에 대해 남다른 자부심을 갖지 못했다. 스스로를 드러내는 것이 허용되지 않는다고 믿었던 그녀는 자신의 존재나 목소리를 부정하고 남성의 언어와 게스투스를 번역했으며, 실제 삶에서나 텍스트 속에서 자신의 이름이 드러나지 않게 머물렀다.

도로테아 티크의 『맥베스』 번역과 관련하여 에리히 에미히홀츠 Erich Emigholz는 원전에서 문지기가 등장하는 장면(2막 3장)의 후반부는 상당히 노골적이고 외설적인 내용을 포함하고 있는데, 이 대목의 일부가 도로테아 티크의 번역에서 누락되었다고 지적한다(베르만, 282에서 재인용). 또한 원문의 'lie'란 단어가 실제로 의미하는 '주색 Buhlerei'이 아니라 '거짓말 Lügen'로 번역한 결과는 거의 난센스에 가깝다는 것이다.

MACDUFF	I believe drink gave thee the lie last night.
Porter	That it did, sir, i'the very throat on me, but I reguited him for his lie, and I think, being too strong for him, though he took up my legs sometime, yet I made a shift to cast him. (51)[8]

MACDUFF	Ich glaube, der Trunk strafte dich die Nacht Lügen.
PFÖRTNER	Ja, Herr, das tat er, in meinen Hals hinein; aber ich vergalt ihm seine Lügen, und ich denke, ich war ihm doch zu stark: denn obgleich er mir die Beine ein paarmal unten wegzog, so fand ich doch einen Kniff, ihn hinauszuschmeißen.

캠브리지 판 편집자인 깁슨 Rex Gibson 역시 "19세기 독일에서, 문지기는 태양이 뜨는 것을 기뻐하며 즐겁고 천진한 노래를 부르는, 전혀 술 취하지 않은 인물이었다. But in nineteenth-centry Germany, the Porter was a very sober figure who sang a joyful and innocent song to welcome the sunrise."(50)고 말한다. 이는 도로테아 티크가 원전에 종종 사용된 직접적이고 노골적인 표현을 피하고 그녀 나름의 무해하고 중립적인 단어로 바

8) Shakespeare, Macbeth, Cambridge University Press 2003, p. 51.

꾸어 넣은 결과이다.

물론 이 같은 번역 전략에는 공동 작업의 원칙이었던 슐레겔-티크의 '시적 번역'의 논리가 작용했음을 알 수 있다. 그러나 다른 한편, 번역자들이 일반적으로 자신의 경험 세계와 비교적 가깝거나 친숙한 어휘를 선호한다는 사실을 적용시켜 본다면, 도로테아 티크가 원전의 외설적 표현을 그대로 재현하기를 거부했던 것은 저자와의 심리적 추체험의 과정에서 저자가 가지는 남성적, 구어적, 속어적 특성을 받아들이지 않았다는 것을 말해준다. 이것은 도로테아는 남성 작가의 글을 옮기면서 저자와 역자의 일반적으로 불평등한 관계에 덧붙여, 젠더의 차이에서 오는 또 다른 갈등과 분열을 겪었던 것을 의미한다. 나아가 여기에는 그녀의 개인적인 삶에서 중요한 역할을 했던 종교적 성향도 한몫을 했다고 추론해 볼 수 있는데, 일찍부터 수녀원에 들어가려 했던 그녀의 바람은 어머니가 세상을 떠나자 아버지를 보살펴야 한다는 의무감으로 좌절되었다고 전해진다.

흥미로운 것은 그녀가 『맥베스』의 번역에서 원문에 없는 지문 Regieanweisung을 몇 군데에 삽입해 넣었다는 점이다. 예컨대 1막 1장에서 '공중에서 노래 소리가 들린다 Man hört einen Gesang in der Luft.'라는 지문을 삽입하였고, 5막 5장에도 원문에는 없는 지문이 나온다(Er schlägt ihn). 그렇다 하더라도 이것을 당시에도 여전히 우세했던 개작이라고 부를 수는 없다. 다시 말해, 18세기 번역의 일반적인 경향은 슐라이어마허가 'Parapharase'라고 불렀던 의역이나 개작 Nachbildung의 방식으로, 이로써 작품 전체에 대해 과도한 변형을 시도하고 원전을 침해해 들어간다면, 도로테아 티크가 원전에 가한 어느 정도의 변형은 언어적 차원에서의 '고상하게 하기 Veredelung'라고 부르는 것이 옳을 것이다.

3. 역사적 평가의 공정성에 대한 질문

위에서 살펴본 셰익스피어 번역에서 두 사람의 역할과 개입의 정도가 서로 다른 만큼, 이들의 업적을 직접적으로 비교하는 것은 무리가 있다. 초기 낭만주의 운동의 중심인물이자 독일 역사상 가장 위대한 번역가의 한 사람으로 꼽히는 아우구스트 빌헬름 폰 슐레겔과 번역사에 오랫동안 이름도 드러나지 않았던 여성 번역가의 위상이 비교할 수 없을 만큼 차이가 나는 것은 자명하다.

그만큼 예나 서클에서도 단연 돋보이고 자의식에 가득 찬 슐레겔의 번역 활동은 방대하다. 셰익스피어 이외에도 단테, 페트라르카, 보카치오, 칼데론, 아리오스트, 나아가서는 인도의 고전시인까지 번역하려 했던 그의 의도는 독일어로 모든 번역이 가능하다는 확신을 보여준다. 이 같은 신념에는 모종의 민족적, 민족주의적 정서가 담겨 있는데, 그는 번역을 통해 독일문학이 유럽 문학의 중심이 될 수 있다고 믿었던 것이다. 나아가 그것은 독일어로 구축된 낭만적, 유럽적 사고 체계 속에 모든 언어의 문학을 포섭할 수 있다는 자신감을 의미한다.

특히 셰익스피어 번역은 그의 낭만주의 문학이념이 독일을 넘어 전 유럽적 차원으로 확대되어 가는데 지대한 공헌을 한다. 이는 나아가 '낭만주의의 유럽화 Europeanization of Romanticism' (Simon, 164)에 결정적인 영향을 미침으로써 낭만주의가 유럽적 정신의 일부가 되는데 기여한다. 다시 말해 낭만주의 이념은 독일을 넘어서 유럽적 정신과 가치의 창출로 이어지고, 이는 궁극적으로는 '유럽중심적 eurozentrisch' 사고체계를 정립하는데 기여하는 것이다. 여기서 우리는 서구 번역 이데올로기의 초기적 현상, 곧 번역을 통해 유럽중심주의 Eurozentrismus가 형성되어 가는 과정의 한 단면을 엿볼 수 있다.

이에 반해 여성으로서, 번역가로서 도로테아 티크의 분열되고 종속된 자아는 어느 쪽에도 온전히 귀속하지 못하는 '사이 between'의 영역을 보여준다. 그녀의 불안정한 정체성은 확정적이거나 명백하고 고정된 것이 아니라 그 반대를 의미한다. 그것은 슐레겔의 태도와 대조를 이루면서, 주도적 문화 권력의 가장자리에 놓인 불안정하고 가려진 위상을 보여주는 것이다. 유려하고 시적이고 확신에 찬 슐레겔의 활동과 비교해 보면 낭만주의 문학 운동의 가장자리에 머물러 있던 그녀의 역할은 보조적이고 부차적이다. 그러나 여성의 편에서 보자면 그녀는 한편으로는 남성의 언어와 경험 세계에 접속하는 어려움, 다른 한편으로는 그들의 권력적 네트워크에서 배제되는 부당함을 겪는다. 역사에서 여성들의 업적이나 역할이 지워지는 현상이 번역사에서도 그대로 드러나는 것이다.

이름 없이 행해진 많은 번역들이 실제로는 여성들에 의해 이루어졌지만, 많은 경우 그 여성의 이름은 거기에 기록되지 않았다. 특히 공동 작업의 경우, 여성의 업적을 독자적으로 인정하지 않거나 남성들이 전유하는 사례를 여기서도 확인할 수 있다. 그것은 아버지의 이름으로, 또 다른 여성 번역가였던 루이제 고췌트의 경우처럼 남편의 이름으로 이루어지고, 이는 가족이란 테두리 속에서, 또는 공동 작업이란 명목 하에서 별다른 저항 없이 당연하게 받아들여졌다. 여성사 전반이 그런 것처럼 번역사 역시 여성에 대한 배제와 배반의 역사로 이어져 온 것이다.

그렇다면 젠더 연구와 연대한 번역 연구는 도로테아 티크를 비롯하여 남성들의 이름 뒤에 가려진 많은 여성 번역가들에게 번역사의 한 자리를 마련해 주어야 한다. 이를 위해 우선적으로 번역과 여성을 둘러싼 당시의 역사적, 문화적 배경을 밝히는 작업이 필요할 것이다. 곧 젠더 연구와 번역 연구는 일차적으로 여성 번역가들이 얼마나 불리하고 부당한 내적·외적 상황에서 작업을 행했는지에 대한 이해를 공동으로 도모해야 한다.

이 글에서 논의된 18세기의 경우, 여성들에게 공교육, 특히 대학 교육의 기회는 여전히 주어지지 않았지만, 개인적인 수업을 통해 외국어를 익힌 재능 있는 여성들은 점차 문학 활동에 참여하기 시작했다. 그러나 남성들의 상징체계에 익숙지 못한 그들은 스스로 글을 쓰기보다는 남성 작가들의 글을 옮기는데 주력했다. 이처럼 번역이 어느 의미에서는 허용되고 장려되기도 했던 것은 애초부터 부차적인 작업으로 남성들의 권위를 훼손하는 것이 아니기 때문이었다. 이렇게 번역은 근대 여성들이 문학 혹은 문화 활동에 참여하는 방식이 되었지만, 이는 여성들이 가부장의 언어 속으로 자신의 세계를 투사하는 것을 의미한다. 이를 통해 공개적으로 알려지지 않은 여성 번역가들의 업적은 당시 남성이 주도해온 언어/문화의 공백 혹은 틈새를 메워주는 역할을 했다. 이때 여성 번역가들의 불안정한 위상이나 침묵은 스스로 충족되지 않는 '사이'의 세계를 지시한다.

공적, 학문적 영역으로의 등장이 여전히 허용되지 않던 상황에서 여성 번역가들은 비록 자신의 존재와 명예를 걸고 독자적으로 활동하지는 못했지만, 이들은 번역을 통해 자신들의 방식으로 문화교류와 학문적·문학적 담론 형성에 관여했다는 점을 인정해야 한다. 그런 의미에서 번역은 지적 욕구를 지닌 여성들의 (부분적인) 자아실현의 방안, 세계이해의 방식이 되었고, 도로테아 슐레겔을 포함한 근대 초기의 여성 번역가들은 머지않아 대거 등장하게 되는 여성 번역가란 직업군의 선구적인 역할을 담당하며 문화 교류의 첨단에 서게 된다.

4. 젠더 연구로서의 번역 연구

젠더 연구와 연대한 오늘날의 번역 연구는 위에서 논의한 역사적 평가 작업을 넘어 훨씬 더 적극적으로 나아간다. 페미니즘 번역론은 원전의 객관적 재현이 애초에 불가능하다는 데서 출발하여, 역자의 고유한 읽기나 이해 방식이 작동할 수밖에 없다는 것을 인정한다. 번역에서 이른바 객관성과 보편성이란 평가 기준이 유효하지 않다는 사실을 숨기지 않는다. 그렇다면 여성 번역가들은 애초부터 가능하지도 않은 객관적인 재현이나 보편성이란 이데올로기를 위해 머물 것이 아니라 여성의 편에서서 여성의 목소리를 좀 더 분명하게 표명해야 한다는 것이다(Snell-Hornby, 101). 다시 말해 번역자는 여성의 고유한 읽기 방식을 표명하고, 텍스트에 관해 자신의 생각과 목소리를 덧붙여야 하는 것이다. 여성 번역가들은 이를 통해 새로운 읽기와 쓰기의 방식을 개발하는 데 기여하게 된다.

그 같은 행위는 여러 가지 차원에서 나타날 수 있는데, 예컨대 서문이나 주석, 후기와 같은 통해 텍스트를 침해하거나 훼손시키지 않으면서도 출발언어와 도착언어에 대해 여성으로서의 자신의 입장을 드러낼 수 있다(Flotow, 9). 이로써 젠더 연구로서의 번역 연구는 전통적 텍스트에서 드러나지 않는 여성을 적극적으로 드러내려고 시도하며, 이들에 여성적 시각과 위상을 부가하려는 것이다.

번역은 젠더에 내포된 문화적 요소에 대해, 또 문화가 젠더에 미치는 특수한 영향을 탐구하기 위한 중요한 지점을 이룬다. '보편적' 의미의 해체와 더불어 여성을 가시화하기 위한 투쟁, 그리고 문화직 교환 속에서 가시적인 요소로서 젠더와 번역의 연결은 '다시 읽기 rereading'와 '다시 쓰기 rewriting'를 위한 유용한 바탕을 제공하는 것이다. 또한 앞서 논의한 '사이의 세계'란 늘 불안을 야기하는 공간을 지시하는데, 이것이 기존의 문화 권력을 당장 전복시키거나 권위의 구조를 흩트리지는 못한다 하더라도 궁극적으로는 차이를 만들고 가치를 재구성하는 시도로 이어질 수 있기 때문이다.

사이몬 Sherry Simon이 "페미니즘 번역에서의 충실성은 원저자나 독자를 향하지 않는다. 대신, 원저자과 번역자가 모두 참여하는 글쓰기 프로젝트를 지향한다."(Simon, 2)고 말한 것처럼, 번역은 원전의 의미전달만을 목적으로 하지 않는다. 그것은 의미전달이란 일차적 과제를 넘어 가치 전환 혹은 새로운 가치질서를 가져오는 데 기여할 수 있다. 이 같은 관점에서 젠더 연구에 기반한 번역 연구는 기존의 언어나 가치질서를 답습하고 보존하기보다는 새로운 해석의 의미망과 글쓰기 체계, 궁극적으로는 새로운 젠더질서를 구축하는데 기여할 수 있을 것이다. 이때 기억해야 할 것은 우리 모두는 번역된 세계에 살고 있다는 사실이다.

Chapter 7
제국주의와 번역

QUESTION

Chapter 7 제국주의와 번역

1 QUESTION 빌헬름 제국시기의 문학담론과 언어담론

앞서 여러 차례 언급한 것처럼 번역이 한 시대의 학문적 흐름과 무관하지 않다면, 또는 어느 의미에서는 역으로 번역이 학문의 흐름을 주도해 온 부분 또한 없지 않다면, 19세기 후반 빌헬름 제국시기의 번역담론을 논의하기에 앞서 학문 전반 혹은 문학 전반과의 관련성을 짚어볼 필요가 생겨난다.

번역사에서 괄목할 만한 발전을 이룩한 괴테 시대나 낭만주의 시기와 비교한다면 19세기 후반 빌헬름 제국시기의 번역은 명백히 다른 문화적, 정신적 맥락에서 행해졌고, 번역 전반에 대한 관심이나 성과 자체도 훨씬 후퇴한 감이 있다. 이는 무엇보다 19세기에 들어오면서 국제사회 전반에서 자국민 중심주의 Ethnozentrismus가 두드러지는 현상과 무관하지 않다.

이때 자국민 중심주의란 비단 독일의 현상만은 아닌 전(全)유럽적, 혹은 전 세계적인 현상이라 부를 수 있는데, 유럽 강대국들은 지금까지 공동의 기반을 이루고 있던 유럽적 가치규범을 깨고 제국주의적 경향으로 기울기 시작했다는 말이기도 하다(Fuhrmann, 28). 이 같은 추세와 더불어 외국 문학이나 이국적인 것에 대한 관심이 자국 문학과 자국적인 것으로 전향하는 양상을 보이는 것은 어느 의미에서는 상당히 자명해 보인다.

자국민 중심주의와 아울러 19세기 유럽 전역에는 이를테면 민주주의와 국가주의라는 두 가지 가치가 서로 경쟁하게 되는데, 특히 독일에서는 국가주의가 일방적인 우위를 점한다. 그에 따라 독일 지식인 사이에서 국가는 혁명을 통해 개혁해야 할 대상이 아니라 오히려 '위로부터 혁명'을 이끌어갈 주체로 상정되었고, 학문이나 예술은 그 자체로 국가에 이바지해야 하는 임무를 띤다. 이 같은 정치적, 문화적 추세는 문학에서도 그대로 감지되어, 문학은 괴테 시대나 낭만주의 시대의 세계시민적인 태도를 버리고 지방적이고 지역적인 것으로 선회하는 경향을 보인다. 다시 말해 '시민의 시대 bürgerliches Zeitalter'라 불리는 19세기에 강력하게 대두된 문학적 흐름은 이전까지 유럽 문학의 근간을 이루어 왔던 인문주의적 전통과는 상반되는 것이다. 예컨대 이전의 독일 문학이 세계문학 Weltliteratur, 적어도 유럽 문학을 지향했다면, 이 시기의 문학은 급격히 자국의 문학으로 경도되는 경향을 보이는 것이나(Ueding, 69).

이에 따라 이 시기에 독일의 민족 문학과 민족 언어에 대한 탐구는 외국 문학, 외국어의 수용이나 번역에 관해서는 특별한 애착이나 문제의식이 없이 진행되었다. 즉, 당시의 민족문학 개념은 처음부터 괴테 시대에 발전된 세계문학과 세계를 향해 열린 자유로운 정신을 몰아내고, 게오로크 고트프리트 게르비누스 Georg Gottfried Gervinus와 테오도르 문트 Theodor Mundt와 같은 문학사가들이 초안한 새로운 패러다임으로 나아가는 경향을 보인다.

예컨대 게오르크 고트프리트 게르비누스는 『독일인의 시학적 민족문학사 Geschichte der poetischen National-Literatur der Deutschen』(1835-1842)에서 문학사가에게 일종의 문화적, 정치적 과제를 부여하는데, 이는 독일이 국가적인 분열을 겪던 당시 상황에서 오직 문화적인 것에서만 통일을 기대할 수 있다고 보았기 때문이다. 그는 "민족에게 자신들의 현재가 가지는 가치를 이해하게 만들고, 스스로에 관한 왜곡된 믿음을 새롭게 하고, 지나간 시대에 대한 자부심과 더불어 현재 순간에 대한 즐거움과 미래에 대한 확고한 용기를 불어 넣어줄 시간이 된 것이다"(Gervinus, 23)라고 기록한다.

이 같은 게르비누스의 견해에 따르면 문학이란 민족의식의 형성과정을 기술하는 문화적 매체인 셈이다. 그는 역사적 과정을 자유를 향한 합리적 진전으로 이해한 헤겔의 역사철학에 의거한 채 문학이란 시민의 정치적 해방을 위해 기여해야 하고, 그 속에서 정치적, 사회적 자유의 이념을 표현해야 하며, 민족을 교육시키기 위해 이 같은 이념을 실제 행위로 옮기는 임무를 다해야 한다고 보았다. 이를 위해 그는 문학과 실천적 삶 혹은 정치(학)과의 밀접한 관련성을 강조했다.

문학사 기술에 나타나는 이 같은 민족주의적 경향은 또한 민족 언어 Nationalsprache에 관한 점점 강해져 가는 의식과도 연결된다. 그림 형제, 울란트, 헤르만 헤트너처럼 독일어문학 Germanistik이란 학문이 성립하던 시기에 활동했던 학자들이 민족국가의 이념을 자유주의와, 독일 통일이란 목표를 민주주의의 구현과 연결시켰다면(Ueding, 70), 1848년 시민혁명이 실패한 후에 그 같은 흐름은 점차 보수적인 의미의 독일학으로 축소되는 경향을 보이는 것이다. 그 결과, 빌헬름 II세 치하의 언어정책은 점점 제국주의적 성향을 드러내고, 이는 예컨대 폴란드의 브레쉔과 포젠과 같은 이웃 지역의 소수 민족에게 독일어를 강요하는 양상으로 나타났다. 이에 따라 해당 언어 사용자의 비율이 60%가 넘는 지역에만 독일어 이외에 자신들의 고유한 언어 사용을 허용하는 등, 강력한 독일어 중심 정책을 시행했던 것이다(Wehler, 206).

2 QUESTION

19세기 번역자의 자기이해와 번역에토스

그렇다면 이 같은 일반적인 정치적, 언어학적, 문학(사)적 담론은 실제 번역에서는 어떻게 구현되었는지, 역으로 번역이 독일의 민족문학 혹은 독일문헌학의 형성 과정에서 어떤 영향을 미치는지를 논의해 보기로 한다. 이를 위해 당대의 민족어문학자이자 번역가로 명성을 떨쳤던 울리히 폰 빌라모비츠-묄렌도르프 Ulrich von Wilamowitz-Moellendorff(1848-1931)의 번역론을 살펴본다. 나아가 번역에 대한 그의 이해나 방법론적 특징을 보다 분명히 밝히기 위해 그 이전 시기의 번역담론, 특히 낭만주의 시기의 대표적인 고전어 번역가이기도 했던 빌헬름 폰 훔볼프 Wilhelm von Humboldt(1767-1835)와 비교해 보고자 한다. 이는 특히 아이쉴로스 Aeschylos의 『아가멤논 Agamemnon』의 번역과 관련하여 훔볼트와 빌라모비츠의 번역 방식이 좋은 대조를 이루기 때문이다. 우선 훔볼트의 『아가멤논』 번역에 관해 알아본다.

1. 빌헬름 폰 훔볼트의 『아가멤논』 번역

빌헬름 폰 훔볼트는 1816년에 아이쉴로스의 『아가멤논』을 운문 형식으로 옮겨 출판한 바 있다. 그는 이 번역서의 서문에서 그리스 비극에 관해서 뿐 아니라 언어 일반과 번역 전반에 대한 자신의 관점을 전반적으로 제시한다. 무엇보다 그는 그리스 비극 작품들 중 '비극적 고상함 tragische Erhabenheit'에 있어서는 『아가멤논』을 능가하는 작품은 없다고 단언한다.

이 번역에서 그는 『아가멤논』 원전의 운문 형식을 유지했는데, 이는 무엇보다 원문의 내용 뿐 아니라 형식까지 고수해야 한다는 신념에 충실하기 위한 것으로, 이로써 낯선 언어가 가지는 고유한 억양을 되살리고자 하는 의도에 따른 것이다. 그는 그리스어의 문장 구조가 가지는 긴장의 끈을 놓지 않으며, 독자들로 하여금 이 같은 긴장 관계 속에서 비로소 원전의 의미를 파악하게 한다. 이 때문에 훔볼트는 『아가멤논』에 나오는 합창을 종래의 의미역의 관습을 파기하고 그리스어의 운율을 살리고자 하였다.

> 고대인들의 문헌에서 종종 나타나지만 바로 이 아가멤논이 탁월하게 간직하고 있는 일종의 모호함은 간결함과 대담함에서 생겨나는데, 그와 더불어, 이어주는 연결문들을 거부함으로써, 심오하게 움직이는 정서속에서 생각, 이미지, 감정, 기억과 예감이 차례로 나열된다. 우리가 시인과 그의 시대의 분위기, 시인에 의해 등장한 인물들의 분위기 속으로 들어가 생각해 보면 모호함은 점차 사라지고, 그 대신 고상한 분명함이 드러난다. 번역에도 이 같은 주의력을 기울여야 한다. 출발어에서 고상하고 거대하고 비관습적이었던 것이 번역에서 쉽고 순

간적으로 파악되기를 요구해서는 안 된다(Humboldt, Einleitung zu Agamemnon, Störig, 84에서 인용).

번역가로서 훔볼트가 취하는 이 같은 입장은 언어철학자로서 언어 일반에 대한 그의 사유에서 비롯된 것이기도 하다. 언어에 대한 그의 생각은 부분적으로는 낭만주의의 사변적, 신비주의적 언어관과 맞닿아 있으며, 여기서 훔볼트는 사유와 언어의 불가분성이란 '설명 불가능한 것'을 설명하고자 한다. 즉 그에게서 정신활동과 언어는 서로 불가분한 관계를 가지기 때문에 인간의 사유 활동과 언어는 근본적으로 하나인 것이다.

모든 언어 형태는 상징이지 사물 자체가 아니며, 약속된 기호가 아니라 소리이며, 그 소리가 표현하는 사물과 개념과 함께 그 속에서 생겨났고 앞으로도 생겨날 정신에 의해, 이렇게 말해도 된다면, 신비적인 연관관계 속에 있게 되는데, 이것은 현실의 대상을 이념으로 용해한 채 간직하고, 경계를 알 수 없는 방식으로 변화하고 규정하고 분리하고 결합시킬 수 있다. 보다 높고, 보다 깊고, 보다 부드러운 의미는 이 상징들에 굴복하게 되며, 이것은 더 높은 의미로 상승한 채, 더 다양하게 표현하는 것으로 확대되면서 그 속에서 발화하고 수용하고 재현함으로써 이루어진다. 그러나 언어의 의미가 확대되는 것과 마찬가지로 민족의 의미도 확대된다(Humboldt, Einleitung zu Agamemnon, Störig, 82).

즉 언어란 단순히 추상화된 기호나 문법 체계, 일상적인 의사 전달 수단이 아니라 그 자체 속에 창조적인 힘을 내포하고 있으며, 그 창조적인 힘에 의해 세계가 구성된다고 보는 것이다. 이 같은 훔볼트의 언어관은 언어의 생성적 측면, 결코 완성되지 않은 채 부단히 스스로를 확장시켜가는 언어의 생성 과정을 상정하고, 무엇보다 번역을 통해 모국어가 확장되어가는 메커니즘에 대한 이해를 내포한다. 다시 말해 한 국가의 언어적, 문화적 정체성은 부단히 형성되어가는 과정 중에 있으며, 그 과정에서 번역이 지대한 역할을 해왔다는 사실을 인식하는 것이다. 1813년 독일 청중에게 "독일어 가운데 아름답고 힘찬 것들 중 많은 부분은 번역을 통해 발전되어 왔으며, 번역에 의해 얻어졌다"는 점을 지적했던 프리트리히 슐라이어마허와 마찬가지로 훔볼트 역시 그 같은 견해를 공유하고 있었던 것이다.

이에 따라 훔볼트는 '이해 Verstehen'란 번역된 텍스트와의 최종적인 논쟁을 거쳐 이루어지는 것으로 보았다. 독자들에게 낯설게 느껴지는 번역은 원전의 문화적, 역사적 낯설음을 반영하는 것이고, 원전과의 본래적인 거리를 억지로 좁히려 하기보다는 그대로 유지하는 것을 의미한다. 원전에 대해 즉각적이고 단번에 이루어지는 이해를 처음부터 거부하는 훔볼트의 번역은 결과적으로 텍스트의 이해를 위해 독자들에게 더 많은 것을 요구하게 된다. 이렇게 본다면, 그는 괴테와 슐레겔 형제, 슐라이어마허와 같은 작가들과 마찬가지로 부르주아 엘리트 계층의 '소수적' 가치를 독일 민족 문학의 본질로 간주하는 한편(베누티, 62), 다양한 대중적 장르나 텍스트들은 번역 대상에서 배제하였다.

2. 고전어 번역가로서의 울리히 폰 빌라모비츠-묄렌도르프

이 같은 낭만주의 번역담론은 19세기 후반에서 20세기 초반의 대표적인 고전어 번역가로 일컬어지는 울리히 폰 빌라모비츠-묄렌도르프에게서는 어떻게 달라지는가?

빌라모비츠-묄렌도르프는 그라이프스발트와 괴팅엔 대학 등에서 고대 그리스어를 가르쳤고, 1867년에는 베를린 대학에서 교수직을 얻었던 당대의 대표적인 고전학자이다. 그런 만큼 그는 그리스 비극, 호메로스, 헤시오드, 핀다로스, 플라톤과 아리스토텔레스에 관한 많은 저서를 남겼고,[1] 비극과 희극, 플라톤과 초기 그리스 서정시와 헬레니즘 문학 분야의 편집, 주석, 번역 작업을 수행했다. 이를 통해 그는 당시의 고전문헌학에 지대한 영향을 미쳤으며, 이 학문의 성격을 규정하는 역할을 했다. 그뿐 아니라 고고학, 파피루스학, 비교언어학, 금석학, 고대사와 같은 학문의 발전이 빌라모비츠에게 빚지고 있다고 해도 과언이 아니다.

---

1) 1902년에는 Inscriptiones Graecae의 편집책임자가 되었고, 또한 Philologische Untersuchungen(1880-1925; "Philological Investigations") 시리즈의 편집인을 역임하기도 했다.

그는 고전학의 목표란 텍스트와 다른 문헌들을 근거로 고대 그리스·로마 고전 전반을 현재화하고, 전반적인 발전을 종합적으로 연구하기 위해 개별 현상을 분석적으로 다루는 데 있다고 보았다. 이렇게 고전을 현대화시키려는 빌라모비츠의 의도는 그의 번역담론을 가로지르는 주된 번역 전략으로 작동한다. 이는 말하자면 그가 원전에 충실하기보다는 도착어 독자들의 이해와 취향에 더 큰 비중을 두었다는 것을 뜻한다. 그것은 어느 의미에서는 빌라모비츠가 활동했던 빌헬름 제국시기의 학문 전반이 보여주는 역사주의적 경향과 무관하지 않다.

특히 헬레니즘 문학에 대한 빌라모비츠의 연구는 이 같은 경향을 말해주어서, 그는 헬레니즘 시대의 종합적 이해를 위해 노력했고, 헬레니즘 문학을 기원 전 5세기경 고전주의의 연속으로 보는 전통적인 이해를 거부했다. 여기서 빌라모비츠는 헬레니즘 문학을 '바로크적'이라고 비판적으로 평가했는데, 이때 그는 바로크란 개념을 일반적인 시대 명칭으로서가 아니라 헬레니즘 문인들의 태도, 즉 삶과는 무관한 채, 잘난 척하는 '예술짓거리들 Künsteleien'을 일컫는 용이로 사용하였다.

또한 호메로스에 관한 연구에서 빌라모비츠는 『일리아스』와 『오디세이』와 같은 대서사시가 여러 명의 상이한 작가들에 의해 이루어졌다는 입장을 고수했다. 이 같은 견해를 관철시키기 위해 그는 알렉산드리아 문헌학을 거쳐 근대로 전수된 『오디세이』의 텍스트 형식을 발전시킨 여러 편집자들을 확인해 내는 작업을 시도한다.

3. 빌라모비츠의 번역 에토스

그렇다면 번역가로서 빌라모비츠의 구체적인 활동은 어떻게 나타나는가? 그는 십 수종의 그리스 비극을 독일어로 옮겼고(『그리스 비극』, 총 4권, 1899-1923), 여러 편의 서정시를 번역했다. 그는 이 같은 번역 경험을 「번역의 기술 Die Kunst der Übersetzung 1924」이란 제목으로 발표했고, 거기에 「번역이란 무엇인가 Was ist übersetzen?」라는 보다 긴 논문을 덧붙였는데, 이것은 1891년판 오이리피데스 Euripideis의 『히포립토스 Hippolytos』 번역 서문에 해당되는 것이다.

> 사람들은 독일어로 된 탁월한 그리스어 번역들이 있다고 말한다. 그것은 생각 없이 아니면 악의적으로 말해지는 거짓이다. 그것으로 그리스어를 배울 필요가 없다고 설명한다면 이해할 만하다. 그들은 그렇게 해서 자신들의 목적에 도달하는 것이다. 번역보다 원전을 더 참을 수 없게 만드는 것은 없다. 그러나 그렇게 진실을 면전에 들이댄다면 진지한 사람들은 부끄러워할 것이다. 우리가 진짜 플라톤을 다시 이해하게 된 것을 슐라이어마허에게 감사한다. 그러나 그의 번역이 읽을 만한가? 누가 그것을 읽기라도 하는가?(Störig, 139에서 재인용)

그의 비판은 독일어로 세상의 모든 언어를 번역할 수 있다고 믿었던 낭만주의자들의 번역 이념을 겨냥하고 있다. 아울러 그것을 위해 계몽주의 시대의 '개작'의 방식을 거부하고 '비평적'

번역을 시도한 것으로 평가되는 슐라이어마허의 플라톤 번역을 예로 든다. "그의 번역이 읽을 만한가?"라는 질문에서 드러나는 것처럼, 빌라모비츠가 제시하는 번역 평가의 기준은 '가독성 Lesbarkeit'에 있음을 알 수 있다. 아울러 빌라모비츠는 자신의 번역관을 다음과 같이 피력한다.

> 여기서도 문자를 무시하고 정신을 쫓으며, 단어나 문장을 옮기는 것이 아니라 생각과 느낌을 받아들여 재현하는 것이 중요하다. 내용은 남아있어야 하지만 옷은 새로워져야 한다. 모든 참된 번역은 개작이다. 더 극단적으로 말한다면 영혼은 그대로이지만, 그 영혼이 몸을 바꾸는 것이다. 참된 번역이란 윤회이다(Willamowitz-Moellendorf 1921, 8).

실제로 그는 「번역이란 무엇인가? Was ist Übersetzen?」와 그리스극의 번역에 관한 서문에서 훔볼트의 번역을 이해할 수 없다고 비난하고, 호메로스를 번역한 포쓰를 "상투성과 장광설"을 이유로 조롱했다. 또한 슐레겔의 단테 번역을 비하했고, 번역에 관한 괴테의 견해도 부정적으로 평가했다. 무엇보다 그는 괴테의 번역 이론이 "독일어 번역의 잘못된 길과 잘못된 명성에 많은 책임이 있다"고 주장했다. 독일 문학이 세계문학으로 발돋움하기를 꿈꾸었던 클롭스톡에서 훔볼트에 이르는 모든 번역 이론과 실제 번역행위가 빌라모비츠에 따르면 전 세계의 '뚜쟁이 역할 Kupplerdienste'을 하는 것에 불과하다는 것이다.

이렇게 번역가로서의 빌라모비츠-묄렌도르프는 포쓰나 슐레겔, 슐라이어마허와 훔볼트 등 이전 세대의 번역론을 완전히 무시하고, 이전에 통용되던 번역 방법론으로 되돌아간다. 특히 그는 그리스어의 운문 구조를 무운시 Blankvers로 옮기거나 고대의 신들에 대한 믿음을 기독교적 신앙과 시민적인 개념들로 옮겼다. 이것은 그가 문학의 내용이란 형식과 분리되는 것이 불가피하다고 보았기 때문이며, 텍스트를 자신의 시대정신에 맞게 재해석해야 한다는 기본 입장에서 출발하고 있음을 알 수 있게 해준다.

> 포쓰나 포쓰보다 나은 인물들, 예컨대 훔볼트가 시도한 것처럼, 원전의 운율을 유지하고자 헛되게 노력한다면 스스로 올바른 길을 그르치게 될 것이다. 그러나 그들의 번역은, 심지어는 슐라이어마허의 플라톤까지도 오늘날에는 완전히 죽어 버렸다. 전혀 다른 것, 말하자면 창조적인 시인이 고대 작품을 취하여 자신의 정신으로 모방해서 재창조하는 것은 전혀 다르다. 그것은 그 자체로 정당한 것이고, 심지어는 더 위대한 것이지만, 번역은 아니다. 왜냐하면 그것은 고대 시인이 마치 자기 시대에 말했던 것처럼 우리에게 이해되도록, 그렇게 직접적으로 이해되도록 말하게 하는 것을 원하기 때문이다. 그는 말해야 하고, 우리의 입을 통해 말해야 한다(Störig, 143에서 재인용).

이는 이른바 '형식 번역' 혹은 '문자 번역'에 관한 그의 입장을 보여주는 것으로, 그는 원전의 운문 형식을 따르는 것은 사실상 불가능하므로 의미역을 할 수 밖에 없다고 보는 것이다. 즉, 형식의 번역이라는 해묵은 논쟁을 재연하기보다는 내용 전달이 우선한다고 보았던 것이다. 나아가 번역가는 보이지 않는 존재, 혹은 투명한 존재가 아니라 원전에 적극적으로 개입하여 원전을 해석하고, 그것을 자신의 시대정신에 맞도록 재창조하는 역할을 행하는 공동 저자와 같은 존재인 것이다.

이 같은 입장을 견지한 채 빌라모비츠는 그리스 신화적 요소를 기독교와 19세기 시민사상으로 옮겼고, 그리스 언어를 빌헬름 제국 시대의 관료주의 언어로 바꾸어 놓았다. 예컨대 아이쉴로스가 이피게니아를 제물로 바치는 '염소 Ziege'로 비유한 것을 그는 기독교적인 의미의 '어린 양 Lamm'으로, '신들 Götter'을 '부르는 rufen' 행위를 '기도 beten'로, 나아가서는 이피게니아를 식탁에서 '시편'을 암송하는 경건한 처녀로 옮겨 놓는다.[2] 여기서 그는 원전이 가지는 합창의 절이나 행을 전혀 고려하지 않고 강세도 고려하지 않았다. 그 대신 당시의 분명한 독일어 문장으로, 가장 일반적인 어순에 따라 일상어로 옮기는데 주력한다. 이는 말하자면 자기 시대의 도착 언어와 도착 문화를 중시하고, 원작이 가지고 있는 요소들을 토착화 혹은 '독일화 Verdeutschung' 하는데 주력하는 것이다.

---

2) An frohen Festen pries beim Tischgebet
der Jungfrau reiner Mund
des Vaters Glück
mit kindlich liebevollem Psalm. (Apel, 161에서 재인용)

또한 언어를 지속적인 생성 과정 중에 있다고 보았던 훔볼트의 언어관과 비교한다면, 언어가 변화의 과정 속에 있다는 생각은 빌라모비츠에게는 낯설고 불확실한 것을 의미할 뿐이었다. 그 때문에 이 같은 불확실성은 제거되어야 하는 것이다. 빌라모비츠의 번역은 "마르지 않고 배우지 못한 채 위대한 예술의 맑은 생명수 unverdorben und meinethalben ungebildet nach dem reinen Lebenswasser einer großen Kunst"(Wilamowitz-Moellendorf 1921, 37)에 목말라 하는 독자들에게 아무런 전제 조건 없이, 마치 독일어 원전을 읽듯이 그 속에서 그리스적인 것을 경험하도록 하는 것을 목적으로 한다. 말하자면 그의 이해는 낯선 것을 고유한 것 속으로 끌어들임으로써 이루어지는 것이었다.

빌라모비츠는 이렇게 원전의 독일화에 주력함으로써 이를 통해 궁극적으로는 문학과 역사기술 Geschichteschreibung의 경계를 허물어뜨리고자 한다. 이는 어느 면에서는 문학사가란 문학작품의 미학적 내용보다는 한 시대에서 나온 결과와 그 시대와의 관련성을 분석하는 정치적 의식을 지닌 역사가의 역할을 담당해야 한다고 믿었던 게르비누스의 견해와 맥을 같이 하는 것이다. 이를 통해 민족문학으로서의 문학에 대한 이해와 민족어로서의 독일어에 대한 표상이 점차 강해질 뿐 아니라 이와 더불어 독일 민족 자체를 강력한 유기적인 통일체로 발전시킬 수 있기를 희망하는 것이다. 이렇게 본다면 문헌학적 philologisch 이해에 근거를 둔 이전 세기의 번역이론이 역사적 의미와 정치적 자유의 조화로운 결합과 방법론적 토대에서 절정에 달했다면, 빌라모비츠에 이르러 이 같은 발전은 오히려 정지된다. 문학이 궁극적으로 역사기술이란 목적에 종속될 때, 문헌학은 더 이상 언어의 변화와 운동을 수용하지 못하고, 언어는 이미 완성된 하나의 결정체로 간주된다.

또한 사포 시를 비롯한 그리스 문학을 받아들이는 과정에 있어 그는 민족주의, 인종주의적 가치를 숨기지 않는다. 빌라모비츠의 이 같은 입장은 프리트리히 고트립 벨커 Friedrich Gottlieb Welcker(1784-1868)[3)]가 번역한 사포와 관련해서 드러난다. 독일 민족주의가 발흥하던 시대에 벨커는 사포를 번역하는 과정에서 한 편으로는 군국주의와 애국주의를, 다른 한 편으로는 여성의 정숙함이란 두 가지 가치를 부각시키려 했다. 이에 따라 벨커는 역사적으로 레즈비언으로 알려져 있는 사포를 레즈비언과는 무관한, 애국심으로 충만한 여인으로 옮김으로써 독일의 민족주의적 프로그램에 합당한 인물로 부각시켰다. 이와 관련하여 빌라모비츠는 사포를 동성애자로 간주하지 않는 벨키의 해석을 지지했다(Wilamowitz-Moellendorf 1913, 17). 즉, 빌라모비츠 역시 사포를 레즈비언으로 보는 전통적인 견해에서 그녀를 해방시키고자 했으며, 그 대신 고귀한 여성이며 정숙한 아내, 그리고 어머니로서의 모습을 부여하고자 한 것이다.

---

3) 빌헬름 폰 훔볼트의 친구였던 그는 훔볼트의 추천으로 1809년 기센 대학의 그리스 문학과 고고학 교수가 되었다. 그는 여기서 독일에서 최초로 고고학과를 설치했고, 1812년에는 고전 문헌학 세미나를 만들었다.

사포의 동성애를 한사코 부정하는 빌라모비츠에게서 강력한 민족주의를 확인하게 되는데, 이에 대해 베누티는 빌라모비츠의 동성애 혐오증이 독일의 문화적 우월성에 대한 신념에서 기인한다고 평가한다(베누티, 79).

4. 빌라모비츠의 고전어 번역에 대한 평가

1890년과 1900년 프로이센 학교협의회에 의해 실시된 김나지움 수업개혁안과 관련하여 빌라모비츠는 이를 전통적 인문주의 교육의 몰락으로 보았고, 당시에 개혁안을 주도했던 고트프리트 프리트리히 알리 Gottfried Friedrich Aly와는 달리 고전어 수업을 줄이려는 정책에 반대해서 라틴어 작문 수업을 고수하려 했다. 이를 통해 점차 힘을 잃어가는 고전학의 위상을 고수하고자 애를 썼으며, 고전학의 대상을 비전공자들에게까지 가능한 한 폭넓게 소개하려 했다. 이를 위해 그는 대학 강의 이외에도 일반인을 위한 번역 작업을 활용하고자 했던 것이다.

번역에 관한 그의 두 가지 중요한 입장은 그리스 원전이 고대 독자들에게 그랬던 것처럼 자기 시대의 독자들에게 쉽게 이해될 수 있어야 한다는 것과 번역에서 시적 형태는 원작의 그것과 일치할 수 없기 때문에 의미상으로 느껴지도록 해야 한다는 것이었다. 빌라모비츠는 '언어의 운동성 Sprachbewegung'이란 개념과 관련해서는 독일어란 이미 충분히 완성되었다고 여겼기 때문에 현재의 언어 상태를 유지하는 것이 중요하다고 여겼다. 그에게 "독일어로 번역하는 것은 우리의 위대한 시인들의 언어와 문체로 옮기는 것을 말한다. In Deutsche übersetzen heißt in Sprache und Stil unserer großen Dichter übersetzen."(Störig, 139에서 인용).

이처럼 탁월한 지식과 고루함이 뒤섞인 빌라모비츠의 고전어 번역은 동시대인들에게 분명 대중적인 매력으로 다가갈 수 있었다. 다시 말해, 빌라모비츠의 번역은 외국 텍스트의 언어적, 문화적 차이를 제거하고 이 텍스트를 도착어 문화의 지배적 가치에 동화시킴으로써 번역의 흔적이 드러나지 않도록 지워버렸기 때문이다.

하지만 다른 한 편 그의 번역 방식은 많은 저항을 불러 일으켰는데, 특히 슈테판 게오르게 Stefan George를 중심으로 하는 게오르게 학파는 고전을 대중화하려는 빌라모비츠의 경향에 대해 분개하는 태도를 취했다. 그들은 빌라모비츠의 번역 방식이 진부하고 구태의연할 뿐 아니라 문체의 정확성도 결여되어 있다고 보았다. 또한 루돌프 보르하르트 Rudolf Borhardt는 빌라모비츠의 탁월한 능력을 인정함에도 불구하고, 이 같은 번역 방식으로 인문주의적인 문화유산을 민주화한다는 그의 의도를 무익한 것으로 간주했다. 빌라모비츠의 플라톤 번역과 해설에 대해 보르하르트는 "위대한 기술자의 무감각성 Instinktlosigkeit dieses großen Technikers"(Apel, 157에서 재인용)이라고 불렀고, 프리트리히 군돌프 Friedrich Gundolf

는 빌라모비츠의 플라톤 번역에 심지어 “하녀를 위한 플라톤” (Apel, 157에서 재인용)이란 수식어를 붙였다. 이처럼 폭넓은 독자들을 위한 빌라모비츠의 고전비극 번역은 그의 사후에는 더 이상 출판되지 않았다.

이렇게 본다면 빌라모비츠의 시민적이고 반이상주의적 번역론은 1830년부터 1890년까지의 독특한 시기, 즉 경제, 기술, 과학의 발달과 더불어 문화, 예술 분야의 후퇴가 점점 더 심화되어 가던 빌헬름 제국시기의 소산이라 하겠다. 시대의 근본 문제를 유연한 사유의 힘으로 해결하려 했던 이전 세대의 노력은 중단되고, 이 같은 변화는 특히 번역의 문제, 외국문학 수용의 문제에서도 극명하게 나타났던 것이다. 빌헬름 제국 시대의 번역은 색깔없고 비개성적인 시민의 교양문체를 특징으로 한다. “밋밋하고 균등한 운문, 중립적인 문장형태, 일반적으로 이해될 수 있고 전반적으로 통용되는 단어의 선택, 분명한 생각을 분명하게 전달하기, 확고한 산문적인 이야기톤, 이것이야말로 이 시민적인 시대의 번역의 특징이다. 그것은 모든 시대와 나라에서 통용된다고 믿었던 형식과 소재의 절충주의이지만, 실제로는 공허한 교양문체를 옮겨놓은 것이다.”(Apel, 157).

3 QUESTION 맺는 말

이상과 같이 낭만주의 이후 19세기 후반에서 20세기 초에 두드러지는 번역담론의 변화양상을 빌라모비츠의 번역관을 중심으로 살펴보았다. 빌헬름 폰 훔볼트와의 비교를 통해 살펴본 것처럼, 한 세기 전 낭만주의 번역가들은 식자들의 언어인 고전어를 민족어로 옮기는 과정에서 언어적, 인식론적, 방법론적 전환을 이루어내었다. 낭만주의 번역론이 세계문학으로 발돋움하기 위해 '낯섦', '이국성'에 대해 무한한 동경과 환대를 보였다면, 이를 통해 모국어의 의미 능력과 표현 능력을 무한히 확장시키기를 원했다면, 19세기 후반에 이르러 다시금 친숙한 것, 고유한 것, 자국적인 것을 추구하는 방향으로 선회한다. 이는 다시 말해 낭만주의적, 세계시민적 주체가 시간이 흐르면서 이질문화의 자국화를 통한 배타적인 민족주의 혹은 제국주의를 촉진시키는 식민적 주체로 변해가는 모습을 보여준다(베누티, 79). 그리고 이 같은 경향이 바로 빌라모비츠의 번역에서 대표적으로 나타났던 것이다.

18세기와 19세기 전반부에 활동했던 독일 문인들 사이에서 번역은 민족 문학의 발전을 위한 한 방편으로 이론화되고 실행되었다. 예컨대, 훔볼트는 그의 동시대인들과 마찬가지로 고전 텍스트에 기반을 둔 번역을 세련된 독일 문학을 선호하는 일반 독자층을 넘어서는 전문적 독자층에 봉사하는 수단으로 간주했다. 이 같은 훔볼트의 번역이 엘리트주의를 지향했다면, 빌라모비츠는 대중주의적 경향을 추구했다고 할 수 있다. 다시 말해 빌라모비츠의 고전 번역은 인문주의적 문화의 대상을 지나치게 절충하고 대중화시키려 한 결과라 할 수 있다.

이렇게 하여 세계성을 지향하고 낯선 것에 대한 무한한 동경을 번역 속에서도 구현하려 했던 낭만주의 번역론은 빌헬름 제국시기에 들어서 급속히 퇴색하는 경향을 보인다. 민족문학의 개념은 훨씬 좁혀졌으며, 그것은 정치적, 이데올로기적인 성격을 노출시킨다. 빌라모비츠의 경우에서 보는 것처럼 번역가는 보다 적극적으로 자신의 문화를 옹호하고자 하며, 번역 텍스트를 자신들의 문화적, 정치적 경향에 맞춰 채색하는 경향을 감추지 않는다. 빌라모비츠의 고전어 번역은 이 같은 노력의 결과이고, 번역사적으로 본다면 낭만주의 노선과는 구별되는 또 하나의 노선을 이룩한다.

그러나 이를 통해 민족 언어와 민족감정을 찾고자 하던 초기 낭만주의자들의 신선하고 순수한 의도는 점차 제국주의적 성향으로 변질되어 갔다. 언어의 유동성과 이질적인 것을 향해 열려 있던 감정의 신선함은 빌라모비츠에게서 확인되는 것처럼 이데올로기적인 표현을 위한 경직된 수단으로 굳어져 가는 경향을 보이는 것이다. 이에 따라 원전의 고유성을 인정하려는 자세보다는 자신들의 이념과 시대적 상황에 맞추려는 태도로 나타나고, 번역자는 저자를 대신해 독자와 직접 마주하려는 과도

한 교훈적 욕구를 드러낸다. 여러 낭만주의 번역가들에 의해 극복되었던 이전의 '불충실한 미녀 belles infidéle'의 번역이 되살아났지만, 그 같은 움직임은 분명 다른 정신사적, 정치적 배경에서 기인하는 것이다.

독일어의 변천은 많은 부분 번역을 통해 이루어졌고, 독일어의 글쓰기 역시 근대 지식인들의 번역 작업을 통해 이루어졌다면 번역가의 역할은 언어를 창조하고, 문체를 만들어낼 뿐 아니라, 궁극적으로는 새로운 글쓰기의 모델을 창출하는 것이다. 즉 번역 행위의 결과는 모국어의 변화를 유도하고, 글쓰기의 전범을 만들어내는 것으로 이어진다. 그러나 빌라모비츠에 의해 대변되는 19세기 후반의 주된 번역담론은 당시의 자국민 중심적, 제국주의적 경향을 반영했고, 그것은 새로운 것을 창출하기 보다는 익숙한 것을 더욱 견고히 하는데 주력한다.

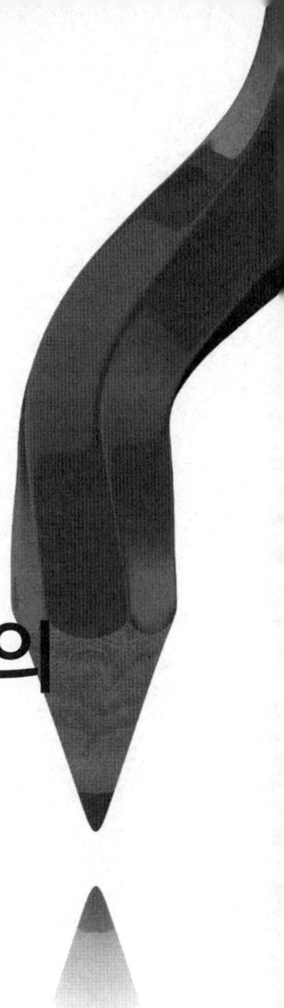

Chapter 8
시적 창작 과정으로서의 번역

QUESTION

Chapter 8 시적 창작 과정으로서의 번역

- 슈테판 게오르게의 번역론 -

1 QUESTION

20세기 초 독일 번역 담론의 유형

괴테 시대와 낭만주의 시대에 번역에 대한 활발한 논의가 이루어졌다는 것은 이미 앞 장에서 논의되었다. 그 후 한동안 주춤했던 번역에 대한 논의는 20세기 초에 이르러 다시금 활발히 전개된다. 이전 시대의 번역론이 시대별로 어느 정도 통일되고 한 방향으로 수렴되는 경향을 보였다면, 시간이 흐를수록 번역의 목적과 방법 등이 다양화되는 양상을 보인다. 이는 점차 다원화되어가는 시대정신을 반영하는 것이기도 하고, 그에 따라 번역에 관한 논의도 분화되면서 이들을 하나의 틀 속에 묶어 넣기 어렵다는 것을 의미하기도 한다. 아래에서는 우선 19세기 말에서 20세기 초에 이르는 시기에 이루어진 독일 번역 담론의 유형을 살펴본다.

이른바 '자국민 중심적 번역 ethnozentrische Übersetzung'은 19세기 후반부터 20세기 초 독일에서 가장 성행했던 방법론이다. 민족국가의 확립을 위해 민족정신을 고취시키고자 하는 빌헬름 제국시기의 민족주의적 역사관이나 문학관은 번역에도 그대로 적용되고, 이를 위해 원전의 자의적인 변형은 상당 부분 허용되었다. 원전의 의미는 시대적, 사회적 요청에 맞춰 적극적으로 재해석되고, 의미 전달을 위해 형식적인 측면은 종종 무시되었다. 이들은 형식과 내용의 일치를 요구했던 아우구스트 빌헬름 슐레겔이나 빌헬름 폰 훔볼트 등, 이전 세대의 주장을 무색하게 만들고 오히려 훨씬 더 이전의 번역 방식으로 되돌아간 감이 있다. 이 같은 자국민 중심주의 번역의 대표적인 번역가로 플라톤을 비롯한 고대 작가들을 독일어로 옮겨 대중적인 인기를 얻었던 울리히 폰 빌라모비츠-묄렌도르프 Ulrich von Willamowitz-Möllendorf(1848-1931)를 들 수 있다.

두 번째로 번역을 시적 창작의 한 과정으로 이해하는 입장은 뮌헨이나 빈 등에서 활동했던 20세기 초 시인들의 모임을 중심으로 살펴볼 수 있다. 예컨대 슈테판 게오르게 Stefan George(1868-1933)를 중심으로 한 시인 집단은 외국 작품을 소개하기 위해서라기보다는 자신들의 창작을 위한 원천으로 삼고자 번역을 시도했다. 이런 의미에서 보자면 게오르게나 펠릭스 되르만 Felix Dörmann과 같은 모더니스트들이 보들레르의 시를 번역한 것은 번역론의 차원에서 끝나지 않고 창작의 영역으로까지 그 논의를 확대시킬 수 있다. 이와 유사한 현상은 게오르게와 한동안 유대 관계를 가졌던 후고 폰 호프만스탈 Hugo von Hofmannsthal에게서도 찾아볼 수 있다. 이를테면 호프만스탈의 『엘렉트라 Elektra』는 소포클레스를 『엘렉트라』를 근간으로 하고 있지만, 엄밀한 의미의 번역이라 부르기는 어렵다.[1] 그러나 이들의 작업은 문학의 소재뿐 아니라 독일어의 의미 영역이나 표현 방식을 확장하는데 기여했다고 평가할 수 있다.

세 번째 유형으로 정신사적 번역관을 들 수 있다. 정신사적 문학 연구는 문학적 개개 사실 Fakten이나 작가들의 심리적 연대기보다는 한 시대를 관통하는 정신의 힘과 그것에 상반되는 또 다른 힘의 변증법적 과정에 초점을 맞춘다. 이 같은 정신사적 이해를 번역 연구에 적용시킨다면, 작품 자체를 역사적·정신적 구성물로 보고 번역을 통해 작품을 관통하고 있는 정신사적 맥락을 해석하고자 한다. 이 경우 번역은 단순한 언어의 전이가 아니라 일종의 해석 Interpretation이며, 인문학적 탐구의 방식이기도 하다. 이 같은 정신사적 번역의 대표자로 셰익스피어의 전문가이자 번역가이기도 한 프리트리히 군돌프 Friedrich Gundolf를 들 수 있다. 그는 번역을 대립적인 요소들의 변증법적 과정이자 전통을 활성화하는 과정으로 이해했고, 그의 셰익스피어 번역과 해석은 다른 문예학적 논문들보다 오히려 더 지

1) 호프만스탈은 소포클레스의 『엘렉트라』를 1막으로 자유롭게 개작하는 가운데 줄거리의 상당 부분을 줄였고, 엘렉트라의 심리 상황에 초점을 맞추어 서정적으로 고쳐 썼다. 이 작품은 리하트르 슈트라우스와 공동으로 음악극으로 만들어져 1909년 드레스덴으로 초연되었다.

속적인 영향력을 지닌다.

또 하나의 유형은 이른바 '문자의 번역'이다. 문자의 번역은 횔덜린의 핀다로스 번역에 관한 연구에 천착했던 노르베르트 폰 헬링라트 Norbert v. Hellingrath의 주장에서 찾아볼 수 있다(Apel u. Kopetzki, 97). 이것은 출발 텍스트의 이질성을 그대로 되살려 내고자 하는 시도로, 이후 발터 벤야민이 주장하는 '순수 언어 die reine Sprache'에 가장 가까이 다가가는 번역이라 하겠다. 벤야민은 「번역가의 과제」에서 "낯선 언어 속에 마법으로 묶여 있는 저 순수 언어를 자기 언어 속에서 풀어내고, 작품 속에 갇혀 있는 저 순수 언어를 작품의 재창조를 통해 해방시키는 것"(Benjamin, 167)이 번역가의 과제라고 정의한 바 있다. 언어의 생성 속에서 스스로를 드러내고 스스로를 만들어내는 것이 순수 언어의 본질이라면, 이 순수 언어를 의미의 전달이란 무거운 중압으로부터 벗어나게 하고 그 자체를 드러나게 하는 것이 번역의 임무라는 것이다.

2 QUESTION 시적 창작 과정으로서의 번역

위에서 짧게 언급한, 20세기 초반에 성행했던 몇 가지 번역 방법론 중에서 이 장에서 밝혀보고자 하는 것은 '시적 창작 과정'으로서의 번역이다. 시인들은 번역을 통해 자신의 시적 착상이나 시어를 얻는 경우가 많다. 여러 외국어를 이해하고 직접 독일어로 옮겼던 괴테나[2] 고대 작가, 특히 소포클레스나 핀다로스를 독일어로 옮겼던 횔덜린의 경우처럼, 이들은 외국시가 가지는 낯섦과 이질성에 매료당하고, 그것을 자신의 모국어로 옮기는 과정에서 시적 착상을 얻기도 한다. 에드가 앨런 포 Edgar Allan Poe(1809-1849)의 작품을 프랑스어로 번역한 보들레르 Charles-Pierre Baudelaire(1821-1867)의 경우 역시 그러했다. 보들레르는 1860년까지 에드거 앨런 포의 『아서 고든 핌의 모험 The Narrative of Arthur Gordon Pym』을 번역했고, 이후 만년에 이르기까지 17년간 5권의 번역을 완성했다. 보들레르는 포의 단편들을 처음 읽고 "여기에는 내가 쓰고 싶었던 작품의 모든 것이 있다"며, 포 작품의 번역에서 평생 손을 떼지 않았다.

---

2) 괴테는 그리스어나 라틴어와 같은 고전어는 물론이고, 영어, 프랑스어, 이탈리아어와 같은 주요 유럽 언어뿐 아니라 북유럽의 언어들, 나아가서는 아랍어나 페르시아 등 근동의 언어, 중국어와 같은 아시아권 언어 등 다양한 언어의 텍스트들을 독일어로 옮겼다.

이를 통해 그는 당시 미국 내에서도 인정받지 못하던 포를 프랑스, 나아가서는 유럽 전역에 알린 번역가로 기억된다. 포의 작품을 번역하는 동안 보들레르는 불합리한 인간의 내면에 집착하면서도 철저히 계산된 지적 구성을 보여주는 포의 작품에 감동하여 당시 유럽의 낭만파·고답파 작법에서 벗어났다. 그는 포와 마찬가지로 명석한 분석력과 논리와 상상력을 동원하여 인간심리의 심층을 탐구하고, 고도의 비평정신을 추상적인 관능과 음악성이 넘치는 시에 결부시켰다. 이렇게 본다면 보들레르는 포의 번역을 통해 자신의 시세계를 개척했다고 해도 과언이 아니다.

그런 보들레르를 독일어로 옮긴 슈테판 게오르게 Stefan George(1868-1933)의 경우도 다르지 않다. 이들은 하나같이 번역을 통해 자신의 시 작법을 훈련하고, 그것을 자신의 시에 적극적으로 활용했으며, 이를 통해 모국어의 시 세계를 확장했다. 시인이자 번역가의 유형에 속하는 많은 작가들 가운데 여기서는 독일 현대시의 영역을 개척한 인물로 평가받는 슈테판 게오르게를 다루고자 한다. 번역에 대한 그의 이해는 어떠했으며, 즐겨 사용한 번역 전략은 무엇이었나? 그는 어떤 작품을 어떻게 번역했는지, 그 중에서도 보들레르의 『악의 꽃』을 어떻게 번역했으며, 그것은 자신의 시 작업에 어떤 영향을 미쳤을까?

1. 슈테판 게오르게의 번역 활동

게오르게는 작가로서의 활동에 못지않게 번역가로서도 활발한 작업을 했다. "우리가 모든 외래어를, 뿌리내리고 있는 것들까지 모두 [...] 제거한다면 많은 것들은 말해지지 않은 채 비어있게 될 것이다"[3] 라고 한 그의 말처럼 그는 모국어에서 차지하는 외래어 혹은 외국어의 중요성을 십분 인식했다. 그는 단테의 『신곡』[4]을 독일어로 옮겼고, 훗날 셰익스피어 전문가가 된 프리트리히 군돌프의 영향을 받아 셰익스피어의 『소네트』[5]를 번역했다. 그 중에서 가장 대표적인 번역서로 보들레르의 『악의 꽃 Fleurs du Mal』 번역을 꼽을 수 있다.[6]

1909년도에 나온 단테의 『신곡』 번역본 서문에서 게오르게는 언어와 문학은 원래부터 의미나 생각이 아니라 형식과 운동, 물질로 구성된다고 보았다. 그는 또한 '언어를 역사적으로 이루어진 재료 Sprache als geschichtlich gewordenes Material'로 이해하고, 문학은 모든 개별 작품을 넘어 언어 자체의 변화를 목표

---

3) Blätter für die Kunst: Eine Auslese aus den Jahren 1892-1898. Hg. von Carl August Klein. Berlin: Georg Bondi, 1899. S. 14.
4) Stefan George: Dante, Die göttliche Komödie, Sämtliche Werke, Bd. 10/11, Stuttgart: Klett-Cotta 2004.
5) Stefan George: Shakespeare Sonette, Umdichtung, Sämtliche Werke, Bd. 12, Stuttgart: Klett-Cotta 2004.
6) 그 외에도 게오르게는 말라르메, 브라우닝, 캄포아모르 등과 같은 시인들의 시를 번역했다.

로 삼아야 한다고 보았다.[7] 그런 만큼 번역이 재현해 내야 하는 것은 의미나 내용이 아니라 '문학적인 것 자체'이며, "톤 움직임 형상 ton bewegung gestalt"[8]이라고 주장한다.

그는 이 서문에서 『신곡』을 완벽하게 독일어로 재현해 낼 생각은 애초부터 갖지 않았다고 밝힌다. 첫 번째 장에서 시작해서 마지막 장으로 끝나는 순서를 따르지 않고, 각각의 에피소드를 제시하는 방법으로도 감동을 줄 수 있으며, 나아가서는 그것을 통해 자신의 시 작업을 위한 동기를 얻는 것을 정당하다고 여긴다. 작품 전체를 통해서만 비로소 이해될 수 있는 『신곡』의 세계는 실로 엄청나지만, 게오르게는 이 작품이 시적인 '톤 움직임 형상'에서 오히려 더 많은 결실을 거두었다고 보았다. 따라서 그는 단테가 이를 통해 여러 민족에게 새로운 차원의 문학을 열어 주었다는 사실을 재차 강조한다.

1912년에 출판된 번역본 2판은 그때까지 출판되지 않은 몇 장과 「예술을 위한 잡지 Blätter für die Kunst」의 11부와 12부에 실렸던 것들을 추가한다. 그는 그 중에서 바위 계단(지옥 24편), 굶주림의 탑(지옥 33편), 추방에 관한 예언(천국 17편) 등이 각별히 시적인 비중과 호소력을 가진다고 보았다. 또한 이 부분에서 그때까지 사람들에게 알려지지 않은 인물이나 장소와 사물의 이름이 엄청나게 증가하기 때문에 이와 관련하여 자신이 첨

7) George, Dante·Die Göttliche Komödie, Sämtliche Werke Bd, X/XI, Stuttgart: Klett-Cotta 2004, VORREDE DER ERSTEN AUFLAGE

8) George, ebenda.

부한 목록은 환영받을 만한 가치가 있을 것이라고 덧붙인다.[9]

단테 번역에서 보여주는 게오르게의 입장은 엄밀한 의미에서 원전 중심의 번역이 아니다. 그는 무엇보다 원전이 가지는 '시적 효과'를 이해하려 했고, 그 효과를 살리는 것을 번역의 최우선적인 과제로 이해했다.

게오르게는 단테의 『신곡』 이외에도 셰익스피어의 『소네트』(1909)를 번역했다. 거기에는 한때 그의 서클에 속했고, 훗날 셰익스피어 전문가가 된 프리트리히 군돌프의 영향이 컸다는 것을 어렵지 않게 짐작할 수 있다.

Sonnet 29

When in disgrace with fortune and men's eyes,
I all alone beweep my out-cast state,
And trouble deaf heaven with my bootless cries,
And look upon my self and curse my fate.
Wishing me like to one more rich in hope,
Featur'd like him, like him with friends possess'd,
Desiring this man's art, and that man's scope,
With what I most enjoy contented least,
Yet in these thoughts my self almost despising,

9) George, Ebenda, VORREDE DER ZWEITEN AUFLAGE

Haply I think on thee, and then my state,

Like to the Lark at break of day arising

From sullen earth sings hymns at heaven's gate,

For thy sweet love remembered such wealth brings,

That then I scorn to change my state with kings.[10)]

위의 소네트를 게오르게는 다음과 같이 옮기고 있다.

Wenn ich verbannt von glück und menschenblick

Bewein allein mein ausgestossnen-los,

Mich selber sehend fluche dem geschick,

Zum tauben himmel schreie aussichtlos;

Möchte ich wie einer sein mit freunden viel,

Wie er geformt, wie er von hoffnung voll

---

10) 이 시를 정종화는 다음과 같이 우리말로 옮긴다.(민음사 1975, 30쪽)
운명과 사람들의 총애를 잃고서,
홀로 내 버림받은 처지를 슬퍼하고,
부질없는 흐느낌으로 무심한 하늘을 괴롭히고,
나를 돌아보고 내 운명을 저주한다.
누구처럼 희망이 더 많아지기를 바라며
누구처럼 잘 생기고, 친구도 있기를 바라며
이 사람의 기예와 저 사람의 재능을 열망하면서
내 뛰어난 재주는 만족하지 못한다.
그러나 이런 생각에 나 자신을 경멸할 뻔하다가도
다행히 그대를 생각하면, 그때 내 기분은
새벽녘 어두운 대지에서 솟아올라
천국의 문에서 찬송가를 부르는 종달새가 된다.
그때 달콤한 사랑을 떠올리면 난 부귀에 넘쳐
내 처지를 왕과도 바꾸려 하지 않는다.

Und wünsche eines kunst, des andren ziel -
Dess mindest froh was meist mich freuen soll.
In solchem sinnen fast mich selbst verachtend
Fällst du mir plötzlich ein: ich steig empor
Und, wie die lerche mit dem frührot trachtend
Aus trüber erd, lobsing am himmelstor.
Dein, süsse liebe, denken bringt solch glück...
Nun weis ich tausch mit königen zurück.

무엇보다 이전 시기의 소네트 번역이 어느 정도 리듬을 갖춘 줄거리의 요약이었던 점을 감안한다면, 게오르게의 번역은 형식적인 측면에서 분명 진보한 사실을 알 수 있다. 그는 소네트가 가지는 엄격한 시 형식을 지키고 있으며, 무엇보다 각운을 통해 음악성을 십분 느끼게 한다. 운율을 맞추기 위한 몇 번의 어순 변화(mit freunden viel) 혹은 문장 순서의 변화(wie er von hoffnung voll) 등을 발견할 수 있지만, 전반적으로 원문을 상당히 정확히 옮기고 있음을 알 수 있다. 특히 11행에서 at break of day를 mit dem frührot로 옮김으로써 색채적, 감각적 효과에 있어 원문보다 더 두드러진다. 동일한 음의 반복(glück und menschenblick, Bewein allein mein)이나 각운(menschenblick-geschick, ausgestossnen-los-aussichtlos, viel-ziel, voll-soll etc.)이 주는 탁월한 음악성은 소네트라는 시 형식이 주는 엄격성을 십분 충족시켜 준다.

2. 게오르게의 보들레르 번역

앞에서 언급한 것처럼 게오르게의 여러 번역 중에서도 가장 큰 비중을 차지하는 것은 역시 보들레르의 『악의 꽃』 번역이다. 보들레르는 게오르게에게 그 어떤 작가보다도, 심지어는 말라르메보다도 더 큰 스승의 역할을 한다.[11] 1889년 처음 파리에 머물렀을 때 그는 이미 보들레르의 시를 독일어로 옮기기로 마음먹었고, 1891년부터 1900년까지 십 년간 보들레르를 번역하는 일에 몰두했다.

게오르게는 1891년에 『악의 꽃』의 40편을 옮긴 최초의 번역본을 25부 인쇄했다. 이 25부는 지인들과 후견인들에게 크리스마스 선물로 증정한 것을 보면, 그의 번역이 애초부터 다수의 독자들을 겨냥한 것이 아니라는 사실을 알 수 있다. 그 후 게오르게는 해마다 새로운 번역을 추가했고, 최종적으로는 총 151편 중 117편을 번역했다.

1900년에 나온 최종판 서문에서 이 번역시인은 여러 해에 걸친 작업 끝에 자신이 할 수 있는 가능성을 모두 다 시도했다고 고백한다. 무엇보다 『악의 꽃』의 프랑스어 비평본이 없어 때로는 초판을, 때로는 2판을, 또 때로는 이른바 최종본이라는 3판을 사용하여 무원칙과 오류와 빈틈 사이에서 시달려야 했다고

---

11) Stefan George: Sämtliche Werke Bd. XIII/XIV, Stuttgart: Klett-Cotta 2004, S. 164.

번역 외적 상황이 주는 어려움을 토로한다.[12] 그러나 여기서도 『악의 꽃』의 독일어 번역은 "외국 작가를 소개하고자 하는 바람이라기보다는 형식에 대한 본래적인 순수한 기쁨에서 기인한 것"[13]임을 다시 한 번 강조한다.

그는 아울러 자신의 번역을 통해 "오랫동안 매혹으로 다가왔던 가공할만하고 혐오스러운 시인의 이미지"뿐 아니라 이 작가가 탁월한 정신성을 통해 문학의 새로운 영역을 정복하고 "다루기 힘든 소재"[14]까지 관통하고 있다는 사실을 아는 것이 중요하다고 말한다. 그는 보들레르에 대한 존경을 표하며, "충실한 번역이라기보다는 하나의 독일적인 기념비 weniger eine getreue nachbildung als ein deutsches denkmal"[15]가 만들어졌으면 하는 바람을 표한다. 여기서도 그는 자신을 번역가가 아니라 '개작시인 umdichter'라고 불렀다. 이는 그가 시인의 자격으로 『악의

---

12) 『악의 꽃』에 실린 개별 시들의 생성 연대에 관해서는 논란의 여지가 있고 밝혀내기 불가능한 것들도 있다. 보들레르의 친구들이나 지인들의 증언을 바탕으로 초판본에 실린 대부분의 시들은 1840년에서 1850년 사이에 쓰인 것으로 추정된다. 이 시들의 절반 정도는 초판 이전에 이미 발표된 바 있다. 1851년 「중간지대(Les Limbes)」라는 제목 아래 11편이, 1855년에는 「양 세계 잡지 Revue des Deux Mondes」에 다른 18편이 수록되었다. 이 출판물은 이미 나중의 제목인 Les Fleurs du Mal를 달고 있다. 보들레르 사후에 방빌(Théodore de Banville)은 시인의 기록을 근거로 25편의 시를 덧붙였다. 1869년 브뤼셀에서 『악의 꽃』의 완성본이 출판되었는데, 이것은 그때까지 금지되었던 시들과 「난파 Épaves」에 실리지 않은 것들을 포함한다. 그러나 시인의 사후에 추가되거나 끼워 넣어진 것들은 그다지 성공하지 못한 것으로 평가되고 있다.

13) George: ebenda.

14) George: ebenda.

15) George: ebenda.

꽃』을 옮겼다는 것을 의미할 것이다.

그렇다면 게오르게는 보들레르를 과연 어떻게 옮겼는지 살펴보기로 하자.

L'ALBATROS

Souvent, pour s'amuser, les hommes d'équipage
Prennent des albatros, vastes oiseaux des mers,
Qui suivent, indolents compagnons de voyage,
Le naire glissant sur les gouffres amers.

À peine des ont-ils déposés sur les planches,
Que ces rois de l'azur, maladroits et honteux,
Laissent piteusement leurs grandes ailes blanches
Comme des avirons traîner à côté d'eux.

Ce voyageur ailé, comme il est gauche et veule!
Lui, naguère si beau, gu'il est comigue et laid!
L'un agace son bec avec un brûle-gueule,
L'autre mime, en boitant, l'infirme qui volait!

Le poète est semblable au prince des nuées
Qui hante la tempête et se rit de l'archer;

Exilé sur le sol au milieu des huées,

Ses ailes de géant l'empêchent de marcher.[16]

『악의 꽃』에서 가장 많이 읽히는 시 중의 하나인 「알바트로스」를 게오르게가 옮긴 독일어 본은 다음과 같다.

DER ALBATROS

Oft kommt es dass das schiffsvolk zum vergnügen
Die albatros · die grossen vögel · fängt
Die sorglos folgen wenn auf seinen zügen
Das schiff sich durch die schlimmen klippen zwängt.

Kaum sind sie unten auf des deckes gängen
Als sie · die herrn im azur · ungeschickt

---

16) 다음은 김붕구가 「알바트로스」를 우리말로 옮긴 것이다.
자주 뱃사람들은 장난삼아/ 거대한 알바트로스를 붙잡는다./ 바다 위를 지치는 배를 시름없는/ 항해의 동행자인 양 뒤쫓는 해조를.
바다 위에 내려놓자. 이 창공의 왕자들/ 어색하고 창피스런 몸짓으로/ 커다란 흰 날개를 놋대처럼/ 가소 가련하게도 질질 끄는구나.
이 날개 달린 항해자가 그 어색하고 나약함이여!/ 한때 그토록 멋지던 그가 얼마나 가소롭고 추악한가!/ 어떤 이는 담뱃대로 부리를 들볶고,/ 어떤 이는 절뚝절뚝, 날던 불구자 흉내낸다!
시인도 폭풍 속을 드나들고 사수를 비웃는/ 이 구름 위의 왕자 같아라./ 야유의 소용돌이 속에 지상에 유배되니/ 그 거인의 날개가 걷기조차 방해하네.
보들레르, 악의 꽃, 김붕구 옮김, 민음사 1974, 18.

Die grossen weissen flügel traurig hängen
Und an der seite schleifen wie geknickt.

Er sonst so flink ist nun der matte steife.
Der lüfte könig duldet spott und schmach:
Der eine neckt ihn mit der tabakspfeife ·
Ein andrer ahmt den flug des armen nach.

Der dichter ist wie jener fürst der wolke ·
Er haust im sturm · er lacht dem bogenstrang.
Doch hindern drunten zwischen frechen volke
Die riesenhaften flügel ihn am gang.

위의 번역에서 첫 눈에 알 수 있는 것은 보들레르가 엄격하게 지킨 각운을 게오르게 역시 엄격하게 따르고 있다는 것이다. 앞의 인용문에서도 밝히고 있는 것처럼, 그는 "형식에 대한 순수한 즐거움 reine freude am formen"이란 측면에서 보들레르를 그대로 좇고 있음을 알 수 있다.

실제로 보들레르는 '형식을 통한 구제'라는 말을 자주 사용했다. 다시 말해 그는 "운율 법칙이란 의도적으로 고안된 전제적 폭정이 아니라는 사실은 너무도 명백하다. 그것은 정신이라는 유기체로부터 요구되는 규칙이며, 그 실현 과정에서 독창성이 저해되는 일은 결코 없다. 오히려 독창성이 무르익도록 끊임

없이 도와주었다는 정반대의 사실이 훨씬 타당하다"(프리트리히, 69에서 재인용)고 말한다. 이로써 보들레르는 시에서의 운율 논쟁 Reimpolemik이란 해묵은 과제를 단숨에 뛰어넘는 것처럼 보인다. 이처럼 운율이 시인의 상상력이나 시적 흐름에 제약을 가하는 족쇄가 아니라 오히려 그것을 완성시키는 역할을 한다는 보들레르의 견해에 게오르게도 전적으로 동조하는 듯이 보인다. 그 역시 보들레르와 마찬가지로 "가장 엄격한 잣대가 동시에 최고의 자유 Strengstes maass ist zugleich höchste freiheit"[17]라고 다른 곳에서도 고백한다.

그러나 게오르게는 원본의 문장 구문이나 어휘, 문장 부호까지 그대로 따르는 이른바 축어적 번역 방식을 추구하지는 않는다. 그는 보들레르 원전의 많은 쉼표를 생략하고 그 대신 자신의 고유한 중간점으로 대치하며 형태상의 변형을 보여준다. 또한 그가 거듭 강조하는 것은 단어 하나하나를 어떻게 옮기느냐 하는 것이 아니라 그것이 가지는 톤이다. 그런 까닭에서인지 원문의 어떤 단어들은 번역문에서는 보이지 않거나(1연: des mers), 다른 단어로 대체되어 있다(4연: die schlimmen klippen). 이때 die schlimmen klippen의 경우는 i-i-i라는 반복적인 음향을 위한 것이라고 판단할 수 있다. 또한 접속사의 생략(14연: und) 등을 통해 구문적 연결 관계는 종종 무시된다.

그러나 이 번역시는 보들레르의 그것과는 달리 내면 깊은 곳

---

17) Blätter für die Kunst. Zweite Folge, 4. Band. Oktober 1894, S. 122.

에서 나온 진지한 고백을 전달하기보다는 원작 시인의 영혼이 반사되는 거울로 작용한다. 다시 말해 심층으로 파고드는 원작의 느낌과는 달리 어휘들은 표층에서 움직이고 있는 듯한 인상을 주고, 톤에서도 비장함이나 심각함보다는 일종의 순진성과 명랑함을 느끼게 한다. 이것은 어떤 의미에서는 원저자와 번역가 사이의 반드시 일치하지 않는 심리적 거리이기도 하며, 두 언어 체계 사이에서 미끄러지는 의미의 차이에서 파생되는 것이기도 하다. 다른 시를 한 편 더 비교해 보자.

Correspondances

La Nature est un temple où de vivants piliers
Laissent parfois sortir de sonfuses paroles;
L'homme y passe à travers des forets de symboles
Qui l'observent avec des regards familiers.

Comme de longs échos qui de loin se confondent
Dans une ténébreuse et profonde unité,
Vaste comme la nuit et comme la clarté,
Les parfums, les couleurs et les sons se répondent.

Il est des parfums frais comme des chaire d'enfants
Doux comme les hautbois, verts comme les prairies,

- Et d'autres, corrompus, riches et triomphants,

Ayant l'expansion des choses infines,

Comme l'ambre, le musc, le benjoin et l'encens,

Qui chantent les transports de l'esprit et des sens.[18]

Einklänge

Aus der Natur belebten tempelbaun

Oft unverständlich wirre worte weichen. (w음의 반복)

Dort geht der mensch durch einen wald von zeichen

Die mit vertrauten blicken ihn beschaun.

Wie lange echo fern zusammenrauschen

In tiefer finsterer geselligkeit.

Weit wie die nacht und wie die helligkeit

Parfüme farben töne rede tauschen. (und 생략, rede 첨가)

---

18) 다음은 프랑스 시 전공자인 황현산 교수가 우리말로 옮긴 것이다.
교응
자연은 살아 있는 기둥들이 /때때로 모호한 말들을 새어 보내는 사원. / 사람들은 친근한 눈길로 자기를 지켜보는 / 상징의 숲을 가로질러 그곳으로 들어간다.
어둠처럼 빛처럼 드넓으며 / 컴컴하고도 심원한 통일 속에서/ 긴 메아리 멀리서 섞이어 들듯 / 향과 색과 소리가 서로 화답하네.
어린 아이들의 살처럼 싱그럽고 / 오보에처럼 달콤하고, 초원처럼 푸르른 향내들, / 또 그밖에도 썩고 풍만하고 의기양양한 것들.
정신과 향기의 교통을 노래하는 / 용연향, 사향, 안식향, 훈향처럼 / 끝없는 사물들의 확산을 가진다.

Parfüme gibt es frisch wie kinderwangen
Süss wie hoboen grün wie eine alm - (문장부호의 생략)
Und andre die verderbt und siegreich prangen

Mit einem hauch von unbegrenzten dingen. (시적 언어로 대체)
Wie ambra moschus und geweihter qualm (단어의 생략)
Die die verzückung unsrer seelen singen. (의미의 삭제)

위의 번역시에서도 운과 리듬을 맞추는 것을 넘어서서 게오르게의 자작시들이 보여주는 고유한 형식미, 예를 들면 표지, 특정 활자체나 독일어 명사의 첫 글자를 소문자로 고집하기, 독자적인 문장부호, 인쇄 형태 등에 대한 각별한 애착을 이미 보여준다. 외적인 형식미에 대한 게오르게의 가치부여는 번역시에서나 그 자신의 고유한 창작시에 동일하게 발견되는 부분들이다. 그러나 궁극적으로 게오르게의 시가 보여주는 외적인 형식미가 보들레르의 시가 가지는 내재적 형식미와 반드시 일치하는 것처럼 보이지는 않는다.

이렇게 본다면 게오르게 번역의 핵심은 역시 시의 아름다움 자체에 대한 가치 집중이다. 그 중 하나는 어휘의 감각적인, 특히 청각적인 효과를 위해 의미 Sinn를 포기할 수 있음을 말한다. 게오르게에게는 원작의 미메시스가 아니라 원작에 내재된 (음악적, 시각적) 효과를 살리는 것이 중요한 것이다.

게오르게의 시에서 언어란 현실과 관련된 기호체계라기보다는 그것과는 무관한 언어-재료 Wort-Material로 작용한다는 주된 원리는 번역에서도 적용된다. 예컨대 게오르게에게 'Blume'란 단어는 꽃이란 사물과 직접적인 관련이 없다. 그의 언어재료는 음악에서처럼 "의미로부터 자유로운 소리 semantikfreie Töne"[19]로서의 기능을 가질 뿐이다.

3. 게오르게의 시어와 번역어

게오르게는 보들레르를 번역하는 것과 거의 같은 시기인 1892년에 칼 아우구스트 클라인 Carl August Klein과 함께 「예술을 위한 잡지 Blätter für die Kunst」를 출판했다. 이 잡지는 전적으로 보들레르, 베를렌, 말라르메 Mallarmé의 '예술을 위한 예술 l'art pour l'art' 정신에 의거한 것이라 부를 수 있다. 여기서 게오르게는 자신의 입장을 다음과 같이 밝힌다.

> 성스럽지 못한 무리들이 한 번도 사용하지 않을 언어로, 혹은 오로지 선택받은 자만이 그 고상한 의미를 인식하는 그런 언어로 자신을 표현하고 싶은 욕망이 모든 진정한 예술가를 한 번쯤은 사로잡는다.[20]

---

19) David: ebenda.
20) Carl August Klein (Hrsg.): Blätter für die Kunst. Abgelichteter Neudruck, 1967, erste Folge, S. 51.

게오르게가 추구하는 "성스럽지 못한 무리들이 한 번도 사용하지 않을 언어", "대가를 이류 예술가와 구별하게 하는" 언어, 즉, 누구나가 일상적인 목적을 위해 사용하는 언어가 아닌 '구별된' 언어는 다름 아닌 '시적 언어', 혹은 벤야민이 말하는 '순수 언어'와 유사할 것이다. 그렇다면 이 같은 시적 언어를 찾아낼 가능성은 어디에 있을까?

일반적으로 의미전달이란 목적에서 벗어난 언어, 오로지 아름다움을 위해서만 존재하는 언어를 찾을 가능성은 모국어에서보다 외국어에서 더 클 수도 있다. 누구에게나 노출되어 있는 모국어 대신 반쯤은 가려진 상태에 있는 외국어, 그것의 기호(지시어)와 지시체 사이에 놓인 일종의 거리감, 어느 의미에서는 이것들이야말로 외국어가 주는 일종의 매혹이며, 외국시를 읽게 하는 매력일 것이다. 따라서 '구별된' 언어를 찾는 시도로서의 번역 행위는 창작 행위와 마찬가지로 선택받은 사람만이 누릴 수 있는 특권이다.

게오르게의 꾸며지고 인공적인 시 쓰기는 규범적이고, 문법적인 언어를 변화시키고, '때 묻지 않은 단어'를 찾기 위해 점점 더 많은 신조어 Neologismus를 만들어낸다. 이처럼 새로운 것, 인공적인 요소들은 게오르게에게 특별한 의미를 지니는데, 이것의 언어적 구현 또한 모국어에서보다 외국어에서, 말하자면 번역에서 훨씬 더 용이하다. 게오르게가 추구하는 바, 즉 예술적 형상 gestalt 만들기 위해 단어를 일상적인 의사소통적 맥락에서 떼어내는 것, 이를 통해 언어에서 현실성이 제거되고, 오로지 언어예술만이 남게 되는 것이야말로 외국시의 번역이 제공해줄 수 있는 가장 큰 가능성 중의 하나가 아닌가. 이렇게 본다면 '목적으로부터 자유로운 시학'이란 그의 문학의 핵심 개념이나 일상적인 것과의 관련성을 제거한 절대적인 문체화의 의지는 번역 작업에서 이미 충분히 시도되었다고 하겠다.

이 시기에 『찬가 Hymnen』, 『순례여행 Pilgerfahrten』, 『알가발 Algabal』, 『목자의 책들과 찬양가 Die Bücher der Hirten und Preisgedichte』, 『영혼의 해 Das Jahr der Seele』, 그리고 『삶의 양탄자 Der Teppich des Lebens』와 같은 그의 시집도 출판되었다. 『찬가』를 비롯한 게오르게의 초기 시들은 프랑스 상징주의 시들의 영향을 강하게 보여준다. 이별, 거리감, 떠남, 짧은 만남 등을 주제로 하는 이 시집들은 이른바 '단절 Abgeschiedenheit'의 문학으로, 현실은 작가의 피난처인 환상세계로 대체된다.

예컨대 『찬가』의 기법은 목적으로부터 자유롭고 현실의 때가 묻지 않음을 자랑하고, 거기서 무의미하게 강조된 단어들은 전체적인 맥락과는 짐짓 어울리지 않는 것처럼 보인다. 그 대신 예술은 삶에서 등을 돌리고 오로지 새로운 문학을 위해 순수하고 성스럽게 되고자 하는데, 이는 새로운 형태의 시를 창출하기 위함이다.

실제로 이 같은 게오르게의 초기 시의 특징들은 그의 번역시에도 그대로 적용될 뿐 아니라 바로 그것의 특징이기도 하다. 혹은 역으로 게오르게 시의 이 같은 특징들이야말로 번역시에서 유래되는 것이라고 말할 수 있다. 그렇게 본다면 그의 번역 작업은 자신만의 문체를 찾고자 하는 시도이고, 언어적으로나 사상적으로 다음 단계로 넘어가기 위한 훈련 과정으로 작동한다. 절대적으로 아름다운 언어예술 혹은 예술언어를 만들려는 소망을 그는 번역을 통해 훈련하고 있는 셈이다.

그는 표현의 장황함을 극단적인 간결함으로 대신하고, 파토스를 억제된 기교로 대신한다. 『찬가 Hymne』와 같은 초기 시에서도 특별한 문장정서법, 구두점 생략, 단순화시킨 문법 등을 특징으로 한다. 단어 축약하기, 압축된 글쓰기, 문장 부호를 대신하는 중간점은 독서의 흐름을 방해하지만, 그것은 그의 시를 읽기 위해서는 더 큰 집중력을 요구한다는 것을 의미한다. 이는 자신의 문학은 가벼운 문학이 되어서는 안 되고 새로운 위대함을 부여하기 위해서는 까다롭고 접근하기 어려워야 한다는 게오르게의 신념에서 기인한다.

이렇게 해서 『찬가』나 『영혼의 해 Das Jahr der Seele』처럼 게오르게의 '예술을 위한 예술'을 추구하던 시절에 쓰인 많은 시들은 마치 번역시를 읽는 것과 같은 느낌을 준다. 극단적인 문체화를 위한 그의 시도는 영혼의 내면을 숨김없이 드러내기보다는 음과 리듬의 조합을 구사하고, 인위적이고 인공적인 요소들은 독자들의 직접적인 접근을 거부한 채 마치 이국적이고 이질적인 외국시를 접하는 듯한 느낌을 만들어내는 것이다. 그것은 현실과 거리를 두기 위해 부단히 노력하는 고독한 시인의 시적 기교의 결과이다.

3 QUESTION 맺는 말

게오르게는 자신의 시작(詩作) 초반에 셰익스피어, 단테, 보들레르를 번역했다. 단테의 번역에서는 시적인 효과를 되살리고자 했고, 셰익스피어 번역에서는 시의 형식, 특히 소네트 형식을 철저히 훈련했다. 실제 번역에 있어 그는 구문법을 무시하거나 구두점의 생략 혹은 변형, 나아가서는 원전의 어휘를 다른 의미를 가진 어휘로 대처하는 등, 외형적으로는 대단히 엄격하면서도 세부적으로는 사뭇 자의적인 경향을 보이기도 한다. 그는 이런 자신을 원전을 재현하는 의미에서 단순한 번역가로 이해하지 않고, '개작시인 umdichter' 혹은 '번역 작가 verfasser der übertragung'란 말로 표현했다.

게오르게는 10년에 걸친 보들레르의 『악의 꽃』 번역을 통해 자신의 시 작법을 개척했다고 해도 과언이 아니다. 소리의 조합과 기호의 조합에서 생겨나는 새로운 형태의 이미지야말로 그가 보들레르를 번역하면서 습득한 가장 큰 소득이라 할 수 있다. 게오르게는 자신의 시 작업에서는 보들레르 시의 음악성에서처럼 "규칙과 음으로 깊은 감동을 주는 것"을 추구한다.

이처럼 번역은 게오르게의 창작 과정에 지대한 영향을 미쳤다. 그렇다 하더라도 게오르게는 주제적이거나 사상적인 측면에서 보들레르를 그대로 따르지는 않는다. 사회에서 차지하는 시인의 위상이나 역할도 두 시인에게서 사뭇 다르게 상정된다. 보들레르는 시인을 세인으로부터 이해받지 못한, '저주받은 존재, 사회의 가장자리에 서 있는 사람 Poète maudit, verfemter Dichter'으로 이해한다면, 게오르게에서는 오히려 스스로를 사회로부터 분리시키는 존재 혹은 선택된 존재, 즉 '마이스터 Meister' 혹은 '사제 Priester'라는 의식이 더 강하게 나타난다.

또한 게오르게가 추구하는 극단적인 상징은 보들레르에게서처럼 절망적인 상황을 그리는 것이 아니라 훨씬 더 종교적이고 신비적이며 유미적인 경향을 띤다. 보들레르의 『악의 꽃』에서 섹스와 죽음, 성스러우면서도 불경한 사랑, 알코올, 우울, 도시의 붕괴, 사라진 순수성과 삶의 억압성 등의 주제가 주로 다루어지고, 노스텔지아를 일깨우는 후각과 향기의 이미지가 두드러지게 드러난다면, 게오르게에서는 이별과 거리감과 떠남, 짧은 만남 등이 훨씬 시각적이고 색채적으로 그려진다. 그러나 두 시인 모두에게서 현실은 상상의 세계를 통해 대체되고, 상상의 세계는 시인에게 피난처를 제공한다. 예술이란 지극히 인위적인 세계는 오로지 고독을 통해서만 도달할 수 있다는 원칙은 아마도 두 시인 모두에게 통용될 것이다.

습작기의 작가들이 많은 선배 작가들을 모방하는 것은 어느 의미에서는 당연하다. 그러나 그 선배작가가 외국시인의 경우 단순히 국내 작가를 모방하고 습작하는 것과는 사뭇 다른 의미를 지닌다. 아무리 훌륭한 번역가라 하더라도 완전히 일치시킬 수 없는 외국어와 모국어 사이의 틈새, 그 틈새에서 파생되는 의미나 뉘앙스의 미세한 차이, 바로 이 미세한 차이로 인해 새로운 이미지가 창출된다. 또한 이국적인 언어가 주는 음향적인 낯섦과 신선함, 그로 인한 음악적 효과와 운율은 시인의 상상력을 끊임없이 자극하고, 이를 모국어로 표현하려는 노력은 새로운 시어를 만들어 내게 한다. 신조어의 탄생이나 어순의 일탈, 구문론의 파괴 등은 모국어로 쓰인 기존의 시와는 다른 시적 효과를 만들어 내고, 번역가가 의도했든 의도하지 않았든 간에 이 같은 결과는 번역이 모국어 표현법의 확장에 기여하는 것으로 나타난다.

의미론적 측면에서 상당한 손실을 감수하면서까지 극단적인 형식미와 음악성을 추구한 게오르게는 다양한 언어의 시인들을 번역함으로써 독일어의 낡은 장벽을 무너뜨리고, 독일어의 경계를 확장시켰을 뿐 아니라 독일시의 역사에 새로운 흐름을 만들어 내는 데 일조했다. 그런 게오르게는 어떤 다른 시인보다도 외국시의 번역에서 더 많은 영향을 받았다고 해도 과언이 아니다.

Chapter 9
게오르게의 『악의 꽃』과 벤야민의 『악의 꽃』

Chapter 9 게오르게의 『악의 꽃』과 벤야민의 『악의 꽃』

샤를 보들레르 Charles Baudelaire(1821-1867)가 현대시에 끼친 영향은 엄청나다. 그는 말라르메, 베를렌, 랭보와 같은 프랑스 상징주의 시인들 뿐 아니라 게오르게, 릴케, 트라클, 벤 등 독일 현대 시인들에게도 직·간접적인 영향을 주었다. 그중에서도 슈테판 게오르게는 『악의 꽃 Les Fleurs du Mal』을 번역함으로써 독일에서의 보들레르 수용에서 선두적인 역할을 했다. 1891년부터 1900년까지 10년에 걸쳐 이 시집에 실린 151편 가운데 117편을 번역한 게오르게는 보들레르를 위한 "독일의 기념비" (George 2004, Vorwort)를 세우고자 했다.

보들레르가 발터 벤야민(1892-1940)의 사유체계에 중요한 축을 이루고 있다는 것 또한 주지의 사실이다. 벤야민의 미완성 유고집 『파사젠 베르크 Passagen-Werk』에서 가장 많은 분량을 차지하는 것이 샤를 보들레르에 관한 글로, 「보들레르의 작품에 나타난 제2제정기의 파리 Das Paris des Second Empire bei Baudelaire, 1938」와 「보들레르의 몇 가지 모티프에 관하여 Über einige Motive bei Baudelaire, 1940」, 「중앙공원 Zentralpark」과 같은 텍스트를 추려낼 정도로 보들레르 연구에 심혈을 기울였다.[1] 그런 벤야민이 게오르게가 번역·출판한 『악의 꽃 Die Blumen des Bösen』을 몰랐을 리 없다. 그렇다면 벤야민이 『악의 꽃』의 2부 「파리 풍경 Tableaux parisiens」과 그 외 다른 시 몇 편(24편)을 스스로 다시 번역하려 한 데는 어떤 이유가 있었을까? 그는 게오르게와는 어떤 다른 방식으로 번역했을까?

이 장은 『악의 꽃』에 대한 슈테판 게오르게의 번역(1901년 출판)과 발터 벤야민의 번역(1921년)을 비교해 보는 데 목적을 둔다. 이십 년의 간격을 두고 나온 이 두 번역이 어떤 차이를 보이고 있는지를 밝히는 것이 이 글의 주된 목적이지만, 이를 위해서는 두 번역가가 이 시집의 배경이 되는 파리와 원저자 보들레르를 어떻게 이해하고 있는지에 대한 논의가 선행되어야 할 것이다. 특히 벤야민의 「파리 풍경」 번역본의 서문에 해당하는 짧은 글 「번역가의 과제 Die Aufgabe des Übersetzers」는 번역이론 분야에서 빼놓을 수 없는 텍스트로 다루어지는 만큼, 두 사

1) 아도르노는 벤야민의 「보들레르의 작품에 나타난 제2제정기의 파리」가 이론적 토대가 부족할 뿐 아니라 물질적 상황과 보들레르의 시라는 그 시대의 역사적 사건을 단순히 등치시키고 있다고 주장하면서 「사회연구지 Zeitschrift für Sozialforschung」에 싣는데 회의적인 입장을 표했다. 아도르노는 벤야민의 이 같은 결정론적 시각이 변증법적이지 못하다고 보았다. 벤야민은 이 초고를 몇 달 후에 「보들레르의 몇 가지 모티프에 관하여」로 수정했고, 이것은 비로소 아도르노의 우호적인 반응을 얻어 1940년도에 출판되었다. 그램 질로크, 발터 벤야민과 메트로폴리스, 노명우 옮김, 효형출판 2005, 203쪽 참고.

람이 번역에 대해 가지고 있던 근본적인 사유에 대해서도 논의하고자 한다.

1 QUESTION 보들레르, 게오르게, 벤야민의 파리

1. 보들레르의 파리

『살롱 Salon』에 미술비평을 비롯한 많은 예술비평문을 발표해온 보들레르는[2] 『1859년의 미술전 평 Salon de 1859』에서 "대도시의 수많은 사람들과 기념물들이 조성하는 위대한 아름다움과 삶의 고뇌로 늙고 나이 먹은 수도 파리의 깊고도 복잡한

---

2) Baudelaire, Critiques Littéraires, Korea University Press, 1979, 강성욱 주석 참고. 보들레르는 1845년부터 살롱비평에 관여하여 고전적 이상미를 신봉하는 신고전주의 미학에 대항해 개성미를 주장하는 새로운 미학을 전개했다. 그 중에서 특히 1859년의 살롱 평, 1855년의 파리 만국박람회의 전람회 평, 들라크루아의 음에 즈음하여「들라크루아의 생애와 작품 L'Oeuvre et la vie de Delacroix, 1863」, 기 Constantin Guys를 찬양한「근대적 삶의 화가 Le Peintre de la vie Moderne, 1863」등이 중요하고, 이러한 그의 미술평은 후에『심미적 섭렵 Curiosités Esthétique, 1868』에 정리되었다. 마네, 쿠르베와도 교우가 있었고 그 자신도 데생을 여러 편 남겼던 보들레르의 비평 작품은 시작품을 위한 준비 작업이나 여가 활동으로 쓰여진 것이 아니라 그가 처해 있던 역사적 상황 속에서 적극적인 논쟁자로서 행한 예술 비평, 정치 비평의 결실이었다.

매력"(이진성, 193)에 대해 언급한다. 파리에서 태어나 세상을 떠날 때까지 그곳을 떠난 적이 거의 없었던 보들레르는 이 도시를 속속들이 알고 있었다.[3] 그는 산업화가 한창 진행되어가던 19세기 중엽, 도로와 철도 노선의 확충, 박람회 개최, 백화점과 은행, 정거장, 공원 등 여러 도시 구조물의 신축과 개축 등으로 급속히 현대적 메트로폴리스로 변해가는 대도시에서[4] 삶의 양식이 근본적으로 변하고 있다는 것을 철저히 인식했다. 그것이 도시의 외관뿐 아니라 사회구조와 계층을 어떻게 변화시키는지, 인간의 내면을 어떻게 분열시키고, 감수성과 (미적) 지각방식, 또한 삶과 예술의 이상을 어떻게 바꾸어 놓는지를 꿰뚫어 보았던 것이다. 이때 그는 대도시가 보여주는 현대성을 일시적이고 덧없고 우연한 것으로 정의하고, 이 덧없고 우연한 것이 영원하고 불변하는 것과 더불어 예술의 본질을 이룬다고 보았다.

당시를 지배하던 진보사관과 실용주의에 맞서 '댄디즘 dandyism'을 몸소 실현하기도 했던 그에게 대도시 파리는 환멸과 권대 Ennui, 우울 Speelen과 무기력의 원인이기도 했지만,

3) 그는 1841년부터 1842년까지 일 년을 채우지 못한 남태평양 모리스 섬으로의 여행, 리옹 왕립중학교 기숙생으로서의 체류, 몇몇 지방도시에서의 얼마간의 체류, 그리고 1864년부터 1866년까지 벨기에 브뤼셀에서 머물렀던 것을 제외하고는 거의 파리를 떠나지 않았다.

4) 나폴레옹 III세는 오스망 Georges-Eugène Haussmann으로 하여금 파리의 모습을 전면적으로 개조하게 했다. 오스망의 다각적인 도시계획은 나폴레옹 III세가 1870/71년 보불전쟁에서 패해 폐위되고 제3공화국이 수립될 때까지 계속되었다.

동시에 사치와 유행, 소비 욕구와 같은 강력한 흡인력을 가진 거대한 시적 텍스트였다. 보들레르는 화려하고 거대한 현대적 대도시로의 변모와 더불어 그 이면에서 몰락해 가는 인간 군상을 보았고, 이처럼 모순적이고 이율배반적인 도시의 모습을 시의 형식 속에 담아내는 것을 자신의 문학적 과제로 삼았다.

『악의 꽃』의 전체 6부 중 2부이자 특히 소외된 계층을 그리는 「파리 풍경」(총 16편)은 사후에 출간된 산문시 『파리의 우울 Le Spleen de Paris』(1869)의 모티프들을 선취한 것으로,[5] 이상주의에서 벗어나 꿈으로 가득한 동시에 추하고 병든 파리 풍경을 주제화한다. 이 때문에 「파리 풍경」에는 산책객들, 쪼그라든 노파들, 장님, 거지, 유령 같은 노인들, 창녀, 노름꾼들, 하녀 등이 차례로 등장한다. 보들레르에게 대도시는 이전 세대의 낭만(주의)적, 전원적 자연의 이상이 더 이상 작용하지 않는 곳이다. 그런 대도시가 미적 대상이 될 수 있다면 그것은 조화롭고 초월적인 아름다움 때문이 아니라 인공적이고 모순적이며, 찰나적이고 추하고 병들어 있기 때문이다.

---

5) 「파리 풍경」은 1857년 초판에는 없었고, 1861년 제2판에서 처음으로 나온다. 보들레르는 『악의 꽃』의 한 단원을 대도시의 테마를 위해 따로 배정하고, 초판의 「우울과 이상」 편에 있던 8편의 시와 새로운 시들을 모아 「파리 풍경」이라 이름 붙였다. 보들레르, 악의 꽃, 윤영애 옮김, 문학과지성사 2003, 209쪽 참고.

2. 게오르게의 파리

라인 강변의 작은 마을 뷔데스하임 Büdesheim에서 태어난 슈테판 게오르게는 빙엔 Bingen과 다름슈타트 Darmstadt에서 아비투어를 마친 후 런던, 파리, 빈과 같은 유럽의 여러 메트로폴리스로 일종의 연수여행 Bildungsreise을 떠난다. 그는 여전히 전원적 형태가 남아있던 독일의 중소도시를 벗어나 런던에 체류하면서 처음으로 '세계시민적'인 삶의 방식을 체험한다. 외국어를 습득하고 열린 세계를 경험했던 런던 시기에 이어 1888/1889년에 게오르게는 자신의 프랑스어 교사였던 렌츠 박사 Dr. Lenz를 따라 파리에 머물렀다. 정해진 주거지가 없이 이곳저곳을 떠돌며 살아간 게오르게의 삶의 방식은 이 시기에 이미 시작되었다고 하겠다. 그 후에도 몇 차례 파리에 오게 되지만 대부분 잠시 동안이어서 파리나 프랑스 인들과 밀접한 교류는 이루어지지 않았다.

그는 파리 체류 기간 동안 알베르 생 폴 Albert Saint-Paul의 소개로 로마 가 Rue de Rome에 있는 매주 화요일 저녁마다 말라르메의 집에서 열리는 시인과 예술가들의 모임에 참여했다. 그가 여기서 '예술을 위한 예술 l'art pour l'art'이란 개념을 접하고 이를 이후 자신의 예술 강령으로 삼았다는 사실은 잘 알려져 있다. 그런 게오르게에게 파리는 대도시 자체에 대한 직접적인 체험의 기회를 제공해주기보다는 그곳에서 교류한 시인과 예술가들의 폐쇄적이고 배타적인 집단, 인위적이고 비의적인 공간 체험으로 각인되었다. 이 체험은 갓 스무 살 난 문학청년에게 스스로를 시인으로 자각하는 계기를 마련해 주었지만, 그의 시세계에서 현실적 공간으로서의 파리는 사실상 큰 의미를 지니지 않는다. 1889년은 프랑스 혁명 100주년을 기념하는 해였고, 또 다음 해인 1890년의 (에펠탑을 선보인) 세계박람회를 위해 도시 전체가 이미 엄청난 변화와 흥분에 빠져있었던 시기였음에도 말이다.

현대 사회의 속성을 부정하고 예술의 세계에 머물고자 했던 그에게 대도시의 현실적 측면은 의도적으로 무시되었다. 따라서 그의 번역시에서나 창작시에서 도시는 구체적 공간으로 나타나기 보다는 이상화되고 관조적 대상으로 나타난다. 그의 현실 공간은 종종 상징의 공간, 혹은 공간 상징으로 변용되는데, 이 상징으로서의 공간은 현실에 직면하면 낯설고 부수어지기 쉬운 것이었다. 그것은 유겐트양식의 공간 표상처럼 몽상적이거나 양식화되어 있고, 특히 일차 세계대전이 발발했던 1914년 '세계의 밤 Weltnacht'[6] 이후에는 절망적이고 배타적인 색채를 띠게 된다.

지하 세계나 인공 동굴, 정원 등 초기 시에 나타나는 인위적 공간은 실제로는 그가 부정하고 싶어했던 현실에 대한 의식적인 재구성이며, 반세계 Gegenwelt이다. 그러나 상징 언어 혹은 형식 언어로 표현된 그의 시적 공간은 위기의식과 절망감이 만

---

6) Benjamin, Rückblick auf Stefan George, in: Walter Benjamin, Gesammelte Schriften, Frankfurt a. M.: Suhrkamp 1972, (이하 GS로 표기) Bd. 9, 393.

연했던 세기말의 시대적 분위기를 바꿀 만한 정신적 운동을 전개하지 못한 채 출구 없고 비극적인 긴장으로 위축되었다.

3. 벤야민의 파리

벤야민의 대도시 체험은 게오르게의 경우와는 본질적으로 다르다. 게오르게가 새로운 세계를 경험하는 학생의 모습으로 파리를 방문했다면, 『일방통행로 Einbahnstraße』, 『1900년대 베를린의 유년시절 Berliner Kindheit um Neunzehnjahrhundert』, 『베를린 연대기 Berliner Chronik』를 썼던 베를린의 부르주아 출신인 벤야민에게 대도시는 친숙하고 매력적인 공간이었다. 그는 파리뿐 아니라 모스크바, 나폴리, 바이마르, 마르세유 등의 도시를 자주 방문했다. 그는 일차세계대전이 발발하기 전 해인 1913년 파리를 처음 방문한 후, 1927년부터 1933년 사이에는 매년 몇 달씩 파리에서 보냈다. 1933년 나치스의 집권으로 베를린에 거주하는 것이 불가능해지자 그가 택한 곳도 역시 파리였다. 1940년 독일이 프랑스를 침공했을 때조차 벤야민은 파리를 떠나기를 주저했고, 떠나야 할 순간이 지날 때까지 그곳에 머물렀다. 그는 무엇 때문에 그토록 파리에 연연했을까?

벤야민은 무엇보다 제2제정기(1852-1870), 즉 나폴레옹 III세 치하의 파리의 모습에서 현대성의 특징을 읽어내려는 계획을 가지고 있었다. 지극히 복합적인 도시의 모습, 이른바 현대 사회가 보여주는 다양성과 모순성을 파리라는 대도시와 보들레르의 시에서 병치시켜 보려 했던 것이다. 벤야민에게 파리는 보들레르에게서처럼 군중이 우글거리고 꿈으로 가득 찬 도시였다. 대도시의 표상들은 곧 유토피아적 '소망의 이미지 Wunschbild'인 동시에 충족되지 않은 욕구와 갈망의 재현이었다. 이처럼 제2제정기의 역사를 기존의 역사주의와는 다른, 자신의 고유한 방식으로 기술하려는 벤야민에게 이 대도시는 기억과 과거의 창고이며, 문화적 전통과 가치의 저장소였다. 따라서 그에게 파리는 결코 완성되지 않은 채 끝없이 늘어가는 텍스트와 다르지 않다.

2 QUESTION 슈테판 게오르게와 발터 벤야민의 『악의 꽃』 번역

1. 번역 의도

게오르게는 1891년부터 1900년 사이 『악의 꽃』 번역을 해마다 몇 편씩 추가했고,[7] 총 117편을 실은 최종판에서 「축복

7) 게오르게가 번역한 『Die Blumen des Bösen』이 완성되기까지의 과정에 대해서는 Stefan George: Sämtliche Werke in 18 Bänden, Stuttgart: Klett-Cotta 2004, (이하

Segen」을 가장 앞에 배치하여 이 시집 전체의 서문으로 삼았다. 이 같은 배열은 흔히 「독자에게 Au Lecteur」를 가장 앞에 두는 오늘날의 배열 방식과는 다른 것이다. 오늘날에는 상당히 일상적이 되었지만, 이 시집에 담긴 심리적 비정상성이나 병리적 섹슈얼리티, 추한 것과 병든 것에 대한 과도한 욕망 등은 당시의 독자들에게는 대단히 낯설고 충격적이었다. 최종 번역판의 서문에서 밝힌 것처럼 게오르게는 보들레르 시의 이 같은 중심 이미지, 즉 "한동안 이 대가(보들레르)를 사로잡았던 충격적이고 혐오스러운 이미지"(GSW 13/14, Vorwort)에 대해서는 공감하지 못했고, 보들레르의 시가 주는 "충격효과 Schockwirkung"에 대해서도 끝까지 낯설어 했다.[8]

예컨대 그는 『악의 꽃』의 4부 「악의 꽃」(109-117편)에 나오는 "살인과 방탕, 저주받은 여인들의 채찍질과 잔인한 에로스들이 등장하여 야만과 잔인과 파괴의 사디즘"(이진성, 116)을 연출하는 것이나 삶의 광란과 불행의 심연, 흡혈귀적 광기, 인공 낙원의 가학적 에로스 등에 대해 거리를 두고자 했다.

그 대신 그는 보들레르의 시에서 동일한 비중으로 나타나는 "타오르는 정신성 die glühende geistigkeit"(GSW 13/14, Vorwort)을 부각시키려 했다. 이때 타오르는 정신성이란 보들레르의 시가 보여주는 깊이 고뇌하고 철저하게 탐구하는 정신,

---

GSW 표기) 13/14, 164ff. 참고.

8) 예컨대 게오르게는 랭보와의 동성애, 알코올 중독, 권총 사건과 2년간의 수감 등, 전형적으로 보헤미안적인 삶을 살았던 베를렌에 대해서도 이해하려 하지 않았다.

현실을 무자비할 정도로 해체해서 빈틈없이 재구성하는 시작법, 그에 따른 이 시집의 건축적 구조와 운율의 엄격성, 철저히 계산된 시적 효과를 말한 것이다.

게오르게는 흔히 프랑스 상징주의자들로부터 지대한 영향을 받은 것으로 평가되고 있지만, 정작 자신은 프랑스 상징주의 시의 대변자가 될 생각은 없다고 단언한다. 그는 자신의 시작법(詩作法)이 그들과는 "근본적으로 다르다 grundverschieden"고 주장하면서(Karlauf, 81), 오히려 새로운 시(학)의 원천을 노발리스를 비롯한 독일 낭만주의에서 찾고 있다. 실제로 1804년 고티에 Théophile Gautier가 처음으로 사용한 'l'art pour l'art'란 용어가 칸트의 '목적에서 자유로운 예술 zweckfreie Kunst'를 옮긴 것이라는 사실을 기억한다면 게오르게의 이 같은 주장은 완전히 틀린 것은 아니다. 이처럼 게오르게는 자신이 추구하는 시대의 예언자적 시인의 모범을 노발리스를 비롯한 낭만주의 작가들 뿐 아니라 횔덜린과 니체에서 더 적극적으로 찾고 있다(김재상 2010, 137 이하).

벤야민이 보들레르의 『악의 꽃』 중에서도 2부에 해당하는 「파리 풍경」을 집중적으로 번역한 것은 무슨 까닭일까? 그것은 무엇보다 여기 수록된 시편들이 훗날 보들레르의 산문시 『파리의 우울』에서도 다루게 될 대도시의 문제를 선취하고 있기 때문일 것이다. 「보들레르의 몇 가지 모티프에 관하여」에서 나타나는 것처럼 벤야민이 보는 보들레르는 퇴폐적인 서정시인, 과도한 유미주의자의 모습만은 아니다. 벤야민은 오히려 보들레르를 19세기 후반의 자본주의적 발전 과정과 연관시켜 이 시집의 혁명적 성격을 도출해 내고자 했다. 위의 논문에서 대도시의 문제들, 예컨대 대중 속에서 개인이 느끼는 충격, 기계노동을 하는 노동자들의 문제 등을 집중적으로 파고 들었던 것처럼, 벤야민은 게오르게와는 달리 보들레르 시에서 19세기의 겉으로 드러나는 발전상의 이면에 숨겨진 개별적이고 구체적인 현상들과 몰락의 징후를 읽어내고자 했던 것이다.

번역가로서의 벤야민은 『악의 꽃』 이외에도 프루스트의 『잃어버린 시간을 찾아서 À la recherche du temps perdu』의 번역에 몰두했다. 1927년 헤셀 Franz Hessel과 공동으로 옮긴 『잃어버린 시간을 찾아서』의 2부 「피어나는 젊은 아가씨들의 그늘 A l'ombre des jeunes filles en fleurs」은 다수의 비평가들로부터 열광적인 호응을 받았다. 이 같은 사실은 나치스가 득세해가는 독일에서 설 땅을 잃은 벤야민이 파리에서 살아남기 위한 수단으로 번역을 시도했다는 것 이상의 의미를 지닌다. 벤야민이 보들레르는 말할 것도 없고 프루스트에게 몰두했던 것에는 이른바 '미적 현대성'을 둘러싸고 이 작가들과의 강한 내적 친연성이 작동했을 것이다. 특히나 프루스트의 번역에 온 힘을 다했던 것은 원작가의 의도가 자신의 의도와 너무나 비슷해 내적으로 중독되는 상태에 빠졌기 때문이라고 고백하고 있다(브로더젠, 142).

2. 번역 전략

게오르게는 창작 과정의 초기 단계에 외국 작품들을 새로운 방식으로 옮겨 독일에 소개했는데, 그 중에는 단테, 셰익스피어, 보들레르 외에도 프랑스 시인들의 작품이 다수 포함된다.[9] 그가 이처럼 외국시의 독일어 번역에 큰 비중을 둔 것은 군국주의와 제국주의적 이념이 지배하던 빌헬름 제국의 시대정신에 대한 저항일 뿐 아니라 갖가지 이념으로 오염된 언어의 순수성을 회복하기 위한 시도였다. 또한 향토적 혹은 사실(주의)적인 당시의 시어와 시풍에 더 이상 동조할 수 없었던 그에게 외국시의 번역이 창작적 동기를 부여해 주고 새로운 착상과 표현의 근원이 되었다는 점은 무시할 수 없다. 앞 장에서 논의한 바대로 이른바 '시적 창작 과정'으로서의 번역인 셈이다. 이때 그는 가능한 한 직역을 고수하기보다는 원작에 적극적으로 개입하여 또 한 편의 시를 만들어내는 이른바 '동질적 개작 kongeniale Nachdichtung'의 태도를 견지한다. 다시 말해 원문을 문자적으로 재현하기보다는 같은 시인의 자격으로 비교적 자유롭게 다시 쓰는 것이다. 이것은 계몽적, 교육적 의도로 자국화했던 이전 세대의 '토착화하는 개작 einbürgernde Bearbeitung'이나 슐

9) 게오르게는 보들레르의 『악의 꽃』 이외에도 말라르메의 『목신의 오후 L'Apres-Midi d'un Faune』와 『에로디아드 Herodiade』를, 베르트랑 Aloysius Bertrand의 『밤의 가스파르 Gaspard de la Nuit』, 그리고 칸 Gustav Kahn과 라포르그 Jules Laforque의 시들을 옮겼고, 그 중 많은 것들은 「예술잡지 Blätter für die Kunst」에 발표되었다.

라이어마허가 '의역 Paraphrase'(Schleiermacher, 45)라고 부른 것과는 명백히 다른 차원일 뿐 아니라, 번역의 흔적을 드러내지 않는 이른바 '투명유리 verres transparents'로서의 번역과도 다른 것으로, 번역가가 전면에 나서 자신의 스타일을 적극적으로 드러내는 태도를 말한다.

이때 그의 번역시들은 극단적인 형식미를 지향하는 경향을 보인다. 이를테면 구문법을 무시하거나 구두점의 생략 혹은 변형, 나아가서는 원전의 어휘를 다른 의미를 가진 어휘로 대체하는 등, 형식적으로는 대단히 엄격하면서도 내용상으로는 다소간 자의적인 경향을 보인다. 그 결과 소리의 조합, 기호의 조합에서 생겨나는 새로운 형태의 시어가 게오르게가 보들레르를 비롯한 다른 번역시에서 획득한 가장 큰 소득 중의 하나라 하겠다.

근현대 독일의 번역사적 맥락에서 보자면 게오르게가 이를 통해 이룩한 업적은 이른바 '형식의 번역'이다. 이것은 "『악의 꽃』의 독일어 번역이 생겨난 것은 외국 작가를 소개하고자 하는 바람을 좇기 보다는 형식을 만드는 것에 대한 본래의 순수한 기쁨을 따르는 것"[10]이라고 한 게오르게 자신의 말에서도 드러난다. 빌란트에 의해 셰익스피어의 희곡이 산문으로 번역된 것을 비롯하여 비록 시행의 형태를 갖추었다 하더라도 운문이 가지는 음악성을 십분 살리지 못한 그동안의 운문번역과 비교해

10) GSW 13/14, Vorwort. "Diese verdeutschung der FLEURS DU MAL verdankt ihre entstehung nicht dem wunsche einen fremdländischen verfasser einzuführen sondern der ursprünglichen reinen freude am formen."

보자면 게오르게의 번역은 분명 획기적인 것이었다.

그는 보들레르 원문의 시 형식뿐 아니라 운율, 특히 각운 Endreim을 지키고 있다. 압운을 섞어 쓰는 것이나 불규칙한 운율을 피하고, 자음과 모음이 조화를 이루도록 섬세하게 배열했으며, 이로 인한 음향적 효과로 독자에게 도취감을 불러일으키려 했다. 이를 통해 그는 시형식의 엄격함과 새로운 시에 관한 기준을 마련하고자 한다. 그러나 이 과정에서 어느 정도의 의미의 손실이 일어나는 것은 불가피하다.

훗날 제기된 많은 비판에도 불구하고, 우리는 그동안 거의 불가능하게 여겨졌던 형식의 번역을 이룩한 게오르게의 업적을 부정할 수 없다. 이를 통해 그는 적어도 '운율 논쟁'을 뛰어넘었을 뿐 아니라 위대한 시인에게 압운이 자유로운 시적 표현을 방해하는 족쇄가 될 수 없음을 입증해 보였다. 보들레르도 자신이 즐겨 사용한 소네트 형식과 관련하여, 시의 외형적 요소들을 임의적인 횡포라고 생각하기보다는 정신적인 것을 구성하는 필요한 규칙으로 보고 오히려 독창성의 발현을 돕는다고 말한 바 있다(프리트리히, 69).

이미 언급한 바와 같이, 벤야민은 보들레르의 시 외에도 프루스트를 독일어로 옮기려고 시도했다. 벤야민이 이처럼 번역에 심취했던 것은 물론 그가 일생동안 이 두 작가에게 매료당했기 때문이지만, 동시에 번역 행위 자체가 그의 (언어)철학적 사유에 실질적인 도움을 주었다는 것을 의미한다. 다시 말해 번역은 그의 언어철학을 직접 실험해 볼 수 있는 고유한 영역으로, 이는 언어가 가진 본질적인 문제들이 번역에서 가장 적나라하게 노정한다는 말이기도 하다. 그것은 하나의 텍스트가 시공간이 다른 낯선 언어 속에 굴절되는 가운데, 그 경계면에서 언어의 근원적인 현상들이 모습을 드러내기 때문이라 하겠다.

벤야민은 「번역가의 과제」에서 게오르게와는 달리, "번역이 하나의 고유한 형식인 것처럼 번역가의 과제 역시 시인의 과제와는 확연히 구별되는 고유한 것"(Benjamin, 1972, IV, 16)으로 보았다. 또한 그가 언어의 맹아를 내포하고 있는 번역이 시와 이론 사이의 중간에 위치하고 있다고 본 것이나, 번역이 시와 이론에 못지 않는 깊은 흔적을 역사 속에 남긴다고 보는 것은 노발리스와 같은 낭만주의자들의 번역에 대한 이해를 상당 부분 수용하고 있음을 말해준다. 노발리스는 창작과 번역을 비교하면서 번역에 많은 가치를 부여하고 번역가를 '시인의 시인 Dichter des Dichters'라고 부르는데, 번역가는 자신의 이념과 시인의 이념을 동시에 말하기 때문이라고 주장한 바 있다.

그는 번역이란 궁극적으로는 (어쩌면 결코 도달할 수 없는) '순수 언어 reine Sprache'에 대한 동경에서 비롯되고, 분열되기 이전의 순수 언어를 되찾는 과정에 다름 아니며, 그 순수한 언어가 부각되기까지 언어의 성스러운 성장을 시험하는 작업이라고 말한다. 또한 훌륭한 번역은 원문 언어의 성숙과정을 지켜보는 독자적인 문학형식이며, 작품의 영원한 삶과 언어의 끝없는 재생을 가능하게 해준다는 것이다. 따라서 번역은 원작과 대체 Ersetzung의 관계가 아니라 보완 Ergänzung 관계에 있다고 보았다.

벤야민은 「번역가의 과제」에서 “루터, 포스, 횔덜린, 게오르게는 독일어의 경계를 확장했다”(Benjamin 1972 IV. 19)고 쓰고 있다. 이로써 그는 게오르게를 위대한 독일 번역가의 반열에 포함시킨다. 이처럼 벤야민은 당시 젊은 세대 작가들처럼 게오르게를 우상이자 안내자로 여겼던 것이 확실하다. 그렇다면 벤야민의 「파리 풍경」 번역은 위대한 모범인 게오르게의 업적을 그대로 추종하지 않겠다는 시도로 보인다. 그는 게오르게가 이룩한 업적이자 동시에 그것이 안고 있는 한계 지점에서 게오르게를 극복하려 했다.

3. 두 번역본의 비교

그렇다면 두 사람의 번역이 실제로 어떻게 나타나는지를 살펴보자.

다음은 「파리 풍경」에 수록된 첫 번째 시의 일부이다.

Paysage

Je veux, pour composer chastement mes églogues,
Coucher auprès du ciel, comme les astrologues,
Et, voisin des clochers, écouter en rêvant

Leurs hymnes solennels emportés par le vent.

Les deux mains au menton, du haut de ma mansarde,

Je verrai l'atelier qui chante et qui bavarde;

Les tuyaux, les clochers, ces mâts de la cité,

Et les grands ciels qui font rêver d'éternité.

[...] (GS 1, 22)[11]

다음은 슈테판 게오르게가 위의 시를 번역한 것이다.

Landschaft

Ich will um keusch meine verse zu pflegen

Wie sterngucker nah an den himmel mich legen ·

Will hören neben dem glockenturm

Die feierklänge getragen vom sturm.

Hoch in der kammer das kinn auf dem arme

Seh ich die werkstatt mit lärmenden schwarme ·

---

11) 다음은 윤영애의 우리말 번역이다.
나의 목가를 단아하게 짓기 위해
나는 점성가처럼 하늘 가까이 누워
종루 곁에서 꿈꾸며 들으련다.
바람에 실려오는 엄숙한 성가를.
두 손으로 턱을 괴고 높이 내 다락방에서
나는 바라보리라. 노래하고 수다떠는 작업장을.
굴뚝이며 종루며 저 도시의 돛대를,
그리고 영원을 꿈꾸게 하는 저 끝없는 하늘을. [...]
보들레르, 악의 꽃, 윤영애 옮김, 문학과 지성사 2003, 211쪽.

Den rauchfang den turm und die wolken weit ·

Die mahnenden bilder der ewigkeit.

[...] (GSW XIII/IV, 109)

이것을 벤야민은 다음과 같이 옮기고 있다.

Landschaft

Ich will um meinen Strophenbau zu läutern

Dicht unterm Himmel ruhn gleich Sternedeutern

Daß meine Türme ans verträumte Ohr

Mit dem Winde mir senden den Glockenchor.

Dann werd ich vom Sims meiner luftigen Kammer

Überm Werkvolk wie's schwätzet und singet beim Hammer

Auf Turm und Schlot, die Masten von Paris

Und die Himmel hinaussehn, mein Traumparadies.

[...] (GS 1, 23)

두 사람의 번역을 살펴보면 자세한 분석 이전에 첫눈에 서로의 상이함에 놀라게 된다. 이 두 사람의 번역은 마치 같은 시의 번역이 아닌 것처럼 사뭇 다르게 느껴진다. 거기에는 물론 두 번역이 이루어진 20년이란 시간적 차이도 적지 않은 역할을 했을 것이다. 그 사이에 한결같은 찬사를 받았던 게오르게의 창작시와 번역에 대해 상당한 비판이 가해지기도 했다. 또 다른 한

편으로, 이는 시인이 한 번역과 사상가이자 문화비평가가 한 번역의 차이라 부를 수도 있을 것이다. 우선 겉으로 보기에도 게오르게의 번역이 훨씬 매끄럽고 유연해 보인다. 음악성과 외형성에 초점을 맞춘 게오르게의 번역에 비한다면, 벤야민의 번역은 짐짓 투박하고 산문적인 느낌마저 준다. 예컨대 3연의 Daß-구문은 연결성이 부족하고, 5연의 Dann은 논리적 연결성을 강조하지만, 이로 인해 균형감이나 리듬감, 결과적으로는 서정성이 현저히 떨어진다.

게오르게는 감각적 인지로 (예를 들면, "feierklänge") 사고를 대신하고, 군더더기 없이 세련된 시적 문체에 특별한 비중을 준다. 이때 운율을 맞추기 위한 단어 선택에서 의미상의 불일치란 문제가 불가피하게 대두되는데, 예컨대 4행에서 3행과의 각운("glockenturm")을 맞추기 위해 "바람 vent"을 "폭풍우 sturm"로 옮긴 것을 들 수 있다. 또한 8연의 "현실의 경고하는 이미지 die <u>mahnenden</u> bilder der wirklichkeit"는 원전 "영원을 꿈꾸게 하는 끝없는 하늘"과는 상당히 거리가 있는 자의적 해석에 해당된다.

그 같은 선택으로 게오르게는 원래의 언어를 변화시키고, 때 묻지 않은 신조어를 만들어냄으로써 ("feierklänge") 극단적인 문체화의 의지를 보여준다. 이에 대해 게오르게는 "의미가 아니라 형식, 다시 말해 외적인 것이 아니라 운율과 음향으로 깊이 감동시키는 것이 시의 가치를 결정하는데(그렇지 않으면 시는 지혜나 학식과 같은 것이 될 것이다), 이를 통해 항시 원조들, 대가들은 모방자나 2급 예술가들과 자신을 구분한다."[12]라고 말한다. 그러나 그의 번역시의 인위적인 문체화는 살아있는 현실적 삶을 경직되고 추상적인 것으로 보이게 하고, 그로써 보들레르의 시에 내재된 사회적인 차원을 배제해 버린다.

이 점은 「파리 풍경」의 벤야민 번역본을 비교해 보았을 때 뚜렷이 드러난다. 「파리 풍경」에서 전체적인 중심을 이루는 모티프는 대도시이다. 평자들이 종종 "물질적 형태의 부재"[13]라고 부르는 것처럼, 보들레르의 많은 시에서는 파리가 시각적으로 직접적이고 구체적으로 드러나지 않는 것이 사실이다. 그러나 대도시의 풍경은 그의 텍스트 속에 용해되어 흐릿하지만 결코 지울 수 없는 배경으로 깔려있다. 그런 측면에서 보자면 게오르게에 비해 벤야민의 번역에서는 '파리의 노동자 Werkvolk'나 그들의 망치 소리, 굴뚝과 기둥들과 같은 대도시적 면모가 훨씬 부각된다.

이처럼 게오르게의 번역에서 보들레르 시의 전형적인 특성인 현대성, 즉 테크닉, 사회적 계층, 산업사회적 특성을 자신만의 문체를 통해 상쇄시켜 대도시가 아예 등장하지 않거나 대도

---

12) Blätter für die Kunst: Eine Auslese aus den Jahren 1892-1898. Hg. von Carl August Klein. Berlin: Georg Bondi, 1899. S. 27. "Den wert der dichtung entscheidet nicht der sinn (sonst wäre sie etwa weisheit gelahrtheit) sondern die form, d. h. durchaus nichts äusserliches sondern jenes tief erregende in mass und klang wodurch zu allen zeiten die Ursprünglichen die Meister sich von den nachfahren den künstlern zweiter ordnung unterschieden haben."

13) 보들레르, 악의 꽃, 윤영애 역, 문학과지성사 2003, 294쪽.

시적 속성이 드러나지 않는다면, 벤야민은 자신의 번역을 통해 게오르게 번역에서 배제된 바로 그 점을 되살리고자 했다. 이는 보들레르의 원전 7행의 "도시의 de la cité"에 해당하는 단어가 게오르게의 번역에서는 전혀 나타나지 않는데 비해, 벤야민은 오히려 "파리의 von Paris"라고 구체적으로 명시하고 있는 데서도 드러난다. 또한 8행의 "그리고 영원을 꿈꾸게 하는 끝없는 하늘 Et les grands ciels qui font rêver d'éternité"을 게오르게는 경고적인 이미지로 부정적으로 해석한 것과 비교한다면, 벤야민이 "꿈의 파라디스 Traumparadies"로 옮긴 것은 원전에 더 충실할 뿐 아니라, 나아가서는 대도시의 모습을 훨씬 적극적으로 해석하는 것으로 볼 수 있다.

4. 독자와의 관계

다음으로는 두 역자가 독자에 대해 가지는 태도를 알아보자. 누구를 주된 독자층으로 삼느냐는 문제는 오늘날 번역론에서 중요한 척도로 작용한다. 예컨대 전통적 수용미학뿐 아니라 기능주의 번역론이나 스코포스 이론 Skopostheorie에서도 독자의 일종이라 할 수 있는 '수용자 Rezipient' 혹은 '주문자 Anftraggeber'가 핵심적인 역할을 한다. 이와 관련하여 게오르게가 일반 독자들을 염두에 두지 않았다는 것은 처음부터 명백하다. 그가 직접 밝히고 있듯이 일반 독자들에게 외국

시인을 소개하려는 의도는 애초부터 갖고 있지 않았다. 예컨대 1891년 그는 『악의 꽃』의 40편을 옮긴 최초의 번역본을 25부 인쇄했다. 이 25부를 지인들과 후견인들에게 크리스마스 선물로 증정했다는 것은 그의 번역이 애초부터 다수의 독자들을 겨냥한 것이 아니라는 것을 알 수 있게 한다. 그것은 자작시의 경우도 마찬가지여서, 그의 『찬가 Hymnen 1890』나 『순례여행 Pilgerfahrten 1891』이나 『알가발 Algabal 1892』도 200부 이하로 자비로 출판되었다.

독자와의 관계에 있어서는 벤야민의 경우도 다르지 않다. 그는 「번역가의 과제」 첫머리에서 "어떤 예술작품이나 예술형식을 대할 때 수용자를 고려하는 것이 그것의 인식을 위해 생산적인 것으로 드러나는 법은 결코 없다. 어떤 특정 관객이나 그 관객의 대표자에 대한 모든 관계는 제 길에서 벗어나게 할 뿐 아니라 심지어 이상적인 수용자라는 개념도 모든 예술 이론적 논의에서는 해롭다."(GS I.2, 622)라고 말한다.

이처럼 독자 중심적 번역, 나아가서는 대중주의적 번역을 거부한다는 점에서 두 사람은 공통점을 지닌다. 게오르게의 경우 특정 독자만을 고려하는데, 그것은 어느 의미에서는 '이상적 독자 idealer Leser'와 소수의 실재하는 엘리트 독자를 동일시하는 것이라고도 볼 수 있다. 그러나 벤야민의 경우는 여기서 한 걸음 더 나아가 '이상적 독자'의 개념마저도 부정한다. 즉 번역은 독자를 위해 존재하는 것이 아니라 원전을 위해 존재한다는 것이다. 번역의 목적이 의미 전달이 아니라 원전 속에 숨겨진 비밀, 즉 "파악할 수 없는 것, 비밀스러운 것, 시적인 것 das Unfaßbare, Geheimnisvolle, Dichterische"(GS 1, 9)을 밝혀내는 과정이 되어야 한다는 점에서 벤야민의 번역은 원전중심주의를 지향할 뿐 아니라 번역을 일종의 비평 혹은 해석의 과정으로 보는 해석학적 전통에 다시 연결된다.

3 맺는 말

QUESTION

벤야민이 사망한 후에 나온 많은 비평들은 벤야민의 작업이 형식적인 측면에서 게오르게의 작업에 견줄만한 것이 못 된다고 지적한다(브로더젠, 134). 그런 것처럼 게오르게는 『악의 꽃』을 같은 시인의 자격으로 새로운 보들레르, 즉 게오르게식 보들레르를 만들어 내었다면, 벤야민의 번역은 두박한 직역에 가깝다. 이에 대해 브로더젠 Momme Brodersen은 어떤 번역이 더 성공적인가에 대한 판단은 단순히 취향의 문제가 아니라고 언급한다(브로더젠 137). 다시 말해 취향의 문제가 아니라 텍스트를 이해하는 방식과 관련된다는 것이다.

그러나 두 사람 모두에게는 번역을 통해 낡은 언어의 장벽을 무너뜨리는 것이 무엇보다 중요했다. 이때의 낡은 언어란 단순히 의미전달을 위해 사용되는 언어로, 누구나가 사용하는 낡은 동전과 같이 진부해진 언어를 의미한다. 처음에는 신선하고 새로운 인식을 담은 은유 Metapher가 시간이 흐르면서 그 기능을 상실하고 죽은 은유가 되는 것처럼, 번역이 오로지 의미전달을 위해 봉사하게 될 때, 그것은 더 이상 모국어의 표현 영역을 확장하지도, 새로운 사유를 창출할 수도 없다. 여기서 게오르게는 때 묻지 않은 순수한 번역어를 통해 과거의 조화로운 이상적 미의 재현이란 자신의 시학을 지향한다면, 벤야민의 번역이 추구하는 '순수 언어'는 궁극적으로 신학적 사유, 곧 메시아주의라는 역사 비평적 차원으로 나아간다.

두 사람은 실제 번역에서 상당히 다른 모습을 보여주고, 그것은 『악의 꽃』 번역에서 두드러졌다. 이것을 번역사적 관점에서 살펴본다면 두 사람은 각각 다른 번역 패러다임을 표방한다고 말할 수 있다. 게오르게는 시의 형식, 혹은 그의 표현을 빌면 시의 '톤 움직임 형상 ton bewegung gestalt'[14]을 어떻게 번역할 것인가에 천착했고, 여기서 다른 번역자들이 도달하기 어려운 성과를 보인다. 그러나 그것은 보들레르의 『악의 꽃』이라기보다는 게오르게의 『악의 꽃』이며, 어떤 의미로는 그가 표방하던 시학의 산물이다.

그에 반해 벤야민의 번역은 시인의 언어 속에 숨겨진 고유한

---

14) George, Dante · Die göttliche Komödie, GSW 10/11. VORREDE DER ERSTEN AUFLAGE.

정신, 즉 절대적 '진리내용 Wahrheitsgehalt'을 드러내고자 한다. 그 때문에 벤야민이 핀다로스나 소포클레스 번역을 통해 고대의 정신을 자신의 시대에 되살리고자 했던 횔덜린을 주목했던 것은 우연이 아니다. 비록 횔덜린의 번역이 독일어의 표현법이나 문법의 틀을 벗어남으로써 이른바 '가독성 Lesbarkeit'의 원칙을 충족시키지 못했음에도 말이다.

그러나 이 두 번역은 어느 것도 완전한 것이 아니다. 그 어떤 번역도 완전한 것이 될 수 없지만, 두 경우 모두 전체 텍스트를 다 번역하지 않은 부분 역에 해당된다. 벤야민의 말대로 원문의 생명은 번역 속에서 다시 새로워지고 가장 포괄적으로 자신을 전개한다면, 원문의 고유하고 높은 삶을 실현시키기 위해 앞으로도 『악의 꽃』의 새로운 번역은 부단히 시도되어야 할 것이다.[15]

15) 오늘날까지 독일에서 읽히는 보들레르 번역은 다음 4가지가 주종을 이룬다. 하나는 로빈손 Terese Robinson의 번역으로 '운율과 압운을 갖춘 모방적 번역 die Metrum und Reim bewahrenden bzw. nachbildenden Übertragung'(1925), 다음으로는 카를로 슈미트 Carlo Schmid의 1947년판 번역, 그리고 1980년에 나온 파렌바흐-바헨도르프 Monika Fahrenbach-Wachendorff의 번역과 켐프 Friedhelm Kemp(초판 1962년)의 산문번역을 들 수 있다. 파렌바흐-바헨도르프와 켐프의 번역은 두 언어를 대조하고 있으며 상세한 주석을 달고 있다.

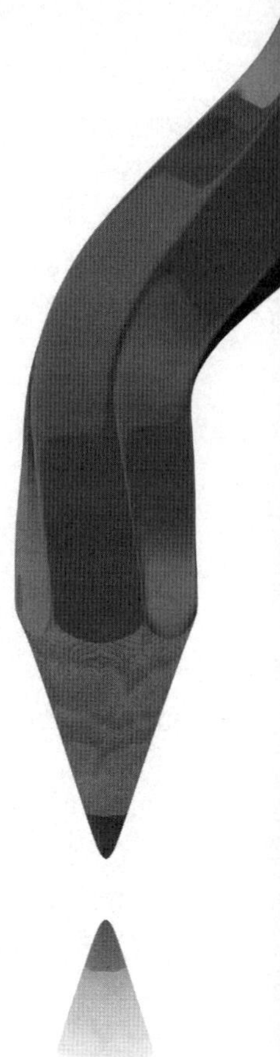

Chapter 10
망명과 번역

QUESTION

Chapter 10 망명과 번역

- 미국 망명에서의 한스 잘 -

오늘날의 세계 질서는 자발적 이주나 피난, 망명 등으로 심히 어지럽다. '이주의 시대 Age of Immigration'라 불리는 이 세기는 여행, 취업, 유학, 결혼 등의 개인적인 용무 외에도 각국의 크고 작은 정치적, 경제적 사안들과 결부되어 국경을 넘는 일이 더욱 빈번해진다. 이슬람 지역이나 아프리카의 분쟁 지역에서뿐 아니라 전 세계적인 차원에서 매일같이 국경을 넘어 부단한 이동이 일어나고 있는 것이다.

자신이 나고 자란 땅을 떠나 새로운 정착지를 찾는 사람들은 일차적으로 일상생활에서 오는 소통의 어려움을 극복하지 않으면 안 된다. 그것은 결코 쉽지 않은 과정이지만, 시간이 흘러 의사소통의 문제가 어느 정도 해결된다 하더라도 그것으로 끝나는 것이 아니다. 이제 보다 근본적인 문제와 부딪치게 되는데, 그것은 곧 정체성의 문제이다. 이들은 영토, 국적, 인종, 젠더, 사회적 지위 등 다양한 맥락 속에서 자신의 근원에 대해 다시 생각하게 되고, 자신의 정체성을 새로 확립해야 하는 것이다.

개인의 정체성을 규정하는 데 가장 중요한 요소 중 하나가 언어라는 사실에는 이의가 있을 수 없다. 이때 이주국의 언어를 능숙하게 구사하고 의사소통에 전혀 어려움이 없는 사람들조차 그 나라의 언어를 자신의 모국어로 여기지 않는다는 것을 자주 발견하게 된다. 그것은 언어란 단순히 의사소통을 위한 수단만은 아니며, 어릴 적부터 형성된 사고 체계와 감정 체계, 그것과 함께 구성된 한 개인의 인격과 불가분의 관계에 있다는 것을 의미한다. 그렇다면 언어는 특정한 사회 집단이나 언어 집단 속에서 한 개인이 소속감 혹은 이질감을 느끼게 하는 주요 기제로 작용하는 것이다.

유대계 오스트리아인으로 나치 치하에서 고향을 떠나야 했던 장 아메리 Jean Améry는 모국어와 자기 정체성에 대해 다음과 같이 말한다.

> 사람들이 문법을 알지 못한 채로 모국어를 배우는 것처럼 고향의 주변 세계도 그런 식으로 인식한다. 모국어와 고향은 우리와 함께 자라고, 우리 속에서 성장해 나가며, 우리에게 안정감을 보장하고 신뢰감을 제공한다(Améry, 93).

아메리는 나아가 "'신실한, 신뢰하다, 신뢰, 맡기다, 믿을 만한'과 같은 유사한 단어들의 전체 어휘장(語彙場)은 스스로 안전하게 느끼는 보다 넓은 심리적 영역에 속한다 Das ganze Feld der verwandten Wörter 'treu, trauen, Zutrauen, anvertrauen, vertraulich, zutraulich' gehört in den weiteren psychologischen Bereich des Sich-sicher-Fühlen."(Améry, 92) 고 주장한다.

그런데 한 개인의 모국어가 세계 질서 속에서 변방의 언어, 다시 말해, 주류 언어가 아닌 지엽적인 언어라면 어떤가? 그 언어의 사용자는 공공장소에서 자기 나라의 언어로 말할 때 그다지 자랑스럽거나 떳떳하게 느끼지는 않을 것이다. 이는 어떤 언어로 말하느냐는 언어 사용자에게 인지적, 감정적으로 지대한 영향을 미친다는 것을 말해준다. 사용하는 언어에 따라 달리 규정되는 언어 사용자의 감정이나 주변인에 대한 태도는 그 언어가 주로 사용되는 지역의 경제적, 정치적, 문화적 권력과 무관하지 않다. 예를 들어 모국어가 이차세계대전 중 독일어와 같이 침략자 혹은 전범국의 언어일 경우, 망명이나 이산의 상황에서 이 언어의 사용자들은 훨씬 복잡한 심리적 갈등을 겪을 것이다. 이에 대해 역시 유대계 오스트리아 작가이자 철학자 귄터 안더스 Günther Anders는 다음과 같이 말한다.

> 제대로 구사하지 못하는, 기껏해야 불충분하게 흉내낼 수 있을 뿐인 언어로 수년 동안 살아가면서 자신의 열등한 언어를 희생시키지 않는 사람은 아무도 없다. [...] 우리가 영어나 프랑스어, 스페인어를 여전히 배우지 못한 상황에서 우리의 독일어는 조금씩 무너져 갔는데, 그것은 대부분 아주 비밀스럽고 서서히 일어나서 그 같은 상실을 미처 깨달을 수 없었다(Améry, 98에서 재인용).

이들은 자신이 이전에 속했던 사회나 언어 집단에서 추방되었다는 사실을, 하지만 다른 언어 사용자의 집단에는 여전히 받아들여지지 않았다는 사실을 매번 뼈저리게 깨닫는다. 자신들을 '호모 사케르 homo sacer'(Agamben, 126)로 인식하는 이들은 망명국의 언어를 단지 제한적으로만, 여전히 부정확하게 구사할 수 있을 뿐이지만, 자신의 모국어라고 여겼던 본래의 언어는 하루하루 의식 속에서 낯설어져 간다. 그럼에도 이들은 독일과 적대 관계에 있는 나라들에서 익숙하지 않은 언어로 생계를 해결하지 않으면 안 되었다.

제3제국기의 독일에서 도피하여 전 세계로 흩어진 유대인 작가들 중 많은 수는 번역가로 살아남고자 했다. 그들 중 일부는 자신의 저술을 망명국의 언어로 번역했고 (예를 들면, 게오르게스-아르투르 골드쉬미트 Georges-Arthur Goldschmidt), 어떤 이들은 망명국가의 저서를 독일어로 (루돌프 프랑크 Rudolf Frank, 슈테판 츠바이크 Stefan Zweig, 루돌프 푹스 Rudolf Fuchs 등), 또 다른 사람들은 반대로 독일어 저서를 망명국의 언어로 옮기기도 했다. 발터 벤야민 역시 프랑스에서 번역가로 생계를 유지하기 위해 애쓴 적이 있었고, 그 결과가 보들레르의 『악의 꽃 *Les Fleurs de Mal*』의 일부로 남아있다는 사실은 앞 장에서 논의했다.

다른 한편, 망명자들은 번역을 자신의 언어적, 문화적 정체성을 유지하기 위한 수단으로 여기기도 했다. 그들은 망명 중에 체험한 외국 문화를 자신이 언젠가는 돌아가야 할 곳으로 느끼는 독일에 소개하기를 원했다. 이런 맥락에서 본다면 망명국가의 문화나 언어는 흔히 생각하듯 이 불청객들의 왜곡된 사용으로 훼손되거나 변질되는 것만은 아니다. 오히려 이 원치 않은 사람들에 의해 한 나라의 문화가 경계를 넘어 확산되고 타국에서 영향력을 발휘하는 기회를 얻는 것이다. 그렇다면 낯선 사회에서 극단적인 심리적, 물질적, 궁핍 속에서 살아가는 망명자들은 비록 스스로 의식하지 못한다 하더라도 국민국가의 단위를 넘어서는 경계횡단의 주체들이다.

1 QUESTION 망명 번역가로서의 한스 잘

망명 중에 번역을 주업으로 삼았던 전형적인 사례 중 하나로 1941년 나치 정권에서 도피하여 미국으로 건너간 한스 잘 Hans Sahl(1902-1993)의 경우를 들 수 있다. 잘은 이 나라에서 영어로 쓰인 많은 희곡들을 독일어로 번역했는데, 그 중에는 아더 밀러 Arthur Miller, 손톤 와일더 Thornton Wilder, 테네시 윌리엄즈 Tennessee Williams 등이 포함된다. 테네시 윌리엄즈의 『뜨거운 양철 지붕 위의 고양이 The Cat on a Hot Tin Roof』, 『장미 문신 The Rose Tattoo』, 『우유 열차는 더 이상 여기서 멈추지 않는다 The Milk Train Doesn't Stop Any More』, 존 스타인벡 John Steinbeck의 『성난 얼굴로 돌아보다 Look Back in Anger』가 잘의 번역으로 처음으로 독일 독자에게 소개되었다. 그의 서지 목록에 따르면 그는 80여 권의 책을 영어에서 독일어로 번역한 것으로 기록되어 있다. (Ackermann & Brodersen, 232-245)

뉴욕에서 일어나는 문화계 소식을 노이에 취르허 차이퉁 *Neue Zürcher Zeitung*과 디 벨트 *Die Welt* 지에 전송하는 통신원으로서의 활동 외에 그는 번역을 통해 지구 반대편의 문화를 독일로 전달했다. 이런 점에서 보자면 잘의 경우 독일에서 인정받던 저널리스트이자 연극비평가로서의 경력과 상대적으로 능숙하게 구사하는 영어 덕택에 속수무책으로 건너온 당시의 이름 없는 망명 작가들과 비교해 비교적 미국 사회에 잘 적응할 수 있었다(Wolbold 112). 이런 현실은 그 자신의 묘사에서도 드러난다.

> 웨스트앤드 애비뉴에 면한 지붕에서 브로드웨이 위쪽을 내려다보면서, 이름 없이 건너와 자신들의 이해력을 넘어서는 일들과 부딪쳐야 하는 저 사람들을 기억해 봅니다. 운명이 내뱉아 버린 그들은 저녁녘이면 옹색하게 풀이 자란 교통 안전지대의 벤취에 앉아 몹시 강한 열기에 못 이겨 아우프바우 Aufbau나 뉴욕 타임즈 지의 구인 광고가 실린 전단지로 부채질을 했습니다(Sahl 1990, 196).

잘은 많은 미국 작가들의 작품을 번역했음에도 당시에 명성을 누렸던 손톤 와일더 Thornton Wilder와 특별히 가깝게 공동작업을 했던 것으로 알려져 있다. 이 장에서는 잘이 번역한 손톤 와일더의 여러 작품 중에서 희곡 『우리 마을 *Our Town*』(1938)을 논의의 대상으로 삼기로 한다. 와일더는 미국에서 1938년 1월 22일 초연된 이 희곡 작품으로 퓰리처상을 받았고, 독일에서는 전쟁이 끝난 직후인 1945년 8월 베를린 도이췌스 테아터 Deutsches Theater에서 『우리 작은 마을 *Unsere kleine Stadt*』이란 제목으로 공연되었다.[1] 다음에서 잘이 한 번역의 방법과 특징을 분석하고, 나아가서는 그가 번역을 통해 소개한 이 연극 작품이 독일 연극계나 관객들에게 어떤 영향을 미쳤는지를 알아본다.

---

1) 와일더는 이 작품을 1938년 취리히 근교의 뤼쉬리콘 Rüschlikon에서 집필했고, 독일어권에서는 1939년 3월 9일 취리히에서 오스카 벨터린 Oskar Wälterin의 연출로 초연된 바 있다. 이 작품은 1940년에 영화화되었다.

2 QUESTION 와일더의 『우리 마을』과 잘의 번역 실례

1. 공동 작업의 방식

『우리 마을』의 번역은 원저자인 와일더와 번역가 잘 사이의 긴밀한 공동 작업을 통해 이루어졌다. 이 같은 사실은 저자와 역자가 동등한 차원에서 함께 작업하는 일이 실제로 흔치 않다는 점에서 주목할 만하다. 와일더가 세상을 떠날 때까지 지속된 두 사람 사이의 오랜 관계에 대해 잘은 훗날 "미국 극작가와 그의 독일 번역가 사이의 이형동체 die Symbiose zwischen dem amerikanischen Dramatiker und seinem deutschen Übersetzer"(Reiter 2007, 244)라고 회상했다.

> 내가 한 번역을 와일더에게 소리 내어 읽어주면 그는 그것을 원문에서 한 문장씩 좇아갔다. 그러다가 그는 종종 나를 중단시키고 질문을 했는데, 그 질문들은 그가 얼마나 예리하고 정확하게 듣고 있었는지, 독일어를 얼마나 잘 이해하는지를 입증해 주었다. 그는 종종 벌떡 일어나 나에게 장면을 연기해 보여주면서, 그것이 어떻게 말해져야 하는지를 알려 주었다. 그러면 나는 그것을 독일어로 재현해 보였다. 그는 자신의 텍스트를 위한 탁월한 연사였고, 종종 『우리 작은 마을』의 무대감독 역을 맡기도 했다. 친밀하고 침착한 이 역할은 그의 본질과

잘 어울렸다(Sahl 1990, 161).

잘이 와일더의 작품을 여러 권 번역한 사실을 망명 작가의 재정적 어려움을 해결하기 위한 방편이었다고만은 설명할 수 없다. 특히 잘이 『우리 마을』에 강하게 이끌렸던 것은 "한 편으로 우리의 일상적 삶에 포함된 무수히 많은 중요하지 않은 세부 사항들과, 다른 한편으로 시대와 사회사, 최근의 종교적 이념들과 같은 거대한 관점 사이의 관계란 무엇일까?"(Wilder 2007, 657)라는 물음을 내포하는 이 작품의 중심 주제와 관련이 있어 보인다.

와일더는 이 희곡에서 단순하고 사소하지만, 존중할 가치를 지니는 일상적인 삶의 중요성을 보여주려고 시도했다. 이런 의미에서 와일더의 작품이 구현하고 있는 주제, 즉 1930년대 미국 사회가 지향했던 휴머니즘 이념과 평범한 시민들의 삶의 윤리란 주제에 잘은 내면으로 깊이 공감했던 것이다. 나아가 그는 이 희곡 작품에서 "유럽이 낳은 것과 지구상의 새로운 지역의 요소들이 혼합된 최상의 것 das Beste, was Europa hervorgebracht hatte, sich mit den Ingredienzien eines neuen Erdteils vermischte."(Sahl 1990, 161)을 발견했던 것이다.

2. 손톤 와일더의 비사실적 무대

잘은 『우리 마을』의 주제와 더불어 와일더가 시도했던 무대 기법을 긍정적으로 받아들였다. 당시 미국 연극계의 주된 흐름에 반대해 와일더는 자신의 시대에는 현실을 정확하고 세부적으로 재현하는 사실주의적 무대란 불가능하다고 여겼고, 그 대신 비사실적 무대를 주장했다.

> 대부분의 사실주의 작품은 비천한 진실의 연속을 보여준다. 그것은 대단히 진지하고, 세부적인 것들은 모두 사실이지만, 전체적인 것은 결국 바닥으로 떨어진다. 진실하지만 아무런 중요성도 없는. [⋯] 진리는 비천한 진리들의 더미 속으로 굴러 떨어지고, 그 결과는 이중으로 하찮아진다. 그래서 나는 장면들을 제거함으로써 삶의 사소한 부분에 대한 중요성을 복원하려 했다. 관객은 연기에 상상력을 부여함으로써 자신의 머릿속에서 그것을 다시 무대화해야 한다(Wilder 2007, 658).

'메타 연극적 meta-theatrical' 무대를 제공하기 위해 와일더는 무대 감독, 빈 무대, 극의 중간에 끼어드는 행동, 판토마임과 같은 장치를 사용하여 무대의 유연성을 확보했다(Haberman 1989, 4). 이를 위해 와일더는 1막과 2막이 그런 것처럼, 의자 몇 개와 테이블 같은 최소한의 무대 장치와 소도구만을 고집했다.

와일더는 이 연극의 핵심 주제인 일상생활에서의 사소한 사건들이나 비사실적 무대 기법이란 근본 입장을 통해 엘리트

계층이 주도하는 고급문화에 대해 저항하고자 했다. 그는 미국 사회의 가장 평범한 사람들이 "성장하고, 결혼하고, 병을 앓고, 살아가고, 죽어가는"(Wilder 2007, 659) 일상생활을 통해 지속되는 삶의 가치를 표현하려 한 것이다. 이로써 많은 미국인들은 『우리 마을』의 공연에서 "일상적인 생활의 가장 사소한 일들에서조차 값을 매길 수 없는 가치 auch in den kleinsten Ereignissen unseres täglichen Lebens einen unbezahlbaren Wert"(Stresau, 10)를 높이 평가했던 것이다.

3. 잘의 번역 수행성

"이국적인 특징들, 즉, 낯선 요소나 비일상적인 요소들은 간직되어야 하고, 그것을 통해 관객을 끌어당기는 힘은 유지되어야 한다."(Sahl 1990, 161)는 주장에서 인식할 수 있는 것처럼, 잘이 행한 번역의 주된 경향을 '이국화 Verfremdlichung' 전략으로 부를 수 있다. 이국화하는 대표적인 방식의 하나로 와일더의 텍스트에 수시로 나오는 뉴잉글랜드 사투리를 굳이 비인, 함부르크, 혹은 베를린 사투리로 옮기려 하지 않은 것을 들 수 있다(Sahl 1990, 161). '게르만화 Germanisierung'라는 정치 이데올로기와 연루되어 모든 면에서 '자국화 Einbürgerung' 경향이 강력히 지배하던 나치 시대의 독일 무대와 비교하면 이 같은 시도는 '낯선 것 das Fremde'을 환대하던(Berman, 7) 독일 낭만주의의 번역관을 회복하는 것으로 평가될 수 있다.

아래에서는 잘이 실제로 수행한 번역을 '재배치 replacement', '변형 modification', '첨가 addition', '삭제 elimination'와 같은 몇 가지 유형으로 나누어 좀더 자세히 분석해 보고자 한다. 물론 이 카테고리들은 서로 정확하게 분리될 수 있는 것은 아니고, 하나의 문장에서도 종종 함께 나타나기도 한다는 것을 확인할 수 있다.

1) 재배치 Replacement

두 텍스트를 비교해 보면, 많은 부분에서 동일한 문장이 서로 다르게 배치되어 있음을 알 수 있다. 예를 들면, 이 희곡의 첫 장면은 아래와 같다.

> Here's the Town Hall and Post office combined: jail's in the basement.
> Bryan once made a speech from these very steps here.
> Along here's a row of stores. Hitchingposts and horseblocks in front of them. First automobile's going to come along in about five years- belonged to Banker Cartwright, our richest citizen, lives in the big white house upon the hill.
> Here's the grocery store and here's Mr. Morgan's drugstore.
> Most everybody in town manages to look into those two

stores once a day.
Public School's over yonder. High School's still farther over. Quarter of nine mornings, noon times, and three o'clock afternoons, the hull town can hear the yelling and screaming from those schoolyards. (Wilder, 150)

다음은 잘의 번역이다.

Die Schule für die Jüngern ist dort hinten, die für die Älteren noch etwas weiter. Dreimal am Tag kann man in der ganzen Stadt das Schreien und Brüllen auf den Schulhöfen hören - um dreiviertel neun Uhr morgens, um zwölf Uhr nachmittags und um drei Uhr nachmittags.
Dies ist zugleich Rathaus und Postamt, im Keller das Gefängnis. In der Hauptstrasse eine Reihe von Läden. Davor Pfosten, um die Pferde anzubinden. Da serste Automobil wird ungefähr in fünf Jahren hierauf tauchen- gehört dem Bankier Cartwright, unserm reichsten Bürger... wohnt jetzt in dem großen weißen Haus auf dem Hügel.
Hier ist das Lebensmittelgeschäft, und hier is Mr. Morgans Drugstore. Irgendwie muss jeder in dieser Stadt mindestens einmal am Tag in beide Läden hineingeschaut haben. (Sahl, 8)

첫눈에 볼 때, 무대 배경을 이루는 모든 건물들이 두 텍스트에서 빠짐없이 언급되고 있음에도, 이 장면의 마을 묘사는 동일한 순서를 따르지 않는다. 연극의 무대인 이 마을의 전반적인 외양은 다르지 않음에도, 문장이 서로 다르게 배치된 것이다.

2) 수정 Modification

번역 과정에서 일어나는 변형의 다음 카테고리로 수정을 들 수 있다. 아래 사항을 비교해 보자.

> Mrs Gibbs, a plump, pleasant woman in the middle thirties, comes "downstairs" right. She pulls up an imaginary windows hade in her kitchen and starts to make a fire in her stove. (Wilder, 151)

> Mrs. Gibbs tritt von rechts auf und macht sich an die Zubereitung des Frühstücks. Aus ihrem pantominischen Spiele ist zu sehen, dass sie Holz in einen Herd tut, es anzündet, Kaffee kocht und so weiter. (Sahl, 10)

이 경우 원 텍스트의 문장들이 문자적으로 재현된 것이 아니라, 의미만 같도록 수정되었다. "그녀는 가상의 창문 차양을 끌어당긴다 She pulls up an imaginary window shade"는 단순히

"그녀의 판토마임 연기에서"로 바뀌어 있음을 알 수 있다.

3) 첨가 Addition

번역 텍스트의 어떤 부분에는 원 텍스트에는 들어있지 않는 추가적인 단어가 들어있음을 알 수 있다.

> There's Mrs Webb, coming downstairs to get her breakfast, too. That's Doc Gibbs. Got that call at half past one this Sentinel. (Wilder, 152)

> Mrs. Webb tritt von links auf und beginnt ebenfalls, das Frühstuck in der Küche zuzubereiten.
> Das ist Dr. Gibbs. Um halb zwei Uhr früh haben sie ihn nach dem Polenviertel gerufen. (Sahl, 10)

원 텍스트에서 '초소 Sentinel'란 단어는 도착텍스트에서는 '폴란드 구역 Polenviertel' 으로 옮겨졌는데, 이로써 의미가 훨씬 구체화되는 동시에 이 연극이 공연될 무대의 서로 다른 문화적, 정치적 배경을 보여준다. 이런 의미에서 이 사례는 '의미의 첨가 addition of the meaning'로 불릴 수 있다.

4) 삭제 Elimination

원 텍스트의 많은 부분이 번역본에서 삭제된 것을 자주 발견하게 되는데, 그것은 특히 무대 지문 Regieanweisung과 관련된 경우가 많다. 아래에서 밑줄 친 부분은 도착텍스트에서는 삭제되었다.

a) Catholic Church is over beyond the tracks. (Wilder, 150)

b) Dr. Gibbs: Hello Bessie.

He strokes the horse, which has remained up center. (Wilder, 153)

Dr. Gibbs: Wie geht's, Bessie? Er streichelt sie. (Sahl, 12)

c) Pause. Brief sound of chickens cackling. (Wilder, 157)

Pause. (S. 16)

d) The Stage Manager enters briskly from theright. He tips his hat to the ladies, who nod their heads. (Wilder, 159)

Der Spielleiter kehrt zur Mitte der Bühne zurück. (Sahl, 18)

4. 분석

잘은 당시 독일에서 우세하던 '자국화'하는 번역 방식에 대해 근본적으로 반대하는 입장을 취했다. 하지만 자세히 비교해 보면 두 텍스트들이 의미론적 차원에서는 아니더라도 텍스트의 차원에서 서로 상당히 차이가 나는 것을 발견할 수 있다. 잘이 와일더와 긴밀하게 협력했음에도, 고전 텍스트의 비평본에서 흔히 행해지는 '문자 번역 translation of letter' 혹은 '축어적 번역 wörterliche Übersetzung'을 의도한 것은 아닌 것으로 보인다. 그 대신 번역된 텍스트로 무대 위에서 공연하는 것이 가능해야 한다는 '적합성 Adäquanz'의 원칙을 따르고 있다.

그렇다면 위에서 살펴본 여러 형태의 텍스트의 변형은 한 편으로는 희곡 번역의 특성으로 설명될 수 있다. 다시 말해, 희곡 번역은 독자들이 주로 눈으로 '읽는' 다른 장르의 작품을 번역하는 것과는 구분된다. 무대 위에서는 인물과 소도구의 상대적으로 자유로운 배치가 허용될 수 있는데, 지문은 공연이 행해지는 무대의 장소성에 따라 달라질 수 있기 때문이다. 실제로, 무대 감독이나 배우들이 원작품을 그때그때의 공연 상황이나 관객들의 취향에 맞추어 변형시키는 것은 종종 행해진다.

나아가 도착텍스트의 세부 사항에서 일어난 많은 변형은 이른바 비사실적 무대를 강조했던 작가에 의해 용인되었던 것으로 보인다. 그는 시종일관 감독에게 "지나치게 뚜렷하거나 많은 조작이 필요한 그림으로 관객의 주의를 분산시키거나 자극하지 않기를 not to distract and provoke its attention of the audience with too distinct and perhaps puzzling a picture of the many operations"(Wilder 1990, 661) 당부했다. 그는 또한 판토마임이나 가상의 소도구, 무대 지시나 장치들을 재배치하는 것은 허용될 수 있다는 사실을 누차 강조했다.

3 QUESTION 독일 연극에 미친 한스 잘의 번역

와일더의 『우리 작은 마을 Unsere kleine Stadt』이 베를린을 비롯한 여러 도시에서 공연되자 독일 관객들은 대단히 열광했다. 반복되는 일상생활, 생로병사와 죽은 사람의 삶에 대한 회환을 표현한 단순한 줄거리는 긴 전쟁 동안 혹은 전쟁 직후에 독일인들이 그토록 갈망하던 평화로운 삶의 구현으로 받아들여졌다. 각각의 개인은 새로운 존재이고 자신의 고유한 삶을 살아갈 권리를 가진다는 평범한 진리가 오랜 전쟁에 시달렸던 독일 관객들에게는 더없이 강력한 메시지로 다가왔던 것이다. 이 극이 보여주는 미국적 삶의 장면들은 이 시기 독일 관객들이 갈망하던 것과 상당히 일치했던 것이다. 이런 의미에서 와일더는 미국식 이상주의의 대변자로 간주되었고, 그의 작품은 "현대 미국 연극의 가장 대표적이고 중요한 작품 the most representative and significant product of modern American theatre"(Corrigan, 1075)으로 받아들여졌다.

잘은 와일더의 극을 번역함으로써 결과적으로 평범한 사람들이 살아가는 민주적 시민사회, 그들의 변함없는 일상생활과 같은 미국적 가치를 독일 관중들에게 소개한 결과를 가져왔다. 이 같은 의미에서 전후 독일인이 품고 있던 미국식 라이프스타일에 대한 긍정적 이미지는 어느 정도는 잘의 번역에 힘입었다고 해도 과언이 아니다. 이로써 잘은 1979년 미국 문학의 탁월한 번역가에게 주는 '손톤 와일더 상 Thornton Wilder Prize'의 첫 번째 수상가 되었다(Reiter 2007, 244).

여기서 와일더의 연극이 전후의 독일 무대, 특히 전후 독일 무대의 주된 흐름 중 하나였던 브레히트의 서사극과는 어떤 관련성을 지닐까 하는 질문이 가능하다. 이는 겉으로 보기에 이 두 작가의 연극이 상당히 많은 유사성을 가지기 때문인데, 특히 연기자처럼 무대 위에 올라와 극중 상황을 설명하거나 줄거리에 직접 개입하는 와일더 식 무대 감독의 역할과 브레히트 서사극의 해설자 혹은 연사에서 그 같은 유사성을 찾을 수 있다. 이것은 전통적 아리스토텔레스 극이 추구하던 '극적 환상 theatralische Illusion'을 깨고, '낯설게 하기 효과 Verfremdungseffekt'를 통해 관객들이 무대의 극 속으로 몰입하는 것을 방해한다. 그들은 관객으로 하여금 줄거리와 거리를 두고, 허구적 환상에 빠져들지 않도록 촉구하는 것이다.

그러나 이 같은 유사성에도 불구하고 와일더의 연극은 브레히트의 서사극과는 근본적인 차이를 보이는데, 가장 큰 차이는 연극이 추구하는 최종 목표에서 찾을 수 있다. 주지하다시피 브레히트 서사극은 관객의 정치적 의식을 훈련시켜 궁극적으로는 사회질서를 변화시키는 데 최종적인 목적을 두고 있다. 다른 말로 하자면, 브레히트의 초기 교훈극 Lehrstück이나 중·후반기의 서사극은 현실에 대한 관객의 세계관이나 '게스투스 Gestus'를 변화시키기를 희망한다. 이에 비해, 잘이 번역한 와일더의 극은 정치적, 이데올로기적 요소와는 전적으로 무관한 채, 그 대신 그들은 단조롭고 반복적인 일상 뒤에 숨겨진 삶의 변하지 않는 진실을 표현하려 한다. 이런 측면에서 작가 와일더와 번역가 잘은 근본적으로 서로 동의하는 것처럼 보이고, 모든 정치적, 이데올로기적 관련성에서 거리를 두고자 했다. 이와 관련하여 잘은 브레히트의 극이 "오로지 역사의 단순한 재료가 되어버린 인간에 대한 외부에서의 관찰"(Sahl 1990, 147)이라고 비판한 바 있다.

4 QUESTION 맺는 말

히틀러 정권 하에서 전 세계로 흩어졌던 유럽 내의 많은 유대계 작가들이 그랬듯이, 번역은 종종 망명 중에 있는 사람들에 의해 행해졌다. 그들은 무엇보다 낯선 나라에서 살아가기 위한 생계 수단으로 번역을 선택했다. 이 경우, 번역은 어떤 법적 지위도 없이 낯선 땅에서 살아남아야 하는 망명객들에게 옹색하지만 중요한 생계 수단이 되었다. 그들은 또한 자신들이 태어나고 자라온, 자신들이 조국이라 믿었던 나라의 언어적, 문화적 정체성을 유지하기 위한 수단으로 번역을 하기도 했다.

미국 망명 시절 한스 잘은 독일계 유대인으로서 자신의 정체성을 부인하지 않았다. 하지만 그는 스스로를 “초월적 노숙자 transzentaler Obdachloser”(Ackermann & Brodersen, 12)라고 명명하며, 망명이란 실존적 상황을 정치적 사건의 결과로 받아들이기보다는 오히려 ‘하나의 정신적 태도 a spiritual attitude’로 간주했다. 그는 망명 시절이나 독일로 돌아온 이후에도 공산주의자나 사회민주주의자와 같은 정치 집단과 거리를 두어 이중으로 고립되었는데, 자신의 이 같은 상황을 ‘망명 속의 망명 das Exil im Exil’으로 표현했다.[2] 1958년 장기 정착을 위해 다시 독일에서 미국으로 건너갔을 때, 그는 “나는 탈영토화된 인간이 되었다. 나는 외국 여성과 계약을 맺었다. 나는 더 이상 그녀가 없이는 살 수 없고, 완전히 내 집에 있지 않다는 느낌, 낯선 문화 속에 거하는 손님이라는 느낌을 더 이상 떨칠 수 없다”(Ackermann & Brodersen, 12)고 말한다.

잘이 번역한 미국 연극은 2차 세계대전 후 독일 사회에 긍정적인 미국 이미지를 형성하는데 결정적으로 기여했다. 번역가로서의 그의 활동은 황폐화된 독일 사회, 유례없었던 전쟁의 트라우마에서 심리적, 정신적으로 여전히 벗어나지 못했던 전후 독일 사회에 새로운 라이프스타일과 가치관을 형성하는데 중요한 역할을 했다. 이런 의미에서 잘은 두 문화 사

2) 『망명 속의 망명 Das Exil im Exil』(1990)은 『어느 도덕주의자의 회고록 Memorien eines Moralisten』(1983)에 이은 잘의 두 번째 자서전의 제목이다.

이의 중재자로 불릴 수 있는데, 이는 1959년 독일연방정부가 그에게 독일-미국 간 문화 교류에 기여한 공로로 '1급 공로훈장 Verdienstkreuz 1. Klasse des Verdienstordens der Bundesrepublik Deutschland'을 수여한 것에서도 나타난다.

와일더와 잘의 관계는 번역을 둘러싼 주문자와 수급인으로서의 관계를 넘어선다. 이들의 관계는 성향과 기질이 비슷한 작가와 번역가 사이의 공동 작업에 대한 보기 드문 사례를 제공한다. 두 판본의 비교에서 살펴 본대로, 잘의 번역본이 와일더의 원 텍스트와 부분적으로 차이가 나는 것은 무엇보다 희곡 번역의 특징이라 부를 수 있다. 독자들에 의한 읽기용 텍스트의 경우 '가독성 Lesbarkeit'이 번역의 중요한 원칙 중 하나라면, 희곡 번역에서는 '공연성 Performativität'의 원칙이 가장 중요하게 대두된다. 즉, 희곡 번역에서는 다른 문화적, 공간적 맥락 속에 놓인 무대 여건에 따라 변형이 불가피한 경우가 나타나는 것이다.

망명이란 불리한 환경에도 불구하고 잘의 번역은 모든 가치의 공백으로 황폐해 있던 전후 독일 사회에 '문화적 이실성 kulturelle Andersheit'을 제공했다. 이 같은 이질성은 나치 치하에서 모든 영역에서 드러났던 극단적 '게르만화 Germanisierung'에 반대해 '낯설게 하기'를 시도했던 잘의 번역 태도에 의해 더욱 강화되었다. 이런 의미에서 우리는 잘의 번역을 진후 독일 사회에 대한 '문화적 개입 kulturelle Intervention'이라 부를 수 있다.

Translation as Border-Crossing

Chapter 11
번역과 디아스포라

QUESTION

Chapter 11 번역과 디아스포라

- W. G. 제발트의 경우 -

이산 Diaspora 혹은 이주 Emigration는 흔히 탈경계, 경계횡단의 시대라 불리는 오늘날의 문화를 정의하는 키워드 중의 하나이다. 이스라엘 바깥으로 유배된 유대인들, 국외로 흩어진 아프리카인이나 아르메니아인 등의 소수 집단을 지칭하던 디아스포라는 탈경계 시대를 살아가는 우리들에게는 오히려 보편적인 경험이 되었다. 오늘날의 디아스포라는 과거와는 달리 초국적 기업, 해외 취업, 교육이나 국제결혼 등을 목적으로 이루어지는 경우가 많은 것이 사실이지만, 자신이 정주해 있던 지역과 공동체를 떠나 이질적인 문화로의 진입은 여전히 문제적 사안이다. 그것은 "세계화와 지방화, 지역화, 민족주의나 민족국가의 약화, 소수인종과 종교적 근본주의"(Sheffer, 21) 등 정치, 경제, 종교와 같은 복합적인 요인에 의해 일어나기 때문이다. 이는 오랜 역사를 가진 디아스포라 현상이 오늘에 와서는 과거보다 훨씬 더 다양하고 중층적인 성격을 띠고, 이로 인해 디아스포라의 정체성과 정치성, 문화 간의 갈등과 충돌, 문화혼종 등 복잡다단한 현상을 야기한다는 것을 말해준다.

자발적이든 강제에 의한 것이든 낯선 땅에서 이산자로 살아가는 사람들은 언어적, 문화적 차이로 심각한 갈등과 충돌, 경우에 따라서는 배제와 차별을 겪을 수밖에 없다. 그러나 새롭게 편입된 사회에서 소수 집단으로 살아가게 되는 이산자들은 비록 스스로 의식하지 못한다 하더라도 국민국가의 단위를 넘나드는 경계횡단의 주체들임은 분명하다. 유동적이고 복합적인 경계선 borderline을 넘나드는 이들에게 언어적, 문화적 정체성의 문제는 절박하게 다가온다. 이때 이산자들의 정체성은 종종 모국에서부터의 잔여물과 이주국 Gastland에서 새롭게 습득한 문화적 요소 들의 상호모순적인 상황에 놓이면서 이중적이고 양가적이며, 중첩적으로 작동한다. 곧 이들은 단일한 국가와 민족의 정체성을 넘어선 분열되고 복수적인 주체, 이행 중인 주체들인 것이다(사카이, 11).

이산자들의 정체성 문제를 언어적 차원에서 좀 더 살펴보자면, 지금까지 모국어로 작용해 왔던 언어가 독점적이고 우월적인 지위를 상실한 채 더 이상 자기 존재를 확인하는 수단으로 기능할 수 없다. 심지어는 일상생활을 영위하는 의사소통적 기능마저 수행할 수 없게 되면서 언어 속에 구조화되어 있던 사고체계마저 심각한 혼란을 겪는다. 이렇게 새로운 기호나 상징체계와 지속적으로 부딪쳐야 하는 이산자들은 두 언어를 매개하는 번역 행위와 밀접한 관계를 맺게 된다.

그렇다면 이산자들, 특히 디아스포라 지식인들에게 번역은 어떤 기능을 하는가? 그들은 새롭게 삶을 개척해야 하는 타국에서 실존적 생계 수단으로 번역을 수행할 수도 있다. 하지만 그것을 넘어 번역은 한편으로는 이전의 언어적, 문화적 정체성을 유지하는 수단으로, 다른 한편으로는 새로운 정체성을 확립하기 위한 매개물로 작동할 수 있다. 다시 말해 이산자들은 지금까지 모국어와 모국 문화에서 담지하고 있던 (문화적) 내용을 이주국에 알리기 위해서나 역으로 이주국의 문화적 유산을 과거의 모국에 전달하기 위해서도 (문화) 번역의 필요성을 인식하게 된다.

디아스포라와 번역의 관계를 논의하는 이 장에서는 여러 가지 측면에서 이 두 주제와 밀접한 관련성을 맺고 있는 W. G. 제발트의 사례를 다루고자 한다. 이를 위해 우선 오늘날 전 세계적으로 중요한 화두가 되고 있는 디아스포라란 개념이 제발트의 경우에는 어떻게 적용될 수 있는지를 논의해야 할 것이다. 제발트는 일생동안 유럽 내에 머물렀지만 그의 삶이 디아스포라 현상과 무관하지 않은 것은 자명하다. 그는 셍겐 조약 이후 유럽연합 국가들 사이에서 일반화된 '자유로운 이동 freie Bewegung'을 1970년대에 이미 선취했는데, 이는 최근 유럽인들이 보여주는 디아스포라 현상의 초기 사례로 불릴 수 있을 것이다.

그의 실제 삶에서 뿐 아니라 여러 작품에 등장하는 인물들의 삶을 관통하는 기억, 이주, 여행, 고통, 자연사 등과 같은 핵심 주제들은 근본적으로 이산자들의 공통된 정서인 '집을 떠난 상태 Nicht-Zuhause-Sein'에 의해 기인하는 것처럼 보인다. 그가 영국으로 이주한 것은 이차 세계대전 중이나 전쟁 직후의 독일인들의 대량 이주와는 그다지 관계가 없다. 70년대 많은 독일 지식인들의 해외 이주는 주로 경제적인 이유로 독일 땅을 떠났던 전쟁 직후의 현상이나 90년대 이후 유럽연합 주민들의 역내 합법적 이동과는 구분되고, 세계 여러 분쟁지역 난민들의 불법적 이동이 증가하는 최근 형상과도 다른, 중간 단계로 파악할 수 있다.

그렇다 하더라도 1978년 최종적으로 노리치에 정착하는 제발트의 자발적이고 개인적인 이주가 전후 독일의 사회적 상황과 무관한 것은 결코 아니다. 독일 연방 정부는 모든 정치적·사회적 역량을 경제적 복구에 집중시켰고, 그로 인해 이웃 국가들로부터 정치적 문제를 경제적 차원에서 해결하려 한다는 조소어린 평가를 받기도 했다. 즉, 독일인들은 자신들의 어두운 과거를 진정한 역사적 교훈으로 받아들이기보다는 오히려 지우거나 감추려 한다는 것이다. 제발트는 이 같은 형태의 과거청산 방식을 지극히 문제적인 것으로 바라보고 이에 대해 비판적인 논쟁을 지속적으로 펼쳐왔다.

다음으로 번역과 관련해서 보자면, 제발트의 텍스트는 여러 관점에서 번역과 밀접하게 연관된다. 그의 작품이 여러 언어로 번역되었을 뿐 아니라, 다른 한편 그는 다른 작가들의 많은 텍스트를 번역하여 자신의 작품 속에 포함시켰다. 이른바 '상호텍스트성 Intertextualität'이라 불릴 수 있는 이 같은 제발트의 글쓰기 방식은 번역이란 주제와 불가분의 관계에 있음을 보여준다.

그에 따라 이 장에서는 우선 그의 작품이 어떻게 다른 언어로 번역되었는지 살펴보고자 한다. 이 맥락에서 다른 번역자들보다 마이클 헐스 Michael Hulse의 제발트 번역을 주목해 볼 수 있는데, 이는 제발트가 한 인터뷰에서 밝힌 것처럼 "마이클은 독일에 살고 있는 영국인이고, 나는 독일인으로 영국에 살고" (Cook, 306) 있기 때문이다. 다시 말해 헐스 역시 이산이란 현상과 무관하지 않다는 말이다. 헐스는 자신들의 공동 작업 과정에 대해 "막스와 나의 관계는 따뜻하고도 강하며, 서로 간의 존중과 지적인 기질의 바탕 위에 서로 공유하는 감각을 특징으로 한다."(Hulse 2011, 205)라고 밝힌다.

이를 넘어 제발트 자신의 창작과 번역은 어떤 관계에 있는지, 그는 문학 번역에 대해 어떤 견해를 가지고 있는지, 그리고 그것을 어떻게 현실에서 실천했는지의 문제도 다루고자 한다. 그 밖에도 그의 소설의 특징 중 하나인 텍스트와 이미지의 관계를 넓은 의미의 '장르 간 번역'이란 맥락에서 다룰 것이다.

1 QUESTION W. G. 제발트의 언어와 정체성의 관계

논의에 앞서 제발트는 어느 면에서 보나 영어를 구사할 충분한 능력을 갖추었음에도 왜 항상 자신의 작품을 독일어로 썼을까하는 의문이 생겨난다. 이 질문과 관련하여 제발트는 한 번도 영어를 자신의 글쓰기에 적절한 언어로 생각하지 않았다고 밝힌다.

> 나는 확실히 독일어가 독창적인 언어라고 생각한다. 매일 영어를 사용해서 어느 의미에서는 영어가 훨씬 가까운 현재의 나로서는 무척 기이하다. 하지만 여전히 나는 영어를 그다지 친밀한 언어로 여기지 않는다. 그에 반해 독일어는 다른 식으로 원만하다. 그것은 훨씬 친밀하지만 거리가 있다. 내게 독일어는 훨씬 독창적인 것이다.(Cook, 361에서 재인용)

이 같은 언급은 이주국의 언어로 글을 썼던 라픽 샤미 Rafik Schami, 오타 필립 Ota Filip, 갈산 치낙 Galsan Tschinag 등과는 달리, 그의 '언어적 정체성 linguistische Identität'은 여전히 독일어에 뿌리를 두고 있으며, 이주를 통해 사라지기보다는 오히려 강화되있다는 사실을 말해준다. 여기시 우리는 후천적으로 습득한 언어가 한 사람의 정체성을 담보하고 자신의 깊은 내면세계를 표현할 충분한 수단이 되는가라는 질문을 던지게 된다. 달리 말해, 이른바 언어적 정체성은 한 사람이 하나의 외국어를 얼마나 잘 구사하는지, 또는 그 사람이 이른바 '제2의 고향'에서 얼마나 오래 살았는지와는 무관하지 않는가 하는 질문이다.

이 같은 질문을 떠나 제발트는 한편으로는 자신의 모국에 만족할 수 없었으며, 다른 한편으로는 자신이 추후에 선택한 나라와도 전적으로 동일시할 수 없었다는 사실을 말해준다. 그는 생애의 마지막까지 독일과 영국 양쪽 모두에서 영원한 이방인으로 머물렀던 것이다. 이런 관점에서 그의 거의 모든 텍스트에 고향상실이나 정체성 상실이 핵심 주제로 나타나는 것은 놀라운 일이 아니다.

2 QUESTION 마이클 헐스의 제발트 번역

제발트의 이름은 그의 작품이 영어로 옮겨지기 전에는 독일이나 영국의 문학 현장에서 그다지 알려지지 않았다. 그가 국제적인 명성을 얻은 것은 오히려 주요 작품들이 마이클 헐스에 의해 영어로 옮겨진 이후이다. 이와 관련하여 맥컬로 McCulloh는 "그의 소설을 영어권 문학 현장의 최근 현상으로 다루는 것은 적절하다 It seems appropriate to treat his novels as a contemporary phenomenon of the English-language literary scene."(McCulloh, xiv)고 말한다. 그의 작품을 영어권 문학으로 분류하는 것은 제발트가 이 언어로 작품을 쓰기를 명백히 거부했다는 사실을 기억한다면 짐짓 모순적으로 보인다. 그럼에도 영국 비평가 로버트 맥크럼 Robert McCrum은 한 서평에서 "『목성의 고리』는 영국의 제국주의 과거와 쇠퇴하고 몰락하는 자연, 손실되고 부패하는 자연을 탁월하게 암시하는 연구이다 *The Rings of Saturn* is also a brilliantly allusive study of England's imperial past and the nature of decline and fall, of loss and decay",[1]라는 쓴 것을 보면 영국 독자들이 '영국 순례여행'이란 부제가 붙은 이 소설을 대단히 진지하게 받아들였다는 것을 추측할 수 있다. 이 같은 사실은 나아가 전 세계에서 독자를 얻기 위해서는 영어처럼 주도적인 언어가 번역의 도착어가 되어야 하는지, 아니면 번역된 텍스트는 원 텍스트와는 다르게 수용되는지 하는 추가적인 물음들을 야기한다.

영국과 독일을 오가며 살았던 마이클 헐스(1955-)는 시인이자 편집인, 번역가로 알려져 있다.[2] 그는 괴테, 릴케, 헤르타 뮬러, 엘프리데 옐리넥의 작품을 번역했고, 제발트의 작품 중에서는 『이민자들 *Die Ausgewanderten*』), 『현기증, 감정들

1) Robert McCrum: London Observer 7. June 1998.
2) 그는 현재는 영국 워릭 Warwick 대학에서 시학과 비교문학을 가르치고 있다.

Schwindel. Gefühle』, 『토성의 고리 *Die Ringe des Saturn*』가 그의 번역을 통해 영어권 독자들에게 소개되었다.

그가 어떤 방식으로 번역했는지 이 자리에서 『이민자들』의 두 판본에서 몇 장면을 취해 서로 비교해 보자.

> [1] Es war eines der größten am Ort; unweit der in einem Rasenfriedhof mit schottischen Pinien und Eiben stehenden Kirche lag es in einer stillen Strasse, verborgen hinter einer mannshohen Mauer und einem dicht ineinander gewachsenen Gebüsch aus Stechholder und lusitanischem Lorbeer. (*Die Ausgewanderten*, 8)
>
> One of the largest in the village, it stood a short distance from the church with its grassy graveyard Scots pines and yews, up a quiet side street. The house was hidden behind a two-metre wall and a thick shrubbery of hollies and Portuguese laurel. (*The Emigrants*, 3)

독일어판에서는 두 번 사용된 대명사 "es"가 영어판에서는 한 번 생략되고, 그 대신 동격 주어인 "one of the largest in the village"로 대체됨으로써 원문보다 훨씬 가벼운 느낌을 준다. 그 밖에도 원 텍스트에서는 원래 하나의 문장으로 구성된 것이 번역본에서는 두 개로 나누어짐으로써 원 텍스트에서 한 문장이 안고 있던 과중한 부담이 줄어든 것처럼 보인다.

> [2] Zur Rechten, hinter den Stallungen und Remisen, erhob sich hoch in den klaren Herbsthimmel ein Buchen stand mit einer Krähenkolonie, die jetzt, am frühen Nachmittag, verlassen war, die Nester dunkle Stellen unter dem nur manchmal bewegten Blätterdach. Die Fassade des breit hingelagerten klassizistischen Hauses war überwachsen von wildem Wein, das Haustor schwarz lackiert. Mehrmals betätigten wir den Türklopfer, einen messingnen, geschwungenen Fischleib, ohne daß sich im Innern des Hauses etwas gerührt hätte. (*Die Ausgewanderten*, 8)

> To the right, beyond the stables and outbuildings, its rookery deserted in the early afternoon, the nests dark patches in a canopy of the large, neoclassical house was overgrown with Virginia creeper. The door was painted black and on it was a brass knocker in the shape of fish. We knocked several times, but there was no sign of life inside the house. (*The Emigrants*, 4)

이 경우에는 전치사구인 "in klaren Herbsthimmel"와 "unter dem nur manchmal bewegten Blätterdach", 그리고 "die Fassade des breit hingelagerten" 부분이 삭제되어 번역문을 훨

씬 짧아지면서 원문의 의미가 다소 상실된 감이 있다. 이 부분은 문자적인 번역이라기보다는 오히려 의미역에 가깝다 하겠다.

[3] Man brauchte nur hinauszuschauen, und schon versank hinter einem die gigantische, in ihrer Hässlichkeit nur mit dem Wort altdeutsch annährend richtig bezeichnete Kredenz, löste der erbsfarbene Anstrich der Küche sich auf, entschwebte, wie durch ein Wunder, der türkisgrüne und vielleicht gar nicht ganz ungefährliche Gaskühlschrank. (*Die Ausgewanderten*, 15)

One only needed to look out, and the gigantic and startlingly ugly sideboard ceased to exist, the mustardyellow paintwork in the kitchen vanished, and turquoise refrigerator, gas-powered and possibly not without its dangers, seemed to dissolve into nowhere, as if by a miracle. (*The Emigrants*, 8)

이 부분에서는 "mit dem Wort altdeutsch annährend richtig bezeichnete Kredenz"라는 문장의 일부가 단순히 "startlingly"라는 부사로 대체되었고, 고어에 해당하는 "Kredenz"를 위해 번역문본에서는 현대어인 "sideboard"가 취해졌다.

[4] Wir gingen quer über die Rasenfläche, die uns jeden

unserer Schritte mit einer wunderbaren Leichtigkeit machen ließ, auf ihn zu. (*Die Ausgewanderten*, 10)

We crossed the lawn towards him, every step wonderfully light on the grass. (*The Emigrants*, 5)

여기서는 원문의 관계문장이 부사구로 재현되었고, 이로써 문장 전체가 훨씬 간결하고 단순해졌다. 이런 방식으로 두 텍스트를 꼼꼼히 비교하면, 번역본은 원칙적으로는 원문을 충실하게 옮기고 있음을 확인할 수 있다. 그러나 이 같은 기본원칙에도 불구하고 몇몇 문장들은 변형되었거나 재구성된 것이 눈에 띈다[2]. 긴 문장은 종종 짧은 문장들로 나누어졌고[1], 또는 원텍스트의 문장과는 달리 구성되었다[2]. 또 원 텍스트의 관계문장이 분사로 변형됨으로써[4] 원래보다 훨씬 짧아졌다. 이 같은 변형은 부분적으로는 두 언어의 상이한 구문론 Syntax에서 기인하는 것이기도 하지만, 근본적으로는 번역가 자신의 결정에 따른 것이다.

달라진 문장 구조 외에도 영역본에서는 세부적으로 뉘앙스가 다른 단어들을 종종 사용한다. 새로운 단어들이 택해지기도 하고("Virginia creeper", "mustard yellow")[2][3], 중요하지 않은 단어들이 삭제되기도 했으며 ("nur mit dem Wort altdeutsch annährend richtig bezeichnete")[3], 때로는 원래의 표현과는 다른 단어로 대체되었다("a two-metres wall" statt "eine[r] mannshohe[n] Mauer")[1]. 이처럼 사소하지만 세부적인 변화는 한편으로는 상이한 언어적, 문화적 배경을 가진 독자층에 대한 고려에서 비롯된 것처럼 보이기도 하고, 다른 한편으로는 원저자와 번역가가 서로 다른 문체적 취향을 지니고 있음을 보여준다.

이 같은 분석의 결과는 제발트가 산문적이고 복합적인 구문을 즐겨 구성하는데 반해, 헐스의 경우는 접속사나 관계문이 없는 단순 문장을 선호한다는 것을 보여준다. 문체의 효과를 따지자면 겹겹이 둘러싸인 제발트의 복합문이 대단히 무겁고 사변적으로 보인다면, 영역본은 눈에 띄게 가볍고 산뜻한 느낌을 주면서 결과적으로 원문보다 훨씬 우아한 뉘앙스를 낳는다. 여기에서 독일어 원문이 엄밀성과 논리적 일관성을 고수하는 반면, 헐스의 번역은 감성적 혹은 감상적인 '제발트 사운드 Sebaldsound'(McCulloh, 6)를 특징으로 한다. 맥클로에 따르면 제발트에게 '멜랑코리' 작가라는 라벨이 붙은 것은 헐스의 영어 번역에서 기인한다는 것이다. 이것은 본질적으로 제발트가 에세이스트이자 소설가인데 반해, 헐스는 자신을 오히려 시인으로 이해하는 것과도 무관하지 않을 것이다.

이 같은 서로 다른 구문론적 특징 외에도 제발트의 텍스트가 번역자를 어렵게 만드는 것은 화자의 서술이나 인물들의 보고를 통해 전달되는 소재의 다양성과 폭넓음을 들 수 있다. 그들의 이야기 혹은 보고는 종종 평균적이고 일반적인 상식의 수준을 넘어서는데, 그 내용을 제대로 파악하기 위해서 번역자는 다방면의 전문 지식을 필요로 한다. 작가가 여러 학문 분야에서 이야기의 소재를 취하는 만큼, 식물학, 동물학, 기상학, 지리학, 천문학과 같은 자연과학 분야와 인문과학 사이의 경계를 수시로 넘나든다. 또한 이제는 완전히 낡아버렸거나 더 이상 존재하지 않는 사물에 대해 상세히 기술하는 경우도 적지 않다. 오늘날에는 잊혀졌지만 한 시대에 관한 기억을 간직하고 있는 사물들은 다른 문화나 언어권에서 대응어를 찾기가 쉽지 않기 때문에 번역은 특별히 어려워진다. 의도적으로 조합된, 더 이상 사용되지 않는 단어들 또한 상응하는 역어를 찾는데 추가적인 어려움을 가져다준다. 그밖에도 종종 여러 페이지에 걸쳐 이어지는 장문의 경우, 문장 부호가 결정적인 역할을 하는 까닭에 문장부호에 대한 각별한 주의가 요구된다.

그런데 최근 제발트가 헐스의 번역에 대해 만족하지 않았고 스스로 헐스의 번역을 일일이 수정했다는 사실이 밝혀졌다.[3] 이 때문에 그는 심지어 자기 책의 번역자로 불리기도 했다. 이 점에서 그는 번역의 본질적인 한계에 대해 언급한 바 있다. "나는 번역 과정에서 섬세한 입자 중 얼마간은불가피하게 사라진다고 생각한다. 번역 과정에서 섬세한 입자를 만들 수는 있지만, 전반적으로 그것들 중 얼마간은 잃어버리게 된다"(Cook, 359)고 생각한다는 것이다. 하지만 헐스 번역의 어떤 부분이 제

3) Terry Pitts: Sebald's Translators Trouble? https://sebald.wordpress.com/category/michael-hulse/

발트 자신에 의해 수정되었는지를 찾아내기란 쉽지 않고, 일반 독자들은 인쇄된 최종본을 대할 수 있을 뿐이다.

이 같은 사실은 서로 불가분하게 의존하고 있는 두 텍스트가 최상의 번역에서도 결코 동일할 수 없다는 것을 말해준다. 부분적으로 서로 다른 언어 체계에서 유래하고, 부분적으로는 번역자의 최종적인 선택에서 연유하는 이 같은 차이는 오점이나 결함이라기보다는 오히려 원문을 더 풍요롭게 하는 것으로 받아들여져야 한다. 이는 "그(번역-필자) 속에서 원작의 생명은 이후의 더 새롭고 포괄적인 발전에 이르게 된다 In ihnen erreicht das Leben des Originals seine erneute späteste und umfassendste Entfaltung."(Benjamin, I, 44)는 발터 벤야민의 「번역가의 과제 Die Aufgabe des Übersetzers」에서의 주장을 상기시킨다.

3 QUESTION 제발트의 창작 글쓰기

1. 텍스트 차원에서의 번역 글쓰기

위에서 제발트의 텍스트가 어떻게 번역되었는지를 논의했다면, 이 자리에서는 다른 작가들의 텍스트를 자신의 작품 속에 직·간접적으로 인용한 제발트 자신의 글쓰기 방식에 대해 다루려고 한다. 우선 제발트가 자신의 고유한 글쓰기와 번역 간의 관계를 어떻게 보고 있느냐 하는 질문에서 출발할 수 있다. 맥컬로는 "제발트 글쓰기의 근원적인 주제는 결국 글쓰기 자체이다."(McCulloh 2003, xxi)라고 말한다. '글쓰기 자체' 속에는 당연히 번역도 포함된다고 할 수 있는데, 이는 제발트가 텍스트에 대한 기존의 카테고리를 넘어 장르간의 경계를 관통하기 때문이다. 이에 대해 맥컬로는 다시금 '문학적 일원주의 literary monism'(McCulloh 2003, 1)라고 부른다. 이런 의미에서 제발트는 종종 자신의 고유한 글쓰기와 번역 사이의 경계를 횡단하는데, 이는 허구와 기록, 자서전과 전기의 경계를 해체하는 것과 유사하다.

제발트 텍스트의 또 다른 특징을 인위적이고, 인공적인, 비관습적인 글쓰기라고 부른다면, 이것을 여기서는 '유사 번역 Pseudo-translation'이라고 명명하기로 한다. '유사 번역'이란 자신의 시대를 앞서 갔던 작가들이 독창적이고 혁신적인 자신들의 글쓰기를 종종 번역의 형태로 가장하는 현상을 명명한다. 이 같은 맥락에서 티모츠코 Maria Tymoczko는 많은 문학적, 문체적 혁신이 번역에서 유래되었다고 주장한다. 예컨대, 예이츠 W. B. Yeats, 오브라이언 Flann O'Brien, 제임스 조이스 James Joyce와 같은 많은 모더니스트들은 자신의 실험적인 글쓰기와 문체, 새로운 아이디어나 신조어 등을 번역체 혹은 번역투로 표현했다는 것이다(Tymoczko, 113). 여러 관점에서 소설 장르의 관습적이고 전통적인 특징을 해체한 제발트의 글쓰기에도 이 같은 '유사 번역'이란 개념을 적용할 수 있다.

제발트의 유사 번역과 관련하여 여기서는 두 가지 양상으로 논의하고자 한다. 그 중 하나는 다른 작가들의 텍스트를 번역하여 자신의 저술에 '다시 쓰기 rewrite'를 시도하는 것이고, 다른 하나는 허구적 인물이나 화자를 통한 '구두 번역 verbale Übersetzung'을 들 수 있다.

> [...] ich weiß nicht mehr, war es in der Gazet van Antwerpen oder in La Libre Belgique, auf eine Notiz über die Festung Breendonk, aus welcher hervorging, daß die Deutschen dort im Jahr 1940, gleich nachdem man das Fort zum zweitenmal in seiner Geschichte an sie hatte übergeben müssen, [...]."
> (*Austerlitz*, 32)

위에서 보는 것처럼 이 부분은 분명한 인용이지만, 그는 인용한 출처를 정확히 밝히지 않는다.

> Allerlei Seltenheiten umfaßt der von ihm (Thomas Braune, Verf.) aufgestellte Katalog: das Beschneidungsmesser Josuas, den Ring der Geliebten des Propertius, aus Achat geschliffene Grillen und Echsen, einen Schwarm goldener Bienen, blaue

> Opale, silberne Gürtelspangen und Schnallen, Kämme, Zangen und Nadeln aus Eisen und Horn und eine Maultrommel aus Messing, die zuletzt bei der Fahrt über das schwarze Wasser erklang. Das wunderbarste Stück aber, aus einem römischen Aschengefäß der Sammlung des Kardinals von Farese, ist ein vollkommen unversehrtes Trinkglas, so hell, als habe man es soeben geblasen. Dergleichen von der Strömung der Zeit verschonte Dinge werden in der Schrift verheißenen Unzerstörbarkeit der menschlichen Seele, an der der Leibarzt, so befestigt er sich weiß in seinem christlichen Glauben, insgeheim vielleicht zweifelt. (*Die Ringe des Saturn*, 38.)

위의 발췌문에서는 각각의 주어가 누구의 목소리를 대변하는지를 밝혀내기가 쉽지 않다. 그것은 17세기에 살았던, 역사에서는 이미 망각된 의사 토마스 브라운 Thomas Braune의 목소리인가? 아니면 토마스 브라운의 삶을 이야기하는 화자의 목소리인가? 그도 아니면 소설 장르의 허구성과는 무관하게 이 역사적 인물에 대해 자신의 개인적인 평가를 내리는 작가 제발트의 목소리인가? 특히 제발트 작품의 여러 화자들은 작가와 대단한 유사성을 보이기 때문에, 문법적 주어와 목소리의 원래 주인을 밝혀내기가 더 어려워진다.

이 같은 맥락에서 헐스는 『토성의 고리』 5장과 관련하여 제발트가 조셉 콘라트의 『어둠의 핵심 *Heart of Darkness*』을 '다시 쓰기 rewrite'를 한 부분을 지적한다. "이 같은 세부적인 질문보다 더 중요하게 논의되어야 할 것은 서사적 목소리의 모호함이다. [...] 막스의 텍스트에는 출처가 허구화된 보고로, 실제로는 허구 속의 특정 화자로 옮겨갔다는 아무런 표시도 없다. But what is arguably of greater significance than these questions of detail is the blurring of narrative voice. [...] and there is no indication in Max's text that the source has shifted to a fictionalized account, indeed to a particular narrator within that fiction."(Hulse, 205)

이 같은 사실을 제외하고도 어느 면에서 제발트 텍스트의 많은 부분은 '구두 번역 verbale Übersetzung, oral statement'이라 부를 수 있는데, 이는 많은 사실들이 화자나 등장인물에 의해 '구두로 mündlich' 보고되기 때문이다. 이 같은 구두 번역은 정확한 재현과는 전적으로 다른, 하지만 번역의 특수한 한 형태라 부를 수 있다.

> Aber je länger und je mehr sie sich mühte, desto mehr schwand auch die Hoffnung dahin, daß sie die Ausreisegenehmigung erlangen würde, und so entschloß sie sich zuletzt, im Sommer, als man schon reden hörte von dem bevorstehenden Krieg und von der mit seinem Ausbruch zweifellos eintretenden Verschärfung der Restriktionen, zumindest mich, wie Vera mir sagte, sagte Austerlitz, nach England zu schicken, [...]. (*Austerlitz*, 252)

이 문장에서 전면에 드러나지 않은, 보이지 않는 화자는 이 소설의 주인공인 아우스터리츠가 이야기한 것을 보고하고, 아우스터리츠는 어린 시절의 유모였던 베라가 자신에게 들려준 것을 이야기하며, 베라는 아우스터리츠의 어머니인 아가타가 거의 반세기 이전에 한 말을 들려주는 것이다. 따라서 이 하나의 문장에는 세 가지 층위의 이야기가 포함된다. 이 같은 중층적이고 연쇄적인 이야기의 고리에서 한 인물의 이야기는 두 번째 인물에 의해 번역되고, 두 번째 인물의 이야기는 세 번째 인물에 의해 번역된다. 이것은 말하자면 '번역의 번역의 번역 translation of translation of translation'(Bassett, 44)인 셈이다. 넓은 의미에서 이것은 로즈 Marilyn Gaddis Rose가 주장한 것처럼 "서사 자체는 태도와 신념, 사건, 욕구의 번역 Narration itself is a translation of attitudes, beliefs, events and needs." (Rose, 15)이라 부를 수 있다.

이와는 반대로 제발트는 종종 등장인물들로 하여금 영어, 프랑스어, 체코어, 폴란드어 등 여러 외국어를 번역하지 않고 그대로 말하게 한다. 텍스트 속에 외국어 문장을 그대로 제시할 경우 자연스러운 독서 흐름을 방해하는 것은 당연하다. 번역의 반대 사례인 이 같은 방식을 통해 그는 궁극적으로는 '유사 번역'으로 꾀했던 것과 동일한 효과를 지향한다. 그것은 '자국화 Einbürgerung' 하는 대신 '이국화 Verfremdlichung' 하는 것으로, 낯설게 하기를 통해 독자들의 주의력과 숙고, 혹은 생각의 전환을 촉구하는 것이다.

2. 예술 장르 간의 번역

제발트 텍스트 속에서 자신의 고유한 글쓰기와 번역 간의 관계는 문자적 차원을 넘어선다. 그는 텍스트 속에 그에 상응하는 사진이나 그림, 엽서, 혹은 도표와 같은 다양한 시각 자료를 종종 삽입하는데, 우리는 이것을 어느 의미에서는 상이한 예술 장르 사이의 번역이라 부를 수 있다. 다시 말해 그의 글쓰기가 사진이나 그림에 의존하는 것은 이미지를 문자를 통해, 역으로 문자를 이미지로 번역하는 것을 말한다.

이 경우 그는 자신이 직접 찍은 사진이나 여러 문헌실에서 나온 자료들을 십분 활용하는데, 이것은 그가 한 인터뷰에서 말한 것처럼, "그 속에 많은 기억들이 들어있다 there's a lot of memory in them."(Long, 47)고 확신하기 때문이다. 그는 사진으로 역사적 충격의 경험을 재생하는 것이 가능하다고 믿는다. 문자와 시각적 이미지의 상호작용을 통해 과거의 기억은 훨씬 강하게 환기된다. "어떤 사진들은 이전의 결백한 순간을 영구화하는 능력에서 동요하게 만드는 힘을 이끌어낸다. Some photographs derive their unsettling power from their ability to eternalize a moment of prior innocence."(Long, 47)

『아우스터리츠』나 『이민자들』에서는 시각 예술에 대해 그가 일찍부터 가졌던 관심을 읽어낼 수 있다. 그는 학창 시절부터 기본적인 스케치 기법, 암실에서의 인화 과정을 비롯한 흑백 사진에 필요한 기술을 두루 습득했다고 진술한다(Sebald 2003,

115).

이 같은 맥락에서 비분절적인 시각 이미지가 분절적 기호인 문자로 어떻게 기술 혹은 묘사되는지에 대한 문학적, 수사적 개념인 '에크프라시스 Ekphrasis'를 새롭게 적용해 볼 수 있다. 야코비 Tamar Yacobi는 에크프라시스를 매체 간의 인용이나 재현으로 정의하는데, 원래 대상에 대한 두 번째 재현, 곧, 재현의 재현이자 '상이한 예술 사이에서의 전이 interart transfer'라고 부른다. 야코비는 이 같은 정의를 한 예술 작품에 대한 문학적 기술이나 예술 비평적 해석에 적용한다. 대상에 대한 원래의 이미지가 에크프라시스적 전이를 통해 이미지의 이미지로, 더 나아가서는 시각적 투사가 언어적 테두리 속으로 들어옴으로써 전적으로 새로운 전체를 만들어 낼 수 있다는 것이다(Yacobi, 5).

제발트 센터 Sebald-Zentrum, The British Centre for Literary Translation 건물을 처음 설계한 라쉬 Daniel Lash는 시각 예술과 텍스트 사이의 이 같은 연관관계에 대해 '건축학적 번역 architectural translation'이란 용어를 사용한다. 그는 제발트의 『토성의 고리』에서 영감을 얻어, 이 소설의 내적, 추상적 구조를 건축물로 표현하고자 시도했다.

> 건축물 프로젝트를 위해서는 두 개의 프로그램이 있었다. 첫 번째 것은 1989년 제발트에 의해 이스트 앵글리아 대학에 설립된 브리티시 문학번역센터이고, 두 번째는 소설 자체이다. 다시 말해 이 건물은 이 기관의 구조와 문학 작품의 구조, 양쪽 모두를 대변한다.(Lash, 440)

라쉬가 주장하는 바대로, 이 건물은 소설을 공간과 조경으로 번역한 것이다(Lash, 442). 이 건축물에는 소설에서와 마찬가지로 역사 속의 모든 사실과 사건이 비록 분리되어 나타나거나 흔적 없이 사라진 것처럼 보일지라도 실제로는 서로 연결되고 반복된다는 제발트의 근본적인 신념이 작용하고 있다. 사물에 대한 많은 기억은 꿈속에서처럼 지극히 모호하고 불확실하게 남아 있기 때문에 우리는 예술을 통해 그것을 다시 되살려 내어야 한다는 것이다.

4 QUESTION 맺는 말

이 장에서는 '디아스포라와 번역'이란 맥락에서 W. G. 제발트의 디아스포라적인 삶과 글쓰기를 다루었다. 제발트 텍스트의 번역은 각별한 어려움을 야기하는데, 그것은 그의 비관습적인 글쓰기와 관련이 있음은 자명하다. 구문론적, 의미론적 차원의 무수한 상이한 어려움과 대면해야 하는 번역자에게 그것은 엄청난 도전을 의미한다.

이를 넘어 그 자신의 고유한 글쓰기는 다른 작가의 다양한 텍스트에서의 인용, 혹은 번역과 밀접하게 연관된다. 여기서는 그것을 '유사 번역'이란 개념으로 다루었다. 그의 번역 글쓰기는 단지 문자적 차원에 머물지 않고, 여러 예술 장르로 확대된다. 시각적 이미지를 문자로, 또 문자를 시각 이미지로 번역하는 것은 쌍방적인 해석으로 기능하고, 독자의 문화적 기억을 강화하는데 기여한다.

제발트가 자신의 글쓰기를 통해 궁극적으로 의도하는 것은 역사 속에서 배제되고 지워진 목소리들을 다시 되살려 내고, 지금껏 알려지지 않은 이야기들을 들려주는 것이다. 이때 그는 실제 역사에서 이미 잊힌 이름 없는 보고자들에 대한 깊은 관심과 공감을 표한다. 이 같은 맥락에서 그의 글쓰기는 지나간 역사에 대한 문화적 개입이라 평가할 수 있다.

예기치 않은 그의 죽음 이후, 문학 번역에 대한 그의 이념은 이스트 앵글리아 대학의 브리티시 문학번역 센터 The British Centre for Literary Translation에 의해 지속적으로 이어지고 있다. 거기서 번역은 문예학, 비교문학, 외국어 교육, 문예창작 등과 같은 인접 학문 사이에서 중심적인 자리를 차지한다. 이 문학번역센터는 오늘날 제발트의 이념을 대변하는 대표적 기관으로 자리 잡았다.

Chapter 12
번역비평1

QUESTION

Chapter 12 번역비평1

『히페리온』 - 문화의 이중굴절로서의 번역

국내에서도 실무번역이나 기술번역에 대해서는 통번역학과들을 중심으로 번역품질평가, 번역평가 등의 이름으로 상당히 오래 전부터 평가 작업이 행해져 왔다. 이들은 번역물에 대해 주관적이거나 임의적이지 않는, 어느 정도 객관성을 담보하고 정량화된 평가를 목표로 한다. 따라서 세분화된 평가 목록과 기준을 제시하며, 그것을 학생들의 과제물이나 번역 감수에 적용시키는 방법을 취한다. 이 같은 정량적 평가 방식이 번역물 감수나 심사에 많은 도움을 주어온 것이 사실이지만, 문학번역의 경우에 그대로 적용시키기에는 적지 않은 어려움이 있어 보인다.

문학 작품의 경우 객관적이고 정량화된 평가 기준에만 의존하기 어려운 것은 출발 텍스트에 내재된 다의적인 해석 가능성과 더불어 도착어의 차원에서 이루어지는 또 한 번의 글쓰기가 문제되기 때문이다. 이때 도착어 차원의 글쓰기란 번역의 부분적인 정확성이나 충실성을 넘어서는, 혹은 그것을 바탕으로 행해지는 다양한 표현 가능성과 번역자 나름의 언어적, 심미적 형상화와도 무관하지 않다. 그렇다면 문학번역에서는 어휘적, 문법적, 정보적 차원의 부분적인 혹은 전체적인 품질 평가보다는 오히려 문학비평에 가까운 포괄적인 비평작업이 도움이 될 것이다.

문학번역에 관해서도 실은 서평이나 독자 서평 등의 형태로 일종의 번역비평이 행해져 왔지만, 아직 독립적인 분야로 자리잡지는 못한 느낌이다. 번역 작품을 논의하는 자리에서 몇 줄 부차적으로 언급하는 수준에 그칠 뿐, 번역 자체에 대한 본격적인 논의가 이루어지는 장(場)은 마련되지 않았다는 말이다. 그러나 번역비평을 비평의 한 분야로 자리매김해야 한다는 목소리가 점점 더 커지고, 우리 (인)문학이 번역에 의존하고 있는 비중이나 출판계에서 번역 작품이 차지하는 비중을 생각한다면 이 같은 주장은 충분히 타당하다. 이 같은 인식에서 출발하여 이 글에서는 번역비평을 위한 하나의 시도로 횔덜린의 『히페리온』의 우리말 번역을 검토해 보고자 한다.

우리나라에서 횔덜린(1770-1843)의 『히페리온 Hyperion』(1799년)이 완역된 것은 1975년 범조사에서 나온 홍경호의 것이 최근까지 유일했다.[1] (일본에서는 1943년 청목서점에서 출

1) 그 이전에 1964년 이휘영이 법통사에서 펴낸 『세계의 명저』 도이치, 오스트리아편에 세 페이지 가량으로 횔덜린의 『히페리온』에 대해 소개되었고, 이 책은 1973년 국민서관에서 김용성이 펴낸 『세계문학의 안내』란 제목으로 다시 출판된 바 있다.

판된 바 있다.) 이 번역본은 1977년부터는 범조사에서 범우사로 옮겨 출판되었다. 홍경호의 번역은 다른 고전 작품들과 마찬가지로 출판사를 바꾸거나 다이제스트 형식으로 여러 차례 재수록되고 개정판이 나왔다. 흥미롭게도 70·80년대 여러 출판사에서 나온 세계문학전집에 『히페리온』은 종종 릴케의 『젊은 시인에게 보내는 편지』, 야스퍼스의 『현대의 이성과 반이성』과 함께 한 권에 수록되곤 했는데, 이는 세 작품 모두가 한 역자에 의해 번역되었기 때문인 것으로 보인다. 횔덜린과 릴케, 야스퍼스는 살았던 시기나 사상, 장르상으로도 상당히 차이가 나는 만큼 이상적인 편집이라 보기는 어렵지만, 여러 차례 판과 쇄를 거듭하여 발행된 것을 보면 역자는 이 번역서들에 대해 많은 애착을 가지고 있었던 것으로 보인다.

일반적으로 시인으로 알려진 횔덜린의 시들 가운데 몇 편이 그 이전에 소개된 바 있으나,[2] 다른 시인들의 시들과 함께 선집의 형태로 나왔을 뿐, 한 작품이 완역된 것은 『히페리온』이 처음이다. 역자가 횔덜린의 시가 아닌 소설을 완역한 것은 일차적으로는 그의 기호에 따른 것으로 보이지만, 작가의 전 작품 중에서 이 작품이 차지하는 비중 때문이기도 할 것이다. 그 후 횔

2) 이충섭, 한국의 독어독문학 관계 번역문헌 정보, 한국문화사 1990, 631쪽 이하 참고. 헬델린, 히페리온 운명의 노래, 황혼의 환상, 춘정 역, 백조 1939, 헬델링 푸리드릿히, 고향/귀향/애도, 최정호 역, 정양사 1953, 휠더얼린, 프리드릿히, 사죄/카아르 강, 고원 역, 정음사 1958, 휠더른, 운명의 여신들에게, 신동집 역, 정신사 1961 등을 들 수 있다.

덜린의 시집들은 몇 차례 번역되었고[3] 휠덜린에 관한 연구 논문들도 상당수 나왔지만,[4] 그의 유일한 소설인 『히페리온』은 새로 번역되지 않다가 2008년 장영태에 의해 비로소 다시 번역되었다(을유세계문학전집 11).[5] 이런 점에서 본다면 홍경호의 번역은 중요한 의미를 지니는데, 그것은 30여 년 동안 국내 초역이자 유일한 번역이란 위상을 차지하고 있었다는 사실 이외에도 역자 자신이 독일 문학 전공자였던 만큼 단기간에 이루어진 상업적인 번역과는 다른 태도를 취했을 것이라는 추측이 가능하기 때문이다.

정량적 평가를 위주로 하는 (실무)번역평가 Übersetzungs-evaluation와는 달리 문학 작품의 특수성을 고려해야 하는 문학 번역에 관한 이른바 번역비평 Übersetzungskritik을 시도해 보고자 하는 이 글에서는 이 번역본의 군데군데에서 발견되는 오역들을 밝혀내는데 치중하기 보다는 실제로 여러 겹의 언어적, 문화적 굴절이 일어나고 있는 이 작품을 위해 역자는 어떤 번역 전략을 구사하고 있는지, 그것이 가지는 특성과 문제점, 번역자의 번역 에토스, 우리말 차원의 글쓰기의 문제 등을 두루 살펴

---

3) 『빵과 포도주』, 박설호 역, 민음사 1997, 『히페리온의 노래』, 송영구 역 2004, 『휠덜린 시선(詩選)』, 장영태 역 2008.

4) 휠덜린에 관한 국내 석·박사 논문으로는 20여 편이 쓰였고, 한국교육학술정보(KERIS)에 따르면 국내학술지에는 총 34편의 연구논문이 발표된 것을 알 수 있다. 이 중에서 특히 염승섭, 장영태, 황윤석, 장성현 등이 휠덜린에 관해 다수의 논문을 발표하였다. 이에 관해서는 http://www.riss4u.net. 참고.

5) 이 글을 집필할 당시에는 장영태의 번역이 아직 출판되기 이전이라 고려의 대상으로 삼지 못했다.

보고, 궁극적으로는 아직도 완전히 자리 잡지 못한 번역비평이란 장르가 나아갈 길이 무엇인지를 가늠해 보고자 한다.

1 QUESTION 『히페리온』 번역의 역사적 의의

홍경호가 『히페리온』을 번역, 출간한 1970년대 중반은 산업화, 서구화가 급격히 이루어져 가던 시기로 서구 문화, 특히 서양 문학에 대한 동경이 엄청나게 컸고, 이와 아울러 기존에 알려져 있던 독일 작가들, 예컨대 괴테나 하이네, 헤세와 릴케, 카프카 이외에도 상당수의 독일 작품이 소개되던 시기였다. 독문학자 강두식, 곽복록, 김창활, 이동승, 박종서, 박환덕, 전혜린 등이 우리 문단에 독일 문학의 붐을 불러 일으켰던 시기이기도 하다. 특히 전혜린은 자신이 경험한 독일 생활에 대한 개인적인 기록과 더불어 당시 독일에서 한창 주목받던 하인리히 뵐, 루이제 린저, 헤르만 헤세, 에리히 케스트너와 같은 당시의 주요 작가들을 국내에 소개하여 우리나라 독자들로 하여금 독일 문화와 독일 문학에 대한 동경을 낳는데 일조했다.[6]

6) 이에 대해서는 장진길의 「독일문학의 한국어번역의 문헌학적 고찰(I)」- 1958부터

종이책이 다른 매체들과의 경쟁력에서 밀려 고전을 면치 못하는 오늘날과는 달리 당시의 독자들은 비단 독일 작품뿐 아니라 문학 전반에 대해 오늘날보다 훨씬 많은 애착을 가지고 있었던 것은 자명한 사실이다. 외국 작품 하나하나가 번역될 때마다 그것이 어느 나라의 것이든 상관없이 고스란히 받아들여지고 우리 독서계의 값진 자산이 되었던 것을 생각하면, 쏟아지는 번역물들의 전체적인 조망조차 힘들어진 요즘보다 그 영향력은 훨씬 더 막강했다 하겠다.

이 같은 전반적인 분위기 속에서 홍경호의 『히페리온』의 번역이 다른 작품과 비교해 특이한 점이라면, 앞서 언급한 것처럼 이미 번역된 작품들이 부단히 재번역되어 동일 작품에 대해 여러 종의 번역본이 존재하는 경우와는 달리 다른 역자에 의해서는 좀처럼 번역되지 않았다는 사실이다. 이는 어떤 의미에서는 이 작품이 폭넓은 독자층을 획득하고 대중화하는 데 성공하지 못했다는 것을 말해주는 것이기도 하다. 사실이 그렇다면 그 이유는 무엇일까? 우리나라 독자들 사이에서 횔덜린은 이미 여러 차례 번역된 괴테, 쉴러, 하이네처럼 확고한 고전작가로 수용되지 못했고, 그런가 하면 헤르만 헤세나 루이제 린저, 혹은 하인리히 뵐과 같은 당시의 동시대 작품들과는 달리 상당히 동떨어진 시공간을 배경으로 하고 있다는 점을 들 수 있을 것이다.

그러나 무엇보다 소봉파가 『세계문학과 주인공 총해설』에서

1968년까지: 창조의 혼란기 참고.

"현실에는 존재하지 않는, 시대의 이상상(理想像)을 찾아 헤매는 비극의 사나이"[7]라고 소개한 것처럼, 특별한 줄거리가 없이 형이상학적 사변과 지극히 고양된 감정 상태로 일관하는 이 소설이 일반 독자들에게 상당히 낯설게 느껴졌을 수도 있을 것이다. '하나이자 전부' 혹은 살아있는 모든 것들과의 '무한한 일치 unendliche Vereinigung'를 추구하는 절대적 이상주의와 '신적인 것의 표출'로서의 자연에 대한 동경, 고대 그리스 세계(아테네)에 대한 열망과 단 하나의 불필요한 어휘도 허용하지 않는 절제된 언어가 빚어내는 투명한 서정성이 한편으로는 서구화되어가면서도, 다른 한편으로는 산업화, 물질화가 가속화되어 가던 시대의 우리 독자들에는 너무 멀리 있는 세계처럼 보였던 것일까. 어쨌거나 "1, 2차 세계대전 동안 전선에서 전몰한 독일 병사들의 배낭에는 반드시 이 소설이 보물처럼 간직되어 있었다"[8]라는 휠덜린 연구에서 번번이 반복되는 인용문과는 달리, 이 책은 당시 우리나라의 지적, 문화적 지평에서는 애초부터 광범한 독자층을 확보할 수 있는 책은 아니었다고 볼 수 있다. 그럼에도 불구하고 이 번역서가 오늘날까지 꾸준히 인쇄되고 있는 것은 그것이 가지는 생명력을 말해주는 대목일 것이다.

휠덜린은 소포클레스의 『오이디푸스』와 『안티고네』(1804년)

---

7) 소봉파, 세계문학과 주인공 총해설, 일신사(1980, 1980, 1981, 1986), 364-365쪽.

8) Wulf Koepke, Hölderlin in einer gottverlassenen Zeit, in: Helga Schreckenberger (Hg.), Ästhetiken des Exils. Amsterdam 2003, S. 209-233; 홍경호 역, 히페리온, 범우사 1998, 5쪽.

를 독일어로 직접 옮긴 번역가이며, 고대 그리스의 정신을 부활시킨 독일 고전주의 흐름의 한 가운데, 더 정확히 말하면 그 가장자리에 서 있다. 따라서 이 작품에는 18세기의 그리스, 나아가서는 고대 그리스를 바라보는 독일 작가 횔덜린의 시선이 매 구절마다 구현되고 있다. 그렇다면 이 책에 나타난 그리스 상에는 터키의 오랜 압제로부터 벗어나기 위해 독립전쟁을 치르는 1770년대 그리스와의 전쟁으로[9] 황폐해진 현실 앞에서 더욱 더 간절하게 갈망하게 되는 "순박한 황금시대 die goldene Zeit der Unschuld"로서의 고대 그리스 세계가 겹쳐진다. 여기에 이 전쟁에 참가한 그리스 청년 히페리온이 독일 친구인 벨라르민에게 보내는 서간을 통해 자신의 심경을 토로하고 있다는 점에서 그리스 정신과 독일 정신이 서로 만난다.

『히페리온』은 이처럼 작가가 되살려 내고자 했던 고대 그리스의 정신과 작가가 살았던 당시의 그리스, 독일 관념론적 이상주의, 나아가서는 프랑스 혁명으로 야기된 18세기 후반의 정치 이념 등이 횔덜린의 시선을 통해 서로 만나는 지점이라 하겠다.

---

9) 18세기 이후 베네치아의 쇠퇴를 계기로 그리스의 상인들은 흑해·지중해에서 활약하여 마침내 강력한 선박대(船舶隊)와 막대한 돈을 벌어들였고 그리스 독립전쟁의 재원을 마련하는데 기여했다. 18~19세기의 러시아-투르크전쟁, 프랑스혁명, 알리파샤 술탄의 반란 등은 그리스 독립운동을 자극하였으며, 1770년에는 모레아(펠로폰네소스) 반도에서 반란의 불길이 타올랐고, 이것은 다시 러시아의 사주를 받아 더한층 기세를 올렸다. 그러나 이 반란은 러시아의 방임과 지도자 및 지도이념의 결여로 실패로 끝나 결국 그리스에서 수만 명이 학살되고, 투르크 제국의 앞잡이였던 알바니아 군대의 약탈과 폭행을 한껏 당하는 비참한 운명으로 빠지고 말았다.

여기에 한국의 역자에 의해 우리나라 독자들에게 소개되는 과정에서 또 다른 차원의 언어적, 문화적 굴절이 일어난다. 그렇다면 역자는 이처럼 여러 개의 시공간이 중첩된 쉽지 않은 작품을 우리 독자에게 소개하기 위해 어떤 전략을 사용하고 있는가? 온 영혼으로 우정과 사랑을 노래하고, 자연과 역사와 학문에 대한 인식으로 가득 채워진 횔덜린의 이 서간체 소설을 역자는 과연 어떻게 우리말로 형상화하고 있는가? 번역을 통해 그리스 정신과 독일 고전주의(혹은 반고전주의)란 두 문화를 한꺼번에 전달해야 하는 버거운 임무를 맡은 번역자가 어떻게 이 임무를 수행하는지, 또 언어적, 문체적, 주제적 측면에서 이 소설의 특수성이 어떻게 옮겨지고 있는지를 검토해 보기로 한다.

2 QUESTION 『히페리온』 번역의 글쓰기 전략

1. 문화적 이질성을 위한 전략

『히페리온』[10]의 시대적 배경은 비잔틴 제국의 멸망 이후 줄곧 오스만 터키의 압제 하에 있던 그리스인들이 러시아의 원조를 받아 독립운동을 일으켰던 18세기이다. 1부에서 고향 티나에서 순진무구한 어린 시절을 보낸 주인공은 아마다스를 만나 신화, 역사, 수학, 자연, 천문학 등을 섭렵한다. 스승 아마다스와 작별한 후 절대적 자유를 추구하는 행동주의자 알라반다를 만나 우정을 나눈다. 또한 "가장 아름다운 것이 가장 신성한 것"(휠덜린, 79)"[11]이란 이념의 구현체인 디오티마와의 사랑을 경험한다.

봄의 축제 분위기로 상승하던 1부와는 달리 쇠락하는 가을 분위기가 지배하는 2부에서 히페리온은 알라반다와 함께 조국 그리스의 독립 전쟁에 참가한다. 히페리온의 '행위에 대한 욕구'는 함께 참전한 무리들의 무차별적인 파괴와 약탈 행위로 순수성

---

10) 작품의 제목이자 주인공인 히페리온은 그리스인들에게는 태양신의 별칭이지만, '넘어가는 자 Darübergehender', 확대 해석하자면 '초월하는 자 Transzendierender'란 뜻을 지닌다.

11) 이 글에서 사용된 홍경호의 번역본은 1975년 1월에 초판 1쇄가 발행되었고, 1998년 9월에 3판 2쇄가 발행된 범우사 판이다.

을 상실하고 전투에서 부상을 입은 히페리온은 절망에 빠진다. 히페리온과의 우정을 위해 네메시스 결사단 Bund der Nemesis을 배반한 알라반다의 죽음과 사랑하는 사람과의 지상에서의 결합에 연연할 수 없음을 깨달은 디오티마의 죽음이 2부의 중심을 이룬다. 히페리온은 자신이 그리는 "인류의 새로운 시대", 즉 "인간과 자연이 모든 것을 포괄하는 신성 속에서 하나가 되는" 시대를 어디에서도 실현할 수 없다는 사실에 절망하지만, 동시에 그것에 대한 희망을 저버리지 않고 관조와 명상의 시간을 맞이한다. 이상은 『히페리온』의 내용을 간략히 정리한 것이다.

역자는 '이 책을 읽는 분에게' 라는 일종의 역자 서문에서 성스러움의 근원이자 분리될 수 없는 것, 혹은 '숨겨진 질서'로서의 자연에 대한 주인공의 동경에 대해 "이 책은 자연에 대한 명상이자 기록이라 불러야 할 것이다"라고 평가하고, 빌헬름 딜타이의 말을 빌어 "자연과 신과 영혼과 인간과의 융합"(횔덜린, 7)이라고 요약하고 있다. 나아가 이 작품의 또 다른 축인 아라반다와의 우정과 디오티마와의 사랑에 대해서는 "히페리온과 아라반다의 우정은, 히페리온이 너무나 완전한 우정을 희구했기 때문에 헤어지지 않을 수 없었으나, 그것은 사건이라기보다는 삶의 필연이었다. 그리고 디오티마와의 이별도 마찬가지다. [...] 두 사람의 사랑은 결국 사별로 끝나게 되는데, 그 모든 것은 이미 삶 속에 스스로 내포된 귀추였다"(횔덜린, 6)고 밝히고 있다.

히페리온의 고대 그리스에 대한 동경과 지난날에 대한 회상은 당시의 독일에 대한 비판으로 이어진다. 여기서 우리는 실제 작가 횔덜린이 당대의 독일을 향해 외치는 목소리를 들을 수 있는데, 그것은 그리스 정신에 비추어 독일인들의 고루함과 편협함, 그들의 야만성을 비판하는 것이다.[12] 독일 정신에 대한 횔덜린의 이 같은 비판에 대해서 역자는 "그는 당대를 정확히 비판했을 뿐 아니라, 소위 독일 정신이란 것에 대해서도 주저 없는 질타를 가한 용감한 시인이었다. [...] 독일인의 시민 근성을 질타하고 생명에 넘친 보다 높은 공동체의 실현을 바랐다"(횔덜린, 7)라고 짚어주고 있다.

역자는 이처럼 일반 독자들이 접근하기 어려운 당시의 역사적, 사상적, 문화적 배경과 관련된 요소들, 예를 들면 자연과의 합일 사상, 확대된 자아로서의 조국에 대한 애착, 우정과 사랑의 관계, 아름다운 것과 윤리적인 것의 관계와 같은, 이 책을 관통하는 중심 사상을 길지 않은 서문에서 함축적으로 밝혀주고 있다. 그런 의미에서 그의 역자 서문은 저자나 독자에 대한 형식적인 헌사가 아니라 문화적, 사상적 이질성에 대한 이해를 돕

12) "예로부터 야만인이었던 그 독일인들은 근면과 학문, 심지어는 종교에 의해 더 야만스러워졌다. 신적인 감정을 느끼기에는 너무나 우둔하여, 우미의 여신의 행복을 맛보기에는 골수까지 썩어 있다. 끊임없는 과장병과 초라함은 고상하고 우아한 인간을 손상시키고, 지둔하고 부조리함이 내버린 그릇 조각 같다. 벨라르민이여, 이 사람들이 내가 위안을 구한 자들이었다.
너무나 심한 말이지만, 그것이 사실인 이상 말하지 않을 수 없다, 독일인만큼 지리멸렬한 국민은 생각할 수도 없다. 직업인은 있지만, 인간은 없고, 사상가는 있지만, 인간은 없다. 목사는 있지만 인간은 없으며, 주인과 고용인, 청년과 어른은 있지만 인간이 없다. 이것은 마치 손발이나 사지가 뿔뿔이 흩어져 유별나게 흘린 피가 모래를 물들이는 처참한 전장 같지 않는가? (216)"

는 해설적인 기능을 포함한다.

이처럼 이질적 문화를 소개하고자 하는 역자의 노력을 높이 삼에도 불구하고 몇 가지 문제점을 지적할 수 있다. 무엇보다 역자가 1부 1권 Erstes Buch에 '짓밟힌 우정의 화원'이란, 그리고 2권 Zweites Buch에서는 '하나로서 모두인 아름다움', 2부 1권에는 '슬퍼하는 대지', 2권에는 '영원히 작열하는 생명'이란 별도의 부제를 붙인 것이 눈에 띈다. 원문의 어디서도 찾아볼 수 없는 이 부제는 물론 1권과 2권의 전체적인 주제어에 해당될 수 있다. 주제어를 제시한 의도가 독자들로 하여금 대단히 복합적인 내용에 보다 쉽게 접근하게 할 뿐 아니라, 서간 소설이 가지는 형식적인 단조로움을 줄이고자 한데 있다 하더라도 이것은 실은 원문에는 없는 자의적인 첨가에 해당한다.

그와 반대로 이 책의 원제목이 『Hyperion oder der Eremit in Griechenland』임에도 불구하고 『히페리온』이라고만 번역되어 있을 뿐, '혹은 그리스의 은자'라는 구절은 어디서도 찾아볼 수 없는 것은 기이하다. '그리스의 은자'는 실제로 이 작품의 전체적인 의도를 함축하는 것이기도 해서 이것을 무시했다는 것은 쉽게 이해되지 않는다. 즉 자신의 분신과도 같은 소중한 사람들을 잃고 나서 자연과 하나가 되어 고독한 은자의 삶을 살아가는 주인공의 상태에 대한 암시를 놓치고 마는 결과를 낳는다. 또 원전의 2부 첫머리에 모토 Motto로 삽입된 소포클레스의 『콜로 노스의 오이디푸스 Oidipus auf Kolonos』의 시구는[13] "사랑에 대한 고통과 사라진 기쁨에 대한 회상"으로 이어지는 2부의 전반적인 주제를 암시하고 있어 이것을 빠뜨린 것도 중대한 실책으로 보인다.

2. 소설 기법적 차원에서의 번역

이 소설은 히페리온의 성장 과정을 그린다는 의미에서 교양소설의 형태를 띤다(Bothe, 104). 역자 서문에서 역자 역시 이 책을 교양소설로 규정하고, 이는 국내외 연구서에서 보여주는 해석과도 일치한다. 교양 소설 자체가 특별한 번역체를 요구하는 것은 아니지만, 여기서 문제가 되는 것은 이 책이 모든 아름다운 것들이 사라지고 소멸되어가는 가을에 이르러 소생과 상승, 즉 자연의 축제기간에 있었던 아라반다와의 우정과 디오티마와의 사랑을 회고하며 처음부터 끝까지 친구에게 쓴 편지로 이루어져 있다는 점이다. 이처럼 회상적 편지글의 특징은 편지

13) Nie geboren zu sein:
Höheres denkt kein Geist!
Doch das Zweite ist dieses:
Schnell zu kehren zum Ursprung. (독일어 번역은 Ernst Buschor에 의한 것임.)
결코 태어나지 않는 것:
어떤 사람도 그보다 더 나은 것을 생각할 수 없다!
그러나 두 번째는 이것이다:
빨리 근원으로 돌아가는 것.

를 쓰는 시점의 시제와 편지 속에 표현된 내용의 시제가 다르다는 점이다(Ryan, 177).[14] 이때 시제가 서로 다른 시간 층위를 나타내는데 결정적인 역할을 한다는 것은 당연하다.

> Oder des Abends, wenn ich fern ins Tal hinein geriet, zur Wiege des Quells, wo rings die dunkeln Eichhöhn mich umrauschten, mich, wie einen Heiligsterbenden, in ihren Frieden die Natur begrub, wenn nun die Erd ein Schatte war, und unsichtbares Leben durch die Zweige säuselte, durch die Gipfel, und über den Gipfeln still die Abendwolke stand, ein glänzend Gebirg, wovon herab zu mir des Himmels Strahlen, wie die Wasserbäche flossen, um den durstigen Wanderer zu tränken - (S. 126)

> 또 저녁때가 되면 계곡으로 내려가 샘물의 요람으로 다가간다. 그러면 근처의 어두운 떡갈나무들은 와글거리고, 자연은 낡고 깨끗하게 죽음에 임하는 사람처럼 그 평화 속에 나를 묻어준다. 가지와 나무순을 움직여 속삭이며, 그 위로는 조용하게 저녁 구름이 길게 눕는다. 빛나는 산정에서는 하늘빛이 계류처럼 내게로 흘러와, 갈증에 괴로워하

14) 이 점에 대해 2008년에 나온 장영태의 『휘페리온』의 해설에서도 같은 견해를 보여준다. "따라서 독자는 서술자로서의 그때마다의 현재적 입장과 '나는 그렇게 말했다' 또는 '나는 그렇게 꿈꾸었다'와 같은 진술 형식을 빌려 인용된 체험적인 휘페리온의 입장을, 그러니까 두 개의 시간적 층위를 잘 구별하면서 읽어야 한다."(장영태 역, 휘페리온, 을유문화사 2008, 325쪽 참고).

는 나그네를 적셔주고. (번역본 222쪽)

위의 인용 부분은 과거에 일어난 일들을 기록하는 단순과거 문장이다. 그런데 역자는 그 사실을 고려하지 않고 현재형으로 번역하였다. 이 때문에 독자들은 종종 하나의 문장이 어느 시점에 속하는지, 즉 훗날 회고하는 시점인지 혹은 사건이 실제로 일어났던 과거의 시점인지를 혼돈하게 된다. 결과적으로 이 소설 전체에서 히페리온이 아다마스와 함께 한 어린 시절과 아라반다와 디오티마와 함께 보낸 시절, 그리고 훗날 회고하는 시점 등이 부단히 교차하고 있음을 혼돈하게 만드는 요인이 된다. 다시 말해 시제에 관한 명확하지 않은 인식 탓에 서로 다른 시간의 층위, 즉 화자가 '이야기하는 시간 erzählende Zeit'과 '이야기된 시간 erzählte Zeit'이 뒤섞이는 결과를 가져왔다.

그로 인해 휠덜린이 이룩한 소설기법적 업적이라 할 수 있는, "이야기의 끝은 시작으로 이어지고, 전체가 하나의 환"(Ryan, 176)을 이루는 이 소설의 독특한 시간구조가 제대로 파악되지 않는다. 그런 까닭 때문인지는 알 수 없지만, 두 시제를 구별하는 표시가 되는 마지막 문장 "So dachte ich. Nächstens mehr. 나는 그렇게 생각했다. 다음번에는 더 많은 것을 말하리라."의 번역이 빠진 것이 눈에 띈다.

3. 대중화 전략

앞서 『히페리온』의 작품 자체가 출판사 입장에서 보자면 완전히 대중주의를 지향한 기획이 될 수 없었다고 지적한 바 있다. 그러나 독일어가 우리말로 바뀌는 글쓰기의 과정이나 편집 과정에서 역자 혹은 편집인은 대중적 전략을 전적으로 배제할 수만은 없고, 또 배제하지 않는다. 다시 말해 히페리온의 번역이 중간 교양계층을 위한 대중주의 미학을 완전히 포기한 것은 아니며, 이것은 종종 자국화 현상으로 나타난다.

이 같은 대중화 전략, 혹은 우리나라 독자들을 위한 자의적인 변형은 무엇보다 문장 구성에서 확인할 수 있다.

> 살아 있는 모든 것과 하나가 된다! / 이 말과 함께 도덕은 그 준엄한 차림을, 인간의 지성은 그 권위를 버린다. / 그리고 갖가지 생각은 영원히 하나인 세계의 모습을 앞에 하고 스러져 간다. / 그것은 마치, 고뇌에 사로잡혀 투쟁하는 예술가의 온갖 규칙이 우라니아 앞에서 사라져 가는 것과 같다. / 운명의 지배도 그 주권을 단념하며, 만물의 결합에 의하여 죽음은 쓰러지고, 나눌 수 없는 통일과 영원의 청춘이 세계를 행복하게 하며 아름답게 한다. (16)

> Eines zu sein mit Allem, was lebt! / Mit diesem Worte legt die Tugend den zürnenden Harnisch, der Geist des Menschen den Zepter weg, und alle Gedanken schwinden vor dem Bilde der

ewigeinigen Welt, wie die Regeln des ringenden Künstlers vor seiner Urania, und das eherne Schicksal entsagt der Herrschaft, und aus dem Bunde der Wesen schwindet der Tod, und Unzertrennlichkeit und ewige Jugend beseliget, verschönert die Welt. (9)

위의 인용문에서 원문은 2개의 문장으로 이루어져 있음에도 번역문은 5문장으로 나누어져 있다. 특히 두 번째 문장은 4개의 문장으로 쪼개져 있다. 이처럼 긴 문장을 여러 개의 문장으로 나누어 번역하는 것은 여기서 뿐 아니라 도처에서 발견된다. 실제로 이해하기도 어렵고 옮기도 힘든 긴 문장을 여러 문장으로 나누어 번역하는 것은 우리의 번역 풍토에서는 종종 별 무리 없이 통용되고, 심지어는 권장되기도 한다. 이른바 가독성의 원칙이 작용하는 것이다. 그러나 저자가 긴 호흡으로 이어 쓴 것을 토막 내는 것은 문장의 호흡을 끊는 것과 마찬가지고, 길게 이어지는 사유의 흐름을 제대로 되살려 내었다고 보기 어렵다. 나아가 전반적으로 긴 문장들을 선호했던 그 시대의 문체적 특징을 무시해 버리는 처사이다.

그러나 이와 반대로 단문들이 여러 개 나열될 때, 짧은 문장들을 연결시켜 하나의 문장으로 번역한 경우도 드물지 않다. 이처럼 문장의 길이를 자의적으로 조절하는 것은 역자 혹은 편집자가 이상적으로 생각하는 독서의 호흡 혹은 독서의 리듬을 염두에 두었기 때문일 것이다. 그렇다면 이상적인 독서의 리듬이란 지나치게 길거나 짧지 않고, 원칙적으로 거의 균등한 문장의 길이를 유지하는 것으로 이해한 것이다.

이와 아울러 단락 Paragraph 구분이 달라지는 것 또한 이 번역본에서 가장 흔히 찾아볼 수 있는 현상 중의 하나이다. 이것이 역자 자신에 의한 것인지 혹은 편집과정에서 바뀐 것인지 확인하기 어렵지만, 단락 구분이 상당히 자의적으로 이루어지고 있는 것은 이 번역본의 신뢰성을 떨어뜨리는 요소가 되고 있다.

대중주의 전략과 관련하여 또 한 가지 지적할 것은 번역문은 서간체에 간접적으로 묘사된 대화들을 원문과는 달리 직접대화로 처리하고 있다는 점이다.

> 해는 지고, 별은 이미 하늘에서 빛나고 있었다. 우리는 잠자코 집 아래쪽에 섰다. 뭔가 영원한 것이 우리 내부에도 우리 위에도 있었다. 하늘에 퍼진 영기와 같이 몽롱하게 디오티마는 나를 포옹했다.
>
> "어리석은 분, 이별 따위가 무엇이라고" 하면서 내게 속삭이는 그녀의 얼굴이 불사의 신들의 미소 같은 것을 띠고 있었다.
>
> "내 기분도 인제 달라졌습니다." 하고 내가 대답했다. "나도 모르겠소. 두 가지 중에서 어느 쪽이 꿈일까요? 나의 괴로움인가요, 아니면 기쁨인가요?"
>
> "양쪽이 다 꿈이에요." 하고 그녀가 대답했다.
>
> "그리고 양쪽이 다 괜찮아요."
>
> "디오티마, 나도 당신처럼 말하지요. 하늘의 별을 바라보며 우리 서로를 확인합시다. 하늘을 우리 생각을 나타내는 표적으로 삼읍시다. 우

리가 서로 말을 나눌 수 없는 동안은."

"그렇게 해요." 그녀는 느릿느릿한 음성으로 말했다. 그리고 그것이 그녀의 마지막 목소리였다. (143)

Es war Abend geworden und die Sterne gingen herauf am Himmel. Wir standen still unter dem Haus. Ewiges war in uns, über uns. Zart, wie der Aether, umwand mich Diotima. Törichter, was ist denn Trennung? flüsterte sie geheimnisvoll mir zu, mit dem Lächeln einer Unsterblichen.

Es ist mir auch jetzt anders, sagt ich, und ich weiß nicht, was von beiden ein Traum ist, mein Leiden oder meine Freudigkeit.

Beides ist, erwiderte sie, beides ist gut.

Vollendete! rief ich, ich spreche wie du. Am Sternenhimmel wollen wir uns erkennen. Er sei das Zeichen zwischen mir und dir, solange die Lippen verstummen.

Das sei er! sprach sie mit einem langsamen niegehörten Tone - es war ihr letzter. (114)

히페리온과 디오티마가 이별하는 이 장면은 단조로운 이 작품의 클라이막스에 해당된다. 따라서 두 사람 사이의 대화가 원문에서처럼 인용부호 없이 쓰여 있을 때는 그런 극적인 효과가 강조되지 않고 때로는 누구의 말인지도 쉽게 구별할 수 없는 것이 사실이다. 그렇다면 극적 클라이막스를 강조하는 의미에서 인용부호를 사용하여 대화로 처리한 것은 생각해 봄직한 방안이다. 그러나 이것은 대표적인 대중적 글쓰기의 하나로 불릴 수 있는데, 일반 독자들을 위한 의미 전달과 극적 효과를 최우선으로 삼고 있기 때문이다. 하지만 인용부호를 사용함으로써 지극히 독백적이고 사변적인 원문의 분위기가 완전히 달라진 점을 부인할 수 없다.

이 같은 원문에 없는 인용부호의 사용은 우리나라의 번역 풍토에서 널리 사용되는 관행의 하나이다(김종길 외, 167). 물론 이런 조치는 독자의 이해에 많은 도움을 주고, 지루하게 계속되는 묘사 중심의 기술에서 생동감과 활기를 주는 효과를 낳는다. 그러나 문장부호 역시 문장의 한 요소이며 고유한 기능과 의미를 가진다는 점을 전제한다면, 자의적인 인용부호의 삽입은 사실상 허용되어서는 안 될 것이다.

4. 시적 언어를 위한 글쓰기 전략

번역자는 "거의 시에 가까운 이 작품을 우리말로 옮기는 것은 불가능에 가까운 어리석은 시도"라며, "번역상의 어려움"[15]을 토로하고 있다. 역자는 『히페리온』을 "시와 사상이 언어의 생동

---

15) F. 휠덜린, 히페리온, 홍경호 역, 범우사 1998, 8쪽. 이 글에서는 1998년 판을 연구대상으로 삼았다.

하는 리듬에 의해 그 융합이 실현된 가장 뛰어난 작품"(7)이라 일컬으며, 비록 산문으로 쓰이긴 했지만 '서정적인 산문시'(6)임을 거듭 강조한다. 따라서 이에 많은 비중을 두고 시적 언어가 가지는 리듬감을 살리고자 애쓴 흔적이 엿보인다. 실제로 역자가 이후에 창작 활동에 힘을 쏟았던 것을 보면,[16] 그의 문학적 소양은 상당한 수준이었던 것으로 추측된다.

역자는 횔덜린의 고유한 시적 언어를 옮기는 한 방편으로 생략법을 사용하여 역문을 불완전하게 남겨놓는 전략을 사용했다.

> 1) 과감한 남자의 가슴에서 우러나오는 다정한 말, 정신의 엄격함을 감춘 미소, 그것은 작은 일이면서도 더욱 풍요한 것이다. 그것은 마치 생과 사를 단순한 음절 속에 갖춘 마법의 주문, 신들의 주머니에서 끌려 나와 대지의 신비한 힘을 수정 같은 물방울로 우리에게 전하는 영묘한 물과 같은 것. (21)
>
> Ein freundlich Wort aus eines tapfern Mannes Herzen, ein Lächeln, worin die verzehrende Herrlichkeit des Geistes sich verbirgt, ist wenig und viel, wie ein zauberisch Losungswort, das Tod und Leben in seiner einfältigen Silbe verbirgt, ist, wie

16) 역자는 독일 문학에 관한 연구서와 역서 이외에도 『독신시대』, 『우암 송시열』 등의 소설을 펴내었다. 이처럼 역자는 후기로 갈수록 오히려 창작 활동에 집중한 듯하다.

ein geistig Wasser, das aus der Tiefe der Berge quilt, und die geheime Kraft der Erde uns mitteilt in seinem kristallenen Tropfen. (13)

2) 그리하여 나는, 행복을 안고 별의 세계까지 기어 올라가고 싶었다. 그 행복이 주위의 세계로 인하여 더럽혀지지 않도록 하기 위해서. (21)

Zu den Sternen hätt ich dann fliehen mögen mit meiner Seligkeit, damit sie mir nicht entwürdigt würde von dem, was mich umgab. (13)

이처럼 역자는 연결되어 있는 문장이나 관계문장을 끊어 별도의 문장으로 만들고, 마지막 문장을 불완전한 우리말 문장으로 남겨둠으로써 시적 여운을 남기려 한다. 즉, 우리말 산문체가 가지는 '~다' 라는 서술형 종결어미를 피하고 변화를 꾀함으로써 시적 리듬감을 살리고자 하였다. 1)의 경우는 명사절로 끝을 맺었고, 2)의 경우 문장의 도치 Inversion란 수사법이 사용된 셈인데, 이것은 원전과는 사뭇 다른 효과를 낳는다.

원문의 시적 언어를 살리기 위한 또 한 가지 방법으로 잦은 감탄사의 사용을 들 수 있다. 매 순간 온 영혼을 담아 한 순간의 일상적인 상태도 허용하지 않는 주인공의 고양된 영혼은 종종 언어 이전의 탄성이나 탄식으로 나타나기도 한다. 따라서 원문 자체가 영탄법을 많이 사용하고 있는 것이 사실이지만, 역문은 거기다 더 많은 영탄법을 추가한다.

> 아아, 고대인의 위대함은 폭풍처럼 나의 목을 졸라, 내 얼굴에서 꽃처럼 붉은 빛을 앗아 갔다. 그리하여 나는 몇 번이고 아무도 보지 않는 곳에서 한없는 눈물을 흘렸다. 바람에 쓰러진 나무가 시냇물에 쓰러져 그 시들어 가는 나뭇가지를 물에 담그고 있듯이.
> 아아, 한 위대한 인간의 생명의 순간이라도 그것을 피로써 살 수 있다면, 나는 얼마나 기쁘게 그것을 샀을 것인가. (29)

> O mir, mir beugte die Größe der Alten, wie ein Sturm, das Haupt, mir raffte sie die Blüte vom Gesichte, und oftmals lag ich, wo kein Auge mich bemerkte, unter tausend Tränen da, wie eine gestürzte Tanne, die am Bache liegt und ihre welke Krone in die Flut verbirgt. Wie gerne hätt ich einen Augenblick aus eines großen Mannes Leben mit Blut erkauft. (20)

위의 인용문에서 두 번째 "아아," 라는 감탄사는 추가로 삽입된 것이다. 또 원작의 시적 언어를 살리기 위해 역자가 얼마간의 우리말을 가미한 점 ("꽃처럼 붉은 빛"), 혹은 시적 언어라는 명분으로 오히려 모호한 표현이나 과장된 표현을 ("목을 졸라") 지나치게 허용한 부분도 어렵지 않게 찾아볼 수 있다. 실제로 매끄럽게 번역되기 어려운 원전을 여러 차례 가다듬어 우리말로도 부드럽게 읽히게 만드는 과정에서 원전의 정확한 의미가 손상된 부분을 드물지 않게 발견할 수 있다.

서구어, 특히 독일어의 우리말 번역이 여전히 원전의 해독 능력이나 도착어의 표현 능력에서 일정한 수준에 이르지 못한 채 심각한 가독성의 어려움에 처해 있던 시절, 따라서 우리말다운 번역이 지상 명제처럼 여겨지던 당시의 출판 풍토에서 이 같은 시도는 환영할 만한 성과이기도 하다. 그러나 어느 작가와도 비견될 수 없을 만큼 절제된 언어의 투명성과 순수성을 구현한 횔덜린의 텍스트가 그로 인해 지나치게 둥그려지고 훼손된 측면이 없지 않다. 그렇다면 우리말로 잘 읽힌다는 이 번역본의 미덕 자체가 원전의 고유성과 이국성을 떨어뜨리는 역효과를 낸 측면을 부인하기 어렵다. 이 경우 문장의 매끈한 처리가 오히려 지나친 자국화라는 혐의를 두게 하는 요인이 되는 것이다.

5. 번역자의 자기이해와 번역에토스

마지막으로 우리는 이 역서에서 번역자가 원전을 대하는 자세, 혹은 번역자가 자신을 임무를 어떻게 이해하고 있는지를 확인하게 된다. 이를테면 역자는 『히페리온 1, 2부』에 그 이전에 집필된 횔덜린의 미완성본 『히페리온의 단상, 탈리아 편』과 『히페리온의 청춘시대』를 추가로 덧붙이는 수고를 마다하지 않았고, 이에 대해 "엄밀히 따지자면 서로 별개의 작품이라고

하지만, 그것을 빼놓고는 히페리온의 이해가 거의 불가능하므로, 부득이 함께 수록하지 않을 수 없다"(7)고 밝히고 있다. 이것은 이 작품의 긴 집필 과정이나 완성본에 나타난 사유의 단초들이 이전에 쓰인 미완성 단편들에 이미 나타나 있다는 사실을 생각한다면 대단히 바람직한 선택이었고, 이는 횔덜린의 작품 전반에 대한 전문가적인 지식이 없이는 가능하지 않다.

또한 역자는 우리나라 독자들에게는 낯선, 그러나 이름만으로도 많은 역사적 의미를 함축하고 있는 그리스 지명이나 인명들에 종종 역자 주석을 붙이는 친절함과 세심함도 보여준다. 그 외에도 곳곳에서 그의 번역 에토스를 엿볼 수 있는데, 이때 번역 에토스란 단순히 역자의 성실성이나 원문에 대한 충실성만을 의미하는 것이 아니라 출발 텍스트를 대하는 번역자의 태도와 시각, 번역자의 과제에 대한 스스로의 인식, 나아가서는 독자와의 관계 지평까지도 포함할 것이다. "모쪼록 독자들에게 좋은 책을 한 권이라도 더 읽게 하고 싶다는 역자의 바람"에서라고 밝힌 번역 동기에서 우리는 역자가 자신의 역할을 단순히 언어적인 전달자가 아닌 문화적, 문학적 안내자로 이해하고 있음을 엿보게 된다. 이는 "당신은 이 나라의 민중의 교육자가 되는 거예요. 큰 인물이 되어 주세요(125) Du wirst Erzieher unsers Volks, du wirst ein großer Mensch sein, hoff ich.)" 라는 히페리온에 대한 디오티마의 요청에서도 드러나듯, '교사로서의 시인'의 사명을 표방한 횔덜린의 입장을 '교사로서의 역자'라는 역할로 내면화하고 있는 것처럼 보이고, 나아가서는 작가와 역자 자신을 부분적으로 동일시하고 있는 듯하다. 다시 말해 시인이 인류의 교사이듯, 역자는 단순한 언어를 매개하는 기능인이 아니라 독자의 길잡이라는 인식을 견지하고 있음을 말해준다. 역자는 '보이지 않는 존재'로 머물지 않고 역자의 주체를 드러내 보이는 것이다.

3 QUESTION 맺는 말

교양소설이면서도 주인공의 성장 과정이 분명하게 드러나지 않고, 서간체 소설이면서도 사실의 전달이나 수신인과의 소통을 위해서가 아니라 오히려 사변과 명상을 위한 매체로 편지 형식을 사용하고 있는 횔덜린의 『히페리온』이 우리나라에 수용되는 데는 적지 않은 어려움이 따랐을 것임을 충분히 짐작할 수 있다. 이 같은 상황에서 역자가 작품을 충실히 번역하기 위해 최선의 노력을 다한 점을 십분 느낄 수 있다. 그러나 한 순간의 일상적인 감정을 허용하지 않고 최고로 고양된 감정 상태를 지속적으로 유지하는 이 난해한 작품이 보다 적극적으로 수용되기에는 여전히 근본적인 한계가 있다. 무엇보다 서구문화의 이국성을 동경하면서도, 다른 한편으로는 성급한 개발 논리와 물질적 풍요가 최우선적인 가치로 부상하던 산업화 시대의 우리 독자들에게 이 작품은 지나치게 형이상학적이고 비현실적으로 비칠 수 있기 때문일 것이다. 아름다움이 곧 성스러움이며, 신적이고 절대적인 것임을 표명하는 이 작품의 미학적 핵심은 물질적 가치가 위세를 떨쳐가던 70년대의 우리 사회에서나, 이데올로기 논쟁에 휩싸인 80년대, 나아가서는 기존의 가치들이 전복되고 해체되던 90년대 이후에도 제대로 받아들여지기 어려웠다.

그러나 이 같은 수용 여부를 떠나 번역의 문제로 돌아가자면 이 번역서의 여러 군데서 발견되는 사소한 오역들은 차지하더라도 간혹 발견되는 터무니없는 오역은 독자들을 당혹하게 만든다(부록 참고). 전반적으로 대단히 부드러운 이 번역은 종종 원전의 단어들이 가지는 내포 의미의 최대 범위를 벗어나는 경우도 없지 않다. 시적인 분위기를 살리거나 우리말의 리듬을 고려하다 보니 원전에서 빠뜨리거나 첨가된 어휘들 또한 상당수 존재한다. 실제로 일본어판을 중역했거나 참고했을 가능성 또한 전적으로 배제하기 어렵다. 그 외에도 번역자는 어떤 판본을 원전으로 사용하고 있는지를 밝히지 않고 있다.

그러나 역자는 나름대로 성실한 번역으로 우리에게 『히페리온』이란 한 권의 번역서를 선물해 주었고, 이를 통해 횔덜린이란 작가의 이름을 기억하게 해 주었다. 번역이 베누티가 말하는 바대로 '거울비추기' (베누티, 136) 혹은 자기 인식의 과정이라면, 우리는 이 텍스트 속에서 우리가 익숙해져 있는 가치 체계나 언어 체계, 혹은 감정 세계에 대단히 낯설고 이질적인 것들과 만나게 된다. 이를 통해 우리 사회가 물질적이고 가시적 것, 현세적 것에 얼마나 집착하고 있는지, 아름다움을 찾고자 하는 우리의 갈망이 얼마나 무디어져 있는지, 무엇보다 우리의 독서가 손쉽게 접근할 수 있는 텍스트들을 은연중에 선호해 왔음을 되돌아보게 된다.

한 권의 번역서의 역할이 그러하다면 번역비평이란 번역의 잘잘못을 따지는 일에서 끝날 것이 아니라 번역을 통해서도 여전히 생경하게 남아있는 것들, 독서를 통해서도 아직 이해되지 않는 부분들을 이해하도록 도와주는 보조적 역할을 수행해야 할 것이다. 그렇다면 누구도 완전히 피할 수 없는 얼마간의 오역이란 이유로 번역자의 노고를 가차 없이 비판하며 섣부른 평가의 잣대를 들이댈 수는 없다. 그 대신 아무리 충실한 번역을 통해서도, 심지어는 역자 서문이나 에필로그, 혹은 주석과도 같은 각종 보조 장치를 통해서도 미처 전달하지 못한 것들을 전달하고, 때로는 역자 스스로도 미처 인식하지 못한 것들을 밝혀내는 데 힘을 보태야 하지 않을까? 저자와 비평가의 관계가 그러해야 하듯, 번역가와 번역비평가의 관계 또한 평가하는 자와 평가받는 자의 관계가 아니라 자신들이 마주한 작품을 완성시키고 되살려내는 역할을 함께 나누어야 할 것이다. 이것이 번역비평이 번역 평가와는 달리 일종의 문학 비평적 기능을 담당한다고 주장할 수 있는 이유일 것이다.

오류분석의 예[17)]

1. 심각한 오류

1) 과감한 남자의 가슴에서 우러나오는 다정한 말, 정신의 엄격함을 감춘 미소, 그것은 작은 일이면서도 더욱 풍요한 것이다. 그것은 마치 생과 사를 단순한 음절 속에 갖춘 마법의 주문, 신들의 주머니에서 끌려 나와 대지의 신비한 힘을 수정 같은 물방울로 우리에게 전하는 영묘한 물과 같은 것. (21)

Ein freundlich Wort aus eines tapfern Mannes Herzen, ein Lächeln, worin die verzehrende Herrlichkeit des Geistes sich verbirgt, ist wenig und viel, wie ein zauberisch Losungswort, das Tod und Leben in seiner einfältigen Silbe verbirgt, ist, wie ein geistig Wasser, das aus der Tiefe der Berge quilt, und die geheime Kraft der Erde uns mitteilt in seinem kristallenen Tropfen. (13)

2) 내가 때때로 이용한 유일한 이야깃거리는 말하자면, 외국의 도시나 나라에 대해서의 산 사전이었다. 그것은 말하는 기계

17) 여기서는 본격적인 오류 분석을 의도하지 않은 까닭에 단순히 몇 가지 사례를 보여주는 수준에 그치고 있음을 밝힌다.

에서 말을 달리하는 주권자와 교회의 탑과 카이사르를 보여줄 수 있다. (35)

Die Einzigen, deren zuweilen ich mich bediente, waren die Erzähler, die lebendigen Namenregister von fremden Städten und Ländern, die redenden Bilderkasten, wo man Potentaten auf Rossen und Kirchtürme und Märkte sehn kann. (25)

3) "그래, 그대를 위해!" 그가 외쳤다. "이래도 내가 그대에게 소용되는 음식물이라는 사실이 기쁘네. 혹시 내가 그대의 구미에 맞지 않더라도, 음식처럼 먹을 수 있도록 나를 짜주게나." (45)

Ja wohl! für dich! rief er, und es freut mich herzlich, daß ich dir denn noch genießbare Kost bin. Und schmeck ich auch, wie ein Holzapfel, dir zuweilen, so keltre mich so lange, bis ich trinkbar bin. (43)

4) 제삿날은 아무도 굶지 않는다. 극빈자도 그렇다. 그러니, 그대들 밑에서 제삿날을 진심으로 축하하는 자는 단 하나, 그것은 죽음이다. (66)

An Festen darbt ja niemand, auch der Ärmste nicht. Aber Einer nur hat seine Feste unter euch: das ist der Tod. (51)

5) 그리고 신성한 젊음에 넘쳐, 나의 전 존재는 나 자신과 모든 것을 기쁨으로 하여 춤춘다. 별을 뿌려 놓은 하늘처럼, 나는 조

용하면서도 <u>움직이고 있다</u>. (69)

Voll göttlicher Jugend frohlockt mein ganzes Wesen über sich selbst, über Alles. Wie der Sternenhimmel, bin ich still und <u>bewegt</u>. (53)

6) 원문 66쪽, 편지 하나 완전 누락.

2. 가벼운 오류

1) <u>전체로서 하나가 되는 것</u>, 그것이 신성에 충실한 생이며, 그것이 인간의 최고 경지이다. (15)

Eines zu sein mit Allem, das ist Leben der Gottheit, das ist der Himmel des Menschen. (9)

2) 이것은 마치 손발이나 사지가 뿔뿔이 흩어져 <u>유별나게</u> 흘린 피가 모래를 물들이는 처참한 전장 같지 않는가? (216)

Ist das nicht, wie ein Schlachtfeld, wo Hände und Arme und alle Glieder zerstückelt untereinander liegen, indessen das vergoßne Lebensblut im Sande zerrinnt? (171f.)

3) 또 저녁때가 되면 계곡으로 내려가 샘물의 요람으로 다가간다. 그러면 근처의 어두운 떡갈나무들은 와글거리고, 자연은

낡고 깨끗하게 죽음에 임하는 사람처럼 그 평화 속에 나를 묻어준다. 가지와 나무순을 움직어 속삭이며, 그 위로는 조용하게 저녁 구름이 길게 눕는다. 빛나는 산정에서는 하늘빛이 계류처럼 내게로 흘러와, 갈증에 괴로워하는 나그네를 적셔주고. (222)

Oder des Abends, wenn ich fern ins Tal hinein geriet, zur Wiege des Quells, wo rings die dunkeln Eichhöhn mich umrauschten, mich, wie einen Heiligsterbenden, in ihren Frieden die Natur begrub, wenn nun die Erd ein Schatte war, und unsichtbares Leben durch die Zweige säuselte, durch die Gipfel, und über den Gipfeln still die Abendwolke stand, ein glänzend Gebirg, wovon herab zu mir des Himmels Strahlen, wie die Wasserbäche flossen, um den durstigen Wanderer zu tränken - (126)

4) 우리가 아이처럼 될 수 있다는 것, 아직도 순박한 황금 시대, 평화와 자유의 시대가 돌아올 수 있다는 사실, 현대에도 하나의 기쁨이 있고, 지상에도 휴식이 있다는 사실은 그 얼마나 멋진 일인가. (73)

Daß man werden kann, wie die Kinder, daß noch die goldene Zeit der Unschuld wiederkehrt, die Zeit des Friedens und der Freiheit, daß doch Eine Freude ist, Eine Ruhestätte auf Erden! (57)

Chapter 13
번역비평2

QUESTION

Chapter 13 번역비평2

- 배수아의 번역글쓰기 -

우리 시대의 가장 활발하게 활동하는 작가 중의 한 사람인 배수아의 문학 활동에서 번역이 또 하나의 중요한 축을 이룬다는 것은 잘 알려진 사실이다. 배수아는 타 언어권의 작품도 여러 권 중역(重譯)한 것으로 알려져 있지만, 그녀의 번역서 중에는 독일 작품이 단연 주를 이룬다. 외국작가를 번역하는 일이 한 작가의 고유한 창작활동에 지대한 영향을 미치는 사례를 종종 보는데,[1] 배수아는 일반적인 경우와는 달리 번역을 거쳐 창작으로 옮겨 갔다기보다는 번역이 초기의 창작보다 늦은 시기에 나타난다. 하지만 번역이 그녀의 문학 활동에서 부차적이거나 지엽적인 것이 아니라 오히려 창작에 버금가는, 혹은 창작을 능가하는 활동임을 알 수 있고, 심지어 문인으로서의 그녀의 경력은 번역에서 정점에 이른다고 볼 수도 있다.

---

1) 번역가로도 활동한 작가로 이윤기, 안정효, 정영문 등을 예로 들 수 있다. 영문학을 전공한 김연수의 경우도 틈틈이 번역 활동을 한 것으로 알려져 있다.

이 장에서는 번역비평의 일환으로 배수아의 번역글쓰기에 대해 알아본다.

1 QUESTION 번역하기

배수아의 번역서 리스트에는 굵직굵직한 독일 작가들의 주요 작품들이 올라있다. 그 중에서 베르톨트 브레히트의 『전쟁교본』(WORKROOM, 2011), 토마스 베른하르트의 『비트겐슈타인의 조카』(필로소픽, 2014), 헤르만 헤세의 『헤세가 사랑한 순간들』(을유문화사, 2015), 한스 크리스티안 안데르센의 『안데르센 동화집』(허밍버드, 2015) 등은 이미 번역본이 나와 있는 것들이다. 또 페르난두 페소아의 산문집 『불안의 서』(봄날의 책, 2014)의 경우, 포르투갈 문학 연구자인 안토니오 타부키의 이탈리아어 판과 영어판을 바탕으로 한 발췌 번역본이 출판되어 있는 상태에서(『불안의 책』, 까치글방, 2012), 배수아는 독일어 판을 '완역'한 것으로 알려져 있다.[2] 사데크 헤다야트의 『눈

2) 20세기 포르투갈 문학을 대표하는 국민 작가 페르난두 페소아의 미완성 유고집은 배수아의 번역이 나온 이후 다시 포르투갈어 원전 완역본으로 출간되었다.(『불안의 책』, 문학동네, 2015)

먼 부엉이』(문학과지성사, 2013)는 페르시아어에서 옮긴 독일어본을 중역했다.

그와는 달리 야콥 하인 Jakob Hein의 『나의 첫 번째 티셔츠 Mein erstes T-Shirt』(샘터, 2004)와 『어쩌면 그곳은 아름다울지도 Vielleicht ist es sogar schön』(영림카디널, 2007), 마르틴 발저 Martin Walser의 『불안의 꽃 Angstblüte』(문학과지성사, 2008), 예니 에르펜베크 Jenny Erpenbeck의 『그곳에 집이 있었을까 Heimsuchung』(을유문화사, 2010), 크리스티안 크라흐트의 『제국 Imperium』(문학과지성사, 2013)과 『나 여기 있으리 햇빛 속에 그리고 그늘 속에 Ich werde hier sein im Sonnenschein und im Schatten』(문학과지성사, 2012), W. G. 제발트의 『현기증. 감정들 Schwindel. Gefühle.』(문학동네, 2014)은 국내 초역에 해당된다. 번역서의 종류나 분량만으로도 독일문학 전문 번역가라 부르기에 손색이 없다.[3]

발저의 『불안의 꽃 Angstblüte』을 자신이 행한 최초의 문학 번역서라고 말하는 배수아는 옮긴이의 말에서 "2006년 가을 이후, 나는 늘 마르틴 발저와 함께 해왔다. 매혹 당했고 감탄했고 당황했으며 생각하고 말하고 그리고 번역했다. 현란할 정도로 아름다운 그의 표현들! 아리아를 부르는 그의 언어들에 둘러싸여 있었다. 마르틴 발저 문학이 주는 기쁨, 이것을 다른 독자들

3) 그 외에도 미하엘 파인코퍼: 『토트 신전의 그림자』(영림카디널, 2007), 에트가 힐젠라트: 『나치와 이발사』(열린책들, 2012), 막스 피카르트: 『인간과 말』(봄날의책, 2013)도 배수아가 번역한 것으로 알려져 있다.

과 나누고 싶었다. 뮌헨 사투리와 그 밖의 고어적 표현 해석에 도움을 주신 빌레펠트 대학 외르크 드레브스 교수님께 감사를 드린다."(발저 2006, 666)라고 쓰고 있다. 거의 모든 단어를 사전에서 찾으면서 독일어를 배웠던 그녀가 660페이지가 넘는 장편 소설을 옮긴 것이다.

또한 크리스티안 크라흐트의 소설을 두 권이나 번역한 것은 그의 작품이 독일어권 독자들 사이에서 불러일으킨 폭발적인 반향 이외에도 이 소설들이 가지는 "이국 취향의 발현" (크라흐트 2012, 221) 때문인 듯한데, 역자는 그것을 크라흐트 작품의 가장 큰 특징이자 매력으로 꼽는다고 밝힌다. 특히 그의 장편소설 『제국』의 후기에서 배수아는 대부분의 역자들이 부딪치는, 나아가 번역사에서 가장 중요한 쟁점으로 논의되어 온 가독성과 충실성의 문제를 짚고 있다.

> 이런 작품을 대할 때 번역가의 딜레마는 깊어진다. 현란하게 채색된 미로와 같은 표현과 문장을 최대한 그대로 살려 한국의 독자들까지도 그 의도적 낯섦의 바다에서 헤매도록 해야 할 것인가, 아니면 일종의 교과서적으로 통일된 해법을 택해서 가능한 한 가독성을 살려줄 것인가. 그 둘 사이의 어느 경로를 선택해야 함은 분명해 보이는데, 충실성을 유지하면서 흥미와 미학의 소실 분량을 최소로 하는 그 절충의 지점은 과연 어디가 되어야 할 것인가 등등. (크라흐트 2013, 302)

번역의 원초적 딜레마에 대한 이 같은 성찰을 통해 배수아는 두 가지 번역 방법 사이에서 '절충의 지점'을 찾고 있다. 그렇다면 배수아가 찾은 절충의 지점이 실제로 어떻게 나타나는지 『제국』의 첫 부분을 좀 더 자세히 들여다보자.

> Unter den langen weißen Wolken, unter der prächtigen Sonne, unter dem hellen Firmament, da war erst ein langgedehntes Tuten zu hören, dann rief die Schiffsglocke eindringlich zum Mittag, und ein malayischer Boy schritt sanftfüßgig und leise das Oberdeck ab, um jene Passagiere mit behutsamen Schulterdruck aufzuwecken, die gleich nach dem üppigen Frühstück wieder eingeschlafen waren. (Kracht 2012, 11)

> 길게 뻗어 있는 하얀 구름들 아래, 번쩍거리며 빛나는 강력한 태양 아래, 환하고 밝은 하늘 아래 처음으로 들려온 것은 한참이나 이어지는 경적 소리였다. 이어서 배의 점심 식사를 알리는 종이 요란하게 울렸고, 말레이인 사환이 소리도 없이 사뿐사뿐 발끝으로 걸어 돌아다니면서 푸짐한 아침 식사를 마친 뒤 갑판 여기저기에 누워 다시 잠에 빠져 있던 승객들의 어깨를 일일이 조심스럽게 살짝 건드려 깨웠다. (크라흐트 2013, 13)

위의 예문은 문자적 혹은 축어적 번역이라기보다는 의미역에 좀 더 가까움을 보여준다. 무엇보다 하나의 문장으로 이루어진

긴 구문을 두 문장으로 나누고, 단어 하나하나의 의미를 살리면서도 도착어가 좀 더 문학적, 시적으로 보이도록 가공하고 있음을 알 수 있다.

> Das Wort *Pflanzer* traf es nicht richtig, denn dieser Begriff setzte Würde voraus, eine kundige Beschäftigung mit der Natur und dem hehren Wunder des Wachstums,(1,2,3) nein,(4) man mußte im eigentlichen Sinne von *Verwaltern* sprechen, denn exakt das waren sie, Verwalter des vermeintlichen Fortschritts, diese Philister(5) mit ihren gestutzten, in der Berliner oder Münchener Mode von vor drei Jahren gehaltenen Schnurrbärten unter rotgeäderten Nasenflügeln, die ihrerseits bei jedem Ausatmen heftig zitterten, und mit den darunter gelegenen, flatternden, schwammigen Lippen, an denen Speichelbläschen hingen, als würden diese, könnten sie sich nur von ihrem labialen Klebezustand befreien, sich von selbst in die Lüfte begeben, wie diese schwebenden Seifenblasen eines Kinderspiels.(6) (Kracht 2012, 13)
>
> 작물 지배인이라는 어휘는 이들에게 뭔가 부적합해 보이는 면이 있었다.(1) 그것은 우선 존엄성을 전제하는 개념이기 때문이다.(2) 자연과 생명의 숭고한 기적에 종사한다는 의미가 포함되어 있지 않은가.(3)

그러나 뭔가 부적합한 정도가 아니라, 아예 전혀 들어맞지 않는다.(4) 이들에게는 관리인이라는 의미가 내포된 이름을 붙여야 한다. 이들은 사실상 관리인이기 때문이다. 자신이 진보의 대열에 나선다고 착각하는 관리인,(5) 3년쯤 전에 베를린이나 뮌헨에서 유행하던 모양으로 다듬은 콧수염에, 숨을 내쉴 때마다 격렬하게 떨리는 혈관이 빨갛게 드러난 콧망울, 그리고 그 아래에서 기운 없이 푸들거리는 푸석한 입술에는 침방울이 매달려 있다. 이런 입술과의 접착관계에서 해방되는 것이 가능하기만 하다면 아이들이 불어놓은 비눗방울처럼 허공으로 두둥실 날아가버리고 싶다는 모양으로.(6) (크라흐트 2013, 16)

이 경우에도 작가가 의도적으로 사용한 대단히 긴 문장을 여러 개의 단문으로 나누어(1, 2, 3) 가독성을 높이고자 한다. 때로는 원문에 없는 문장을 삽입하여 의미를 강조하고(4), 가끔 원문의 의미가 십분 살아나지 않은 부분이 있기도 하지만(5), 전체적인 맥락에서 볼 때 저자의 의도가 왜곡된 오역이라기보다는 번역자가 숙고한 끝에 내린 선택이라 할 수 있다. 또한 마지막 문장을 불완전한 문장으로 남겨 두는 것은(6) 다른 곳에서도 자주 발견되는 배수아 번역 문체의 특징 중 하나로, '~다'라는 종결 어미를 피함으로써 보다 세련된 시적 효과를 꾀하는 것으로 보인다. 그렇다면 배수아의 번역은 원문의 구문이나 표현을 철저하게 고수하기보다는 그것의 의미를 파악하여 자신의 글쓰기로 재구성하는 방식을 취한다고 하겠다.[4] 이것은 국내의 독일어 번역수업에서 주로 행하는 문법 위주의 해석이나 학계의 비평본 Kritische Ausgabe 번역과는 달리, 원문에 포함된 각각의 의미소를 놓치지 않으면서도 그에 해당하는 역어를 비교적 자유롭게 가감하여 보다 우아한 도착문을 만들어내고 있다.

배수아의 번역서에는 1990년에 출간된 W. G. 제발트의 『현기증. 감정들 Schwindel. Gefühle.』도 포함된다. 그녀는 이 책의 말미에 수록된 역자 해설에서 제발트가 생전에 거주했던 영국 노리치에서 2014년 6월에 열린 세계 작가 페스티벌에 참가하여 번역자의 자격으로 제발트에 관한 노스탤지어를 담은 산문을 낭독했다고 보고한다. 나아가 "제발트라고 불리는 외국에서 길을 잃은 채, 제발트라고 불리는 현기증 속에서 나를 잃은 채, 여전히 계속해서 따라가는 중이다. 그렇게 제발트를."이라고 쓰면서, 오직 '제발트 이전과 이후'가 있을 뿐이라고 단언한다. 제발트의 번역이 작가 자신에게 얼마나 지대한 영향을 미쳤는지 말해주는 대목이다. 앞서 논의했던 배수아 글쓰기의 특징들, 곧,

---

4) 배수아·차미령(2013): 배수아 장편소설 『알려지지 않은 낮과 밤』, 계간 문학동네 2013 가을호, 54-63, 42. 자신의 번역에 대해 배수아는 다음과 같이 말한다. "적어도 문학번역에는 모든 번역가가 녹아있다고 생각해요. 번역가는 번역의 과정에서 죽지 않아요. 다만 보이지 않을 뿐이지. 독자들은 번역가의 문체가 원작자의 문체라고 생각할 거예요. 하지만 저 같이 작가와 번역가를 겸하는 경우에는 이야기가 다르죠. 저는 어떤 경우라도 글 속에 자신의 정체를 노출시키고 말 거예요. 설사 내가 나를 노출시키지 않았더라도 나는 이미 노출된 상태일 거예요. 그리고 작품에 따라서, 번역가의 의도와 상관없이, 어쩔 수 없이 개입이 상당히 많이 이루어지는 경우와 개입이 최소한으로 작용하는 경우가 있다고 생각해요. 그것은 원작 텍스트의 결이 목적 언어인 한국어와 얼마나 많이 호응하느냐에 달려 있을 거예요."

화자의 부단한 독백, 여러 텍스트의 간접 인용, 명사를 과도하게 열거하는 방식은 제발트의 문체가 보여주는 전형적 특징이기도 하다(안미현 2009, 109).

2 QUESTION 문학비평으로서의 번역

번역이 흔히 일종의 문학 비평이자 작품 분석이라고 불리듯이(Rose, 5), 배수아에게서도 번역은 비평적 기능을 행한다. 비평으로서의 번역은 일차적으로 역자 후기나 서평 형식에서 나타나는데, 역자는 후기를 통해 출발 텍스트를 반복해서 읽은 독자의 입장에서 작품에 대한 자신의 견해를 피력한다. 이런 의미에서 역자 후기는 출발 텍스트에 대한 일차적인 인상 비평에 해당하고, 이른바 '텍스트 내재적 비평 textimmanente Interpretation'을 위해서는 가장 신빙성 있는 자료로 기능한다. 배수아의 경우, 독자의 입장에 더하여 자신의 본래 역할인 작가의 시선으로 비평적 읽기를 심화한다.

그녀의 비평적 태도는 마르틴 발저 Martin Walser의 『불안의 꽃』의 후기에 잘 드러난다. 역자는 우선 원작의 제목에 대한 해석을 시도한다.[5] 나아가 발저의 정치적 발언이 불러일으켰던 독일 문단의 논란에 대해 짧게 언급한 다음,[6] 작가이자 번역가, 비평가의 입장에서 작품의 핵심적 요소를 지적한다.

> 어떤 작가가 문학적 향취가 빼어난 작품을 쓰면서 이런 두 가지 매우 위험스러운 요소를 대담하게 도입하여 무서울 정도로 훌륭하게 사용할 줄 안다면, 그는 설사 불행할지라도 행복한 작가일 것이다. 그리고 그가 바로 마르틴 발저이다. 나 개인적으로는 마르틴 발저의 그런 역량이 특히 유감없이 발휘된 부분이 3장의 도입부에 있는 전직 좌파 지식인 바벤베르크와의 긴 대화, 그리고 카를 폰 칸이 그의 아내 헬렌에게 썼으나 결국 부치지 못한 첫 번째 편지라고 생각한다. (발저 2006, 665)

---

5) "'앙스트블뤼테'는, 전나무가 이듬해 자신이 죽게 될 것을 감지하면 그해에 유난히 화려하고 풍성하게 꽃을 피워 올리는 현상을 가리킨다. 그것은 두려움으로 인한 만개이며 완전한 소멸을 눈앞에 두었을 때만이 나타날 수 있는 살아 있음의 알람 Alarm이면서, 생명을 가진 어떤 존재가 가장 살아 있고자 원하는 순간을 지칭하는 단어이다."(발저 2006, 664)

6) 발저의 정치적 발언에 대한 논란은 발저가 '독일서적출판 평화상 Friedenspreis des Deutschen Buchhandels'를 수상한 후 1998년 10월 11일 프랑크푸르트 파울스키르헤 Paulskirche에서 했던 연설에 관련된 것이다. 이 연설에서 발저는 특정 사람들이 자신들의 정치적 목적을 위해 곧잘 시도하는 '홀로코스트의 도구화 Instrumentalisierung des Holocaust'를 거부한다고 말했다. 그의 연설은 독일인들의 민족사회주의 범죄에 대한 책임을 둘러싼 격렬한 논쟁을 다시 불러 일으켰는데, 발저를 비판한 대표적 인물인 유대인 중앙위원회 회장 이그나츠 부비스 Ignatz Bubis는 발저가 역사적 사건을 단순히 외면하려 한다고 비판했다. 발저와 부비스의 아우슈비츠 논란은 이후 프랑크 쉬르마허 Frank Schirrmacher, 살로몬 코른 Salomon Korn, 로베르트 라이히트 Robert Leicht 등에 의해 이어졌다. 대단히 복잡하게 진행된 발저-논란 Walser-Debatte에 대해 배수아는 잠시 언급하는 것에 그친다.

이 대목은 에필로그의 형식을 취하고 있지만, 『불안의 꽃』에 대한 '서평'적 요소를 담고 있다. 이때 '두 가지'란 노골적인 자본주의 친화적인 주장들과 일흔 살이 넘는 주인공의 절망적이고 열정적인 사랑을 가리킨다. 그러나 이 에필로그는 내용이나 형식면에서 아직 본격적인 비평이라고 부르기는 어려운, 번역자로서의 개인적인 고백이나 보고에 더 가깝다.

배수아는 크리스티안 크라흐트의 『제국』에 대해서는 옮긴이 후기보다는 훨씬 긴 분량의 해설을 첨부하면서 본격적인 문학비평을 행한다. 「몰락한, 몰락하지 않은 제국」은 그런 의미에서 크리스티안 크라흐트에 관해 국내에서 발표된 몇 안 되는 논문의 하나에 해당한다.[7] 배수아의 비평은 작가에 관한 전기적 해석이나 줄거리 요약의 차원을 넘어 문학사나 문예학에 관한 해박한 이해를 보여준다. 예컨대, 소설 기법에 있어 화법이나 '신뢰할 수 없는 화자 unzuverlässiger Erzähler'의 문제, 패스티시 Persiflage 기법, 역사와 허구의 관계, 대체역사에 대해 논의한다. 또 나보코프, 토마스 만, 헤르만 헤세, 카프카, 에밀 놀데, 독일 낭만주의, 심지어는 프랑크 르 갈 Frank Le Gall과 휴고 프랏 Hugo Pratt의 만화와 『제국』이 가지는 드러나지 않는 관련성을 찾아낸다. 이것은 작품 분석에서의 적지 않은 성과라 하겠다.

이처럼 번역이란 또 다른 작업으로 배수아는 비평을 시도하

---

7) 배수아(2013), 「몰락한, 몰락하지 않은 제국」, 문학과지성사, 300-315, 그 외에도 크라흐트에 대해 국내에 발표된 논문은 다음과 같다. 유혜영(2016), 정항균(2015), 임석원(2015), 조규희(2014).

고, 원 텍스트와의 깊숙한 만남을 통해 문학의 또 다른 영역을 개척한다. 그렇다면 부단히 새로운 언어와 사유를 보여주는 배수아에게 번역이란 대단히 유용하고 생산적인 작업임에 틀림없다. 옮긴이의 말이나 인터뷰 등에서 부분적으로 보여주었던 비평적 태도는 2015년에 창간된 문학잡지 「Axt」[8]의 편집 활동에서도 지속적으로 나타난다.

3 QUESTION 맺는 말

배수아의 글은 한국 문단이 보여주는 글쓰기의 규범을 상당히 벗어난 것으로 평가되고, 비록 모국어로 쓰였음에도 글 속에 내재된 주제 의식이나 감성과 사유의 구조는 2000년 이전에 발표된 자신의 소설뿐 아니라 한국소설 전반과도 거리가 있다. 이 같은 일탈 혹은 탈주의 과정에서 작가의 소설은 전통적 플롯을 대부분 해체한 채 꿈이나 환상, 독백, 드러나거나 드러나지

8) 2015년에 창간된 「Axt」에 대해 배수아를 포함한 편집진은 다음과 같이 설명한다. "「Axt」는 작가들을 위한 잡지가 되면 좋겠습니다. 독자는 물론, 소설가들끼리 활발하게 이야기할 수 있는 장이 되었으면 합니다. 팔리지 않는 소설에 대해 소설가가 비난받는 세상에 우리는 서 있습니다. 위로와 격려의 판이 되길 바라며 기꺼이 「Axt」를 내놓겠습니다." http://ehbook.co.kr/axt-about 참고.

않는 인용, 인터뷰, 심지어는 음악, 영화, 연극적 요소 등 다양한 요소들을 삽입한다.

배수아 텍스트의 두드러지는 이 같은 변화의 양상에 독일 체험이 중대한 영향을 미친 것은 명백하다. 그녀의 텍스트에는 종종 독일의 실제 도시나 거리명, 사람들의 이름이 구체적이고 명시적으로 거론된다. 하지만 그 공간을 굳이 독일로 규정할 수 없는, 혹은 규정할 필요가 없는 경우도 많다. 때로는 모호하고 국적 없는 공간 배경은 한국 독자들에게 낯선 이미지를 만들어 내는 배수아 식 글쓰기의 중요한 지점으로 자리 잡는다. 이 같은 배수아의 글쓰기는 그녀가 병행해온 번역 작업과 무관하지 않다.

다시 말해, 배수아의 문학 활동은 번역으로 확대되는데, 특히 그녀의 독일문학 번역 작업은 폭넓은 독서뿐 아니라 자신의 취향과 작품을 읽어내는 안목을 입증해 준다. 번역가 배수아는 원작에 대한 충실성과 가독성 사이에서 부단히 번민하면서도, 번역문에 개입하는 역자의 흔적을 숨기지 않는다. 특히나 독일어와 한국어처럼 출발 언어와 도착 언어 사이의 거리가 먼 경우, 역자의 개입은 불가피하다는 입장을 취한다. 또한 번역을 통해 원저자의 감성과 사유와 깊숙이 대면하고, 원문을 해체해 모국어로 다시 쓰는 과정에서, 이질적인 텍스트 속에 내재된 주제적, 문체적 다양성을 깊이 체득한다. 이 같은 번역 방식은 굳이 '자국화 Einbürgerung'하는 번역이라기보다는 일종의 '시적' 번역이라고 부를 수 있겠다. 나아가 배수아에게 번역은 자신만의 글쓰기를 위해 새로운 사유나 표현의 가능성을 습득하는 장으로 작용하고, 이는 외국어를 아는 작가만이 누릴 수 있는 특권이다.

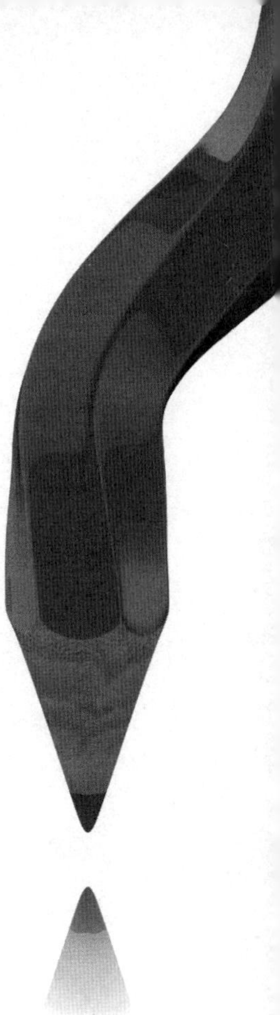

Chapter 14
번역과 외국어교육

QUESTION

Chapter 14 번역교육과 외국어교육

외국어교육과 번역교육이 따로 떼어 논의할 수 없는 상보적인 관계에 있다는 사실은 두말할 필요도 없다. 그러나 번역교육이 외국어교육의 모든 것을 담보해 주지는 못하고, 그 역도 마찬가지다. 그렇다면 외국어교육과 번역교육의 경계와 상호 간의 이상적인 역할 분담은 어떠해야 하는가?

이 같은 물음이 제기되는 까닭은 오늘날 우리 교육 현장에서 이 두 분야가 상당 부분 잘못 이해되고, 따라서 양쪽 모두 비효율적으로 진행되고 있기 때문이다. 흔한 오해 중의 하나는 외국어를 어느 정도 구사하면 번역은 자동적으로 가능한 것처럼 생각한다거나, 번역 능력이란 체계적인 학습보다는 스스로의 경험이나 타고난 재능에 의존한다는 생각을 들 수 있다. 또 다른 중대한 오해로 번역이란 외국어 교수법이 채 분화되기 이전에 주로 행해졌던, 구태의연하고 주먹구구식의 교육 방식이라고 보는 관점을 들 수 있다. 이는 번역 교육을 문장 독해를 위주로 하는 기존의 외국어 수업과 동일시하는 것을 말한다.

이처럼 번역 능력이나 번역 교육의 본질에 관한 기본적인 오해는 차치하고, 번역교육의 필요성을 인정하는 학자들 가운데서 일어나는 쟁점 중의 하나는 번역교육을 언제 시작해야 하느냐 하는 것이다. 예컨대 크리스티아네 노르트 Christiane Nord와 같은 학자들은 번역교육은 어느 정도의 외국어 습득이 이루어진 다음에 시작해야 하며 그 이전에 도입하는 것은 무의미할 뿐 아니라 유해하다고 주장하는 한편,[1] 다른 번역학자들은 외국어 교육의 초기 단계에도 번역교육은 가능하며, 오히려 그것이 가지는 장점을 강조한다.[2] 후자의 경우는 언어습득의 매 단계에서 적절한 번역교육이 병행적으로 이루어질 수 있다고 보는 입장이다.

이 글에서는 번역교육과 외국어 교육의 상관관계에 대한 기존의 논의들을 검토하고 그것들이 가지는 문제점을 짚어본 다음, 이를 바탕으로 두 영역 사이의 가장 이상적인 형태는 무엇인지 등을 재고해 보기로 한다. 이때 필자는 번역교육이란 외국어교육의 일환일 뿐 아니라 나아가서는 문화학적 탐구의 일환이며, 궁극적으로는 인문학적, 학제적 교육을 지향해야 한다는 관점에서 출발한다.

---

1) Im Interview mit Christiane Nord, geführt von der Verfasserin am 12. Juni 2008 an Korea Universität.

2) J. R. 라드미랄은 중등학교의 외국어 교육에도 듣기, 말하기, 읽기, 쓰기 이외에 번역을 추가해야 한다고 주장해 왔다.

1 QUESTION 외국어 교육 내에서의 번역 교육의 실태

이상적인 번역교육의 방법을 논의하기에 앞서 우선 우리나라 외국어 교육 현장에서 이루어지고 있는 번역교육의 실태를 좀 더 구체적으로 살펴보기로 한다. 오늘날 우리 사회의 외국어 교육은 무엇보다 말하기 능력에 초점이 맞추어진다. 말하기, 듣기, 읽기, 쓰기 등 다각적이고 통합적인 교육의 필요성이 강조되지만,[3] 그 중에서도 특히 말하기와 듣기 등 구어 중심, 의사소통 중심의 실용적 외국어 교육에 중점을 둔다. 그러다 보니 읽기와 쓰기는 상대적으로 소홀해진 감이 없지 않고, 특히 지난날의 이른바 '독해' 위주의 외국어 교육방법이 보여준 한계와 문제점이 수없이 지적되면서 독해 위주의 외국어 학습은 가장 구태의연한 방법으로 낙인찍히게 되었다. 그러면서도 정작 중등학교 이상의 교육 현장에서는 여전히 독해 위주의 수업이 많은 비중을 차지하는 것 또한 부인할 수 없다.

---

3) 예컨대 2007년에 법문사에서 4쇄를 발행한 High School English I에서는 다음과 같이 교육 목표를 설정하고 있다. "언어의 습득이 단순한 지식의 획득이라기보다는 일상적으로 활용해야 할 기능이라는 점에 주목한 것입니다. 따라서 언어는 실생활의 다양한 상황과 영역에 맞추어 고르고 균형 있게 습득되어야 하며 또한 반복의 효과를 통해 유창성이 확보되어야 합니다. 다시 말해서 언어의 네 가지 기능 영역인 듣기, 말하기, 읽기, 쓰기가 반복과 확장을 통해 자연스럽고 체계적으로 배양되어야 합니다." High School English I, 법문사 2007, 머리말 참고.

실제로 독해 위주의 외국어 학습법은 문제점이 없지 않다. 독해 중심의 수업은 어휘적, 구문적 차원의 문법 설명과 텍스트의 의미를 따지는 해석학적 방법을 동시에 취하고, 텍스트의 종류에 따라서는 텍스트의 내용 분석 Interpretation까지도 겸하게 된다(Garnier, 13). 따라서 어휘적, 문장론적, 맥락적 지식을 한꺼번에 다루어야 할 뿐 아니라 심지어는 텍스트의 역사적, 문화적 배경까지도 언급하다 보니 실제로는 어느 한 단계에도 충실하기 어렵다. 또한 대부분 문장 구역(口譯)의 형태를 취하기 때문에 엄밀한 의미의 번역 수업이 될 수도 없다. 다시 말해 번역에서 요구하는 도착텍스트의 생산 단계에까지 이르지 못한 채 구어적인 번역으로 끝나 버린다는 것이다.

독해 위주의 수업이 가지는 또 다른 문제점은 텍스트의 선정 과정에서 난이도에 따라 단계적이거나 체계적으로 취해지기보다는 주관적이고 임의적인 경우가 많다는 점을 들 수 있다. 특히 우리나라 대학 교재중에는 각 대학이나 개별 교수가 직접 펴낸 책들이 많았고, 그중에는 영역별 분포나 단계별 난이도 등을 제대로 고려하지 못한 경우가 빈번했다. 대학 교재용 텍스트 선정에서 중요한 것은 난이도 이외에도 텍스트의 분량으로, 텍스트의 어느 한 부분이 아니라 전체를 다루는 것이 중요하고, 그렇지 못할 경우 텍스트의 시작과 중간, 끝의 논리적 흐름과 전반적인 구조를 파악하고 분석해내기 어렵다.

또한 지금까지 번역 교육이 지나치게 사전 위주로 이루어졌다는 점을 지적해야 한다. 사전이 번역에 필수적인 보조수단이란 것은 자명하다. 그러나 사전에 제시된 설명이 실제 언어 현장에서 이루어지는 발화상황의 개별성이나 특수성을 모두 담보해주지 못한다는 것 또한 자명하다. 실제 텍스트에는 사전이나 문법서에서 상정해 놓은 보편적이고 추상적인 상황은 존재하지 않는다. 모든 발화 행위가 상황적 맥락 속에서 이루어지듯, 번역 행위도 텍스트 내에 설정된 맥락 속에서 이루어진다. 그렇다면 맥락을 고려하지 않은 채 사전에 절대적으로 기대는 것은 도착 텍스트의 의미산출에 도움이 되지 않고, 이것은 종종 '무의미한 직역'을 낳게 된다. 실제로 학습자가 언어 외적, 맥락적 지식을 갖추지 못하고 있을 때 사전에 가장 많이 의존하게 된다.

사전 위주의 번역이 가지는 가장 큰 문제점은 일반적으로 사전을 사용하여 단어 대 단어 대응어로 옮긴 다음, 그것을 다시 '우리말답게' 바꾸는 순서로 이루어진다는 것이다. 이 경우 학습자들은 사전식 대응어에 사로잡혀 자연스러운 도착어 문장을 구사하기 어렵다. 그러나 텍스트는 단어들의 나열이 아니며, 텍스트의 전체 의미는 개별 단어들이 가지는 의미의 총합이 아니다(Durieux, 21). 이 같은 어휘 전환식 번역물은 결과적으로 기계번역과 유사한 번역이 되어 버린다.

기존의 번역 수업이 안고 있는 또 다른 문제 중의 하나는 번역의 질적 평가가 과연 어떻게 가능한가 하는 것이었다. 나름대로의 객관성이나 엄밀성을 갖춘 일정한 평가 기준이 마련되지 않은 상태에서 번역물에 대한 평가가 상당 부분 임의적으로 이루어지다 보니 평가자의 개인적인 성향이나 습관, 주관적인 경험을 바탕으로 하는 경우가 많았다. 이것은 번역 수업을 담당하는 교수자들이나 그 밖에 번역물 감수자들이 스스로 제기하는 문제이기도 하다. 다시 말하면 그들 스스로도 자신이 내리는 번역 평가의 임의성과 주관성을 부인하기 어려웠던 것이다. 이 부분에 대해서는 뒤에서 좀 더 자세하게 다루기로 한다.

2 QUESTION 번역교육을 통한 외국어교육의 가능성

1. 능동적 읽기로서의 번역교육

위에서 언급한 바대로 우리 교육 현장의 말하기에 치중된 수업이나 기존의 해석 위주의 수업, 양쪽 모두 지양되어야 한다면 번역교육은 그것과 어떻게 차별화되어야 하는가? 우선 번역교육의 출발점은 출발텍스트의 깊이 읽기 혹은 능동적 읽기 훈련이다. 학습자든 전문 번역가든 간에 출발 텍스트를 읽는 과정에서 거듭 확인하게 되는 사실은 하나의 텍스트는 읽을 때마다 다르게 읽힐 수 있다는 점이다. 이런 현상은 명백한 정보전달을 목적으로 하는 실용 텍스트보다는 특히 다의성이나 다성성 Polyphonie을 내포한 문학텍스트나 인문학 텍스트의 경우에 더 자주 나타나는 것은 당연하다.

가능한 오독을 피하고 다의적이거나 다성적인 출발 텍스트의 의미를 제대로 추적하기 위해서는 여러 차례의 능동적 읽기가 행해져야 한다. 1단계에서 빠르고 피상적이지만 전반적인 읽기가 이루어진다면, 다음 단계에서는 텍스트 속의 정보를 캐내기 위한 비교 검토 읽기, 마지막으로는 세부적이고 심층적인 의미의 재구성을 위한 다시 읽기로 나누어질 수 있다(Delisle, 89). 이런 의미에서 번역자는 출발 텍스트의 가장 엄밀한 독자에 해당한다고 할 수 있고, 출발 텍스트를 번역자보다 더 깊이 읽는 독자를 찾기란 힘들다.

특히 인문학 번역의 경우, 번역자는 출발텍스트를 반복해서 읽는 과정에서 처음의 피상적인 이해와는 다른 차원의 이해에 도달하게 된다. 이는 겉으로 표현되지 않은 텍스트의 묵시적 의미들이 반복된 읽기를 통해 점차 드러나기 때문이다. 다시 말해 표현된 문장들 속에 숨겨져 있던 수많은 생략된 것, 말해지지 않은 것들이 드러나는 것이다.

이렇게 깊이 읽기 혹은 능동적 읽기가 표현되지 않은 것들을 읽어내는 과정을 말한다면, 묵시적 표현들은 다시 문장론적 차원과 의미론적 차원으로 나누어 생각할 수 있다. 구문론적 차원에서 따진다면 하나의 텍스트에는 수많은 생략법 Ellipse이 사용되고 있다. 많은 경우 연결사나 반복적인 어휘들이 생략되기도 하고, 생략의 정도는 개별 언어에 따라 다르게 나타난다. 예컨대 우리말과 서구어를 비교했을 때, 우리말에서는 주어나 수

(數), 연결사의 생략, 시제(대과거)의 생략 등이 더 자주 일어난다. 이처럼 생략된 부분을 되살려내는 작업이 이루어져야 도착어에서 의미전달의 효율성을 높일 수 있을 것이다.

다음으로 의미론적 차원에서 묵시적 표현을 찾아내는 것은 구문론적 차원에서보다 더 중요하다. 이는 텍스트의 표면에 드러나 있지는 않지만 그것이 전제하고 있는 이전 혹은 이후의 사실들에 대한 추론적 읽기가 이루어져야 한다는 말이다. 이를 위해 문화적, 역사적 맥락에 대한 이해가 전제되는 것은 텍스트란 말 그대로 '아는 만큼' 읽어낼 수 있기 때문이다. 이렇게 번역교육이 깊이 읽기 혹은 능동적 읽기를 출발로 삼는다는 의미에서 통합적 외국어 학습법 중 읽기 교육을 일정 부분 담당할 수 있게 된다.

2. 글쓰기로서의 번역교육

번역 교육은 궁극적으로 글쓰기 과정으로 이어진다. 이것이 문장 구역으로 끝나는 독해 위주의 외국어 교육과 가장 크게 다른 점이란 사실을 앞에서도 이미 지적했다. 일반적으로 생각하는 것과는 달리, 많은 경우 번역 글쓰기가 창작 글쓰기보다 쉬운 것은 아니다. 창작 글쓰기가 자신의 생각을 자신의 말로 표현하는 것이라면, 번역글쓰기는 원저자의 생각과 번역자의 이해 사이에서 조정과 합의점이 찾아져야 하기 때문이다. 타인의 생각,

더 나아가 시대나 문화적 배경이 다른 저자의 생각을 올바로 이해해서 전달하는 것은 자신의 생각을 독자적으로 기술하는 것보다 더 많은 협상과 조정의 과정을 요구한다. 이 같은 협상과 조정의 과정은 원저자가 생존 인물이 아니라면 번역하는 과정에서 허구적으로 이루어진다. 번역자는 원저자에게 부단히 질문을 제기하고 원저자의 생각을 되묻는 과정에서 시간과 공간을 뛰어넘어 두 사람 사이의 합의점을 찾아내야 하는 것이다.

다음으로 도착 텍스트를 완성시키기 위해서는 가장 근접한 대응어를 선택해야 하며, 선택한 단어들을 조합하고 결합시켜야 한다. 이 과정은 도착어 문법에 대한 정확한 지식 뿐 아니라 도착어 문장구성 능력을 요구한다. 각각의 문장을 연결시켜 하나의 텍스트를 만드는 과정에서는 일차적인 글쓰기와 여러 차례의 수정 작업이 이루어진다. 이 작업은 출발텍스트의 의미를 얼마나 정확하게 읽어 내느냐에만 국한되는 것이 아니라 도착텍스트에서 문법상, 문체상으로도 얼마나 완성도 높은 텍스트를 생산해 내느냐 하는 문제로 귀결된다.

이런 의미에서 번역글쓰기는 가장 엄격하고 완성도 높은 언어구사 능력을 필요로 한다. 다시 말해 구어 중심의 의사소통행위에서는 다양한 언어 외적 자질, 즉 몸짓이나 표정 등을 구사하여 의사전달이란 목적에 달성할 수 있다면, 번역은 궁극적으로 글쓰기로 귀착되어야 하는 까닭에 언어 외적인 수단에 의존할 수 없다. 오로지 문자의 힘에 의지하지 않으면 안 되고, 이런 의미에서 가장 엄격하고 제한된 의사소통행위이기도 하다.

물론 번역의 종류에 따라 내용을 요약하거나 특정 부분만을 옮겨주는 약식 번역 등 수요자의 요구에 따른 다양한 기능 중심의 번역이 없는 것은 아니다. 그러나 엄밀한 의미의 번역글쓰기는 의미 전달이란 목적 이외에도 문장 구성의 정확성이나 문체적 완성도까지 요구하게 된다. 그렇다면 번역글쓰기는 오늘날 질적 수준을 고려하지 않은, 어떤 형태로든 의사소통만이 언어교육의 목적인 양 호도하고 있는 우리나라 외국어 교육의 맹점을 극복할 수 있는 대안적인 방법이 될 수 있다.

여기서 특별히 강조되어야 할 점은 번역의 글쓰기 훈련이 다시금 말하기 수준을 함양시키는 방향으로 이어진다는 점이다. 물론 글쓰기와 말하기는 서로 다른 발화 상황을 전제로 한다. 이것을 감안한다 하더라도 글쓰기 훈련이 궁극적으로 말하기 능력까지 향상시킬 수 있는 것은 문장 하나하나를 완성하기 위해 수차례의 수정 과정을 거치는 동안 번역자는 해당 어휘의 정확성 뿐 아니라 문장 구성의 적합성 등을 집중적으로 훈련하게 되기 때문이다. 이를 바꾸어 말하면 우리 사회가 그토록 강조하는 외국어 말하기 능력이 단순히 회화 중심의 교육만으로 이루어지지 않는다는 것이다. 말하기든 글쓰기든 간에 해당 언어의 체계를 머릿속에 각인시키는 것이 중요하고, 이는 나아가서 말하기 교육과 글쓰기 교육이 별개의 영역이 아니라는 사실을 말해준다.

3. 쌍방향의 번역을 통한 외국어교육

번역교육을 통한 외국어교육은 양 방향에서, 다시 말해 외국어에서 모국어로 (B→A), 모국어에서 외국어(A→B)로의 번역으로 양 방향에서 이루어지는 것이 효과적이다. 현실적으로는 두 그룹의 학습자를 구분하여 수업을 실시하는 경우가 많은데, 말하자면 외국 경험이 있고 외국어가 능숙한 학습자에게는 모국어에서 외국어로의 번역을, 그렇지 않고 외국 경험이 없는 학습자에게는 외국어에서 모국어로의 교육을 실시하는 것이다. 그러나 이 같은 분류는 교육의 편의상 이루어지는 것으로 바람직하다고 보기 어렵다. 학습자들은 일정 단계에 이를 때까지는 양 방향의 번역을 동시에 연습해야 하며, 이것이 원만하게 진행될 때 번역 능력 뿐 아니라 외국어 구사 능력 자체가 현격하게 향상되는 것을 자주 목격할 수 있다.

모국어에서 외국어로 옮기는 번역을 위해서는 외국어로 하는 작문(영작문, 독작문 등)이 일정 부분 도움을 줄 수 있다. 이때 작문 수업과 A→B 번역 수업을 별도로 수행하기보다는 동일한 주제를 가지고 병행적으로 시도해 보는 것이 효과적이다. 뿐만 아니라 B 언어 텍스트를 해당 언어(B언어)로 요약하게 하는 것은 특정 용어를 읽히거나 구문을 읽히는데 많은 도움을 준다.

모국어에서 외국어로의 번역은 그 역방향의 번역보다 물론 더 많은 언어 능력을 요구한다. 우리가 잠재적으로 알고 있는 외국어 지식을 활성화할 수 있는 정도가 모국어의 활성화 정도에 비하면 훨씬 못 미친다는 점을 감안한다면 외국어로의 번역이 모국어로의 번역과 동일한 수준으로 이루어지지 않는 것은 당연하다. 그러나 그것이 외국어로의 번역을 학습자의 능력이 일정 수준에 도달한 뒤로 미루어야 할 이유는 되지 않는다.

모국어에서 외국어로 옮기는 과정이 현실적으로 잘 시행되지 못하는 것은 교수자 자신의 어려움이나 언어적 한계와 무관하지 않다. 즉, 교수자 자신이 원어민이 아닌 이상 A언어에서 B언어로 옮긴 번역물을 완전하게 감수하기란 쉽지 않다. 그러나 외국어에서 모국어로의 번역과 모국어에서 외국어로의 번역이 긴밀히 연계된다면 이는 번역교육의 정점인 동시에 외국어 교육의 정점에 해당된다고 할 수 있다.

4. 학제적 교육으로서의 번역교육

대학원 이상의 교과 과정에서는 학부에서 해당 외국어를 전공으로 한 학습자와 그렇지 않은 학습자의 번역물을 비교하게 되는 경우가 종종 발생한다.[4] 이 경우 처음에는 외국어 전공자들의 번역 능력이 월등히 나아 보인다. 그러나 그 같은 상황이

4) 최근 들어 국내에서도 대학원 과정 이외에도 학부의 외국어학과를 통번역학과로 전환하는 경우가 종종 있다. 한국외국어대학교의 통번역대학 소속학과를 그 예로 들 수 있다. 그밖에 독일의 상황이나 국내 번역교육 현황에 대해서는 김륜옥: 외국어문학과의 번역교육 필요성 및 번역학과 모델, 독일어문학 15집(2009), 1-22, 7쪽 이하 참고.

멀지 않아 역전되는 경우를 자주 경험하게 되는데, 이것은 특히 전문 번역의 경우에는 단순히 외국어 지식만으로 번역이 가능한 것이 아니라 맥락적, 배경적 지식을 요구하기 때문이다.

실제로 언어적인 지식만으로 텍스트가 완전하게 이해되는 경우는 드물다. 텍스트의 난이도가 높아질수록 제대로 이해하기 위해서는 언어적인 지식 이외에 배경 지식 혹은 전문 지식이 필요하기 때문이다. 즉, 하나의 문장을 문법적으로 파악한다고 해서 그것에 담긴 의미가 완전하게 이해되는 것은 아니며, 번역자가 내용에 대한 지식이나 확신이 없는 상태에서 언어적인 차원에서 피상적으로 옮겨 놓았을 경우, 그 번역물은 설득력이나 호소력을 갖지 못한다. 이는 말하자면 텍스트에 표현된 것은 실제로는 그보다 훨씬 많은 표현되지 않은 부분들을 전제로 하고, 이것을 읽어내기 위해서는 일반 상식 이상의 폭넓은 교양이나 전문 지식을 요구하기 때문이다.

또한 맥락적 지식을 가지고 있을 때 도착어 차원의 어휘 선택이나 표현의 가능성이 훨씬 넓고 유연해진다. 즉, 출발어의 사전적 대응어에 얽매이지 않고 보다 다양한 어휘나 어구를 선택할 가능성이 주어진다는 것이다. 이처럼 번역교육은 외국어 능력 이상의 지식을 요구하는데, 이것을 통틀어 '문화적' 지식이라고 부를 수 있다.

이것은 번역교육이 학제적 교육이 되어야 하는 이유이기도 하다. 번역교육은 특정 분야의 개별적인 (전문)지식이 아니라 가급적 많은 분야의 정보를 일정 수준 이상으로 습득하고 이용하는 방법을 훈련시켜야 하고, 바로 이 때문에 타 학문과의 긴밀한 연계를 필요로 한다.

5. 오류 분석을 통한 번역 평가

이 장에서는 앞서 제기한 질적 평가의 임의성과 주관성을 극복하는 방안과 관련해 좀 더 세부적으로 논의하기로 한다. 최근 들어 번역의 질적 평가를 위한 여러 가지 방법들이 소개됨으로써 앞에서 언급한 주관적이거나 임의적인 평가를 상당 부분 극복할 수 있게 되었다.[5] 여기서는 여러 가지 모델들의 이론적인 측면을 다루기보다는 일반적으로 사용되고 있는 구체적인 평가 기준에 대해 논의하기로 한다. 그 중에서 실제 번역물 평가에서 자주 사용되는 오류 분석 방법을 취해 보기로 한다.[6]

오류 분석은 번역물을 평가하거나 감수할 때 이전처럼 하나의 뭉뚱그려진 복합체로 보는 것이 아니라 각각의 층위별로 구분해

---

5) 번역의 질적 평가의 다양한 방법에 관해서는 Juliane House: Translation Quality Assessment, Tübingen: Gunter Narr Verlag (1997)을 참고할 것.

6) 예컨대 프랑스 명작소설 번역평가연구단은 우선 토대평가와 심화평가로 나누고, 토대평가의 단계에서는 다시 오류와 불일치로 분류한다. 오류의 경우, 어휘 차원, 문장 차원의 누락/첨가를, 불일치의 경우 문단 관계와 문장 관계에서 나타나는 변형, 변조, 정보성을 중심으로 평가한다. 이 같은 토대평가를 바탕으로 심화 평가에서는 텍스트의 외적 특성과 내적 특성을 중심으로 분류한다. 구하나: Boule de Suif의 한국어번역 품질평가, 실린 곳, 한국번역비평학회 2008년 동계심포지움, 프랑스 명작소설 번역평가와 ESIT의 번역이론, 12-25쪽 참고.

서 살펴보는 것이 효율적이라는 견해에서 출발한다. 그렇다면 번역 결과물을 어휘적 층위와 문법적 층위 (혹은 문장적 층위), 정보적 층위, 나아가서는 맥락적 층위 등으로 크게 나누고, 각각의 층위별로 접근하는 것이 가능하다. 이 과정에서 나타나는 단순한 혹은 심각한 오류를 찾아내는 것을 오류 분석의 기본적인 방법이라 부를 수 있다. 오류 분석에 대해 미셸 발라르 Michel Ballard는 "오류 관찰은 훌륭한 번역물을 검토하는 것만큼이나 번역 이론에 도움"이 되고, "인간의 정신적 또는 육체적 기능을 이해하기 위해 기능장애를 연구하는 것과 마찬가지 역할을"(Delisle, 54에서 재인용) 하며, 따라서 오류 분석은 번역교육이 학습자를 중심으로 이루어지게 하는데 반드시 필요하다고 강조한다.

다음은 다소간의 차이는 있지만 일반적으로 사용되고 있는 오류분석의 절차이다.[7]

1) 각각의 층위에서 나타나는 오류를 따져서 번역물을 평가하기에 앞서 일차적으로 표층적 오류를 지적하는 과정을 거친다. 여기에는 별다른 어려움은 없는데, 이 부분은 객관적이고 외형적인 오류를 따지는 차원이기 때문이다. 이 단계에서 우선 도

7) 여기서는 정호정이 번역평가와 관련하여 제시한 표를 상당 부분 참고했음을 밝힌다. 정호정: 번역평가의 간주관성과 코퍼스, 실린 곳: 한국번역비평학회 2008년 11월 학술발표회, 25쪽 참고. 이 같은 기준은 학자들에 따라 훨씬 세분될 수도 있고, 보다 간소화될 수도 있다. 또한 크리스아네 노르트 Christiane Nord의 경우는 번역 오류를 화용적 번역 오류, 문화적 번역 오류, 언어적 번역 오류, 텍스트 특유의 번역 오류로 분류하고 있다. Nord: 번역행위의 목적성, 정연일, 주진국 옮김, 한국외국어대학교 출판부 2006, 129쪽 참고.

착어 차원의 맞춤법, 문장 부호, 띄어쓰기, 통사 시제, 성과 수의 일치 문제 및 기타 구문상의 오류나 부적절한 부분을 걸러낼 수 있다.[8] 이 과정에서 이미 많은 결과물들은 충분치 못하다는 평가를 받게 되지만, 이런 표층적 오류들은 몇 차례의 훈련 과정을 거치면 비교적 빨리 제거되는 가시적인 효과를 보여준다.

2) 어휘적 층위의 분석은 표층적 분석보다 한 걸음 더 나간다고 할 수 있는데, 우선 출발어의 어휘를 정확히 이해하지 못한 경우가 가장 빈번하다. 대부분의 외국어 학습자들이 특정 어휘의 뜻을 의당 알고 있다고 생각하는 경우에도 실제로는 어렴풋이 추측할 뿐, 그 의미나 용법을 정확하게 알지 못하는 경우가 허다하다. 이 경우 어휘 차원에서 이미 정확성이 결여된 모호하거나 부정확한 번역이 생겨나게 된다. 다시 말해 학습자가 어휘들 사이의 근소한 차이를 인식하지 못하고 있다는 말이기도 한데, 이것은 대부분의 외국어 어휘들을 사전을 통해 배우기 때문이다. 학습자가 사전에 제시된 대표적인 역어나 용례를 따를 경우 실제 텍스트의 의미에서 벗어나는 경우가 종종 발생한다.

어휘적 차원의 오류는 도착어 차원에서도 유사하게 나타난다. 도착어에서 정확한 대응어를 선택했는지, 특히 적절한 전문용어를 사용하고 있는지, 용어사용의 일관성을 유지하고 있

---

8) 예를 들면 우리말에 종종 생략되는 복수접미사나 대과거 시제로 인해 어색해진 경우를 들 수 있다.
(인간들의 욕망들이 큰일들을 그르친다. → 인간의 욕망이 큰일을 그르친다.
우리는 그 집에 갔었고, 거기서 재미있게 놀았다. → 우리는 그 집에 갔고 거기서 재미있게 놀았다.)

는지, 도착어의 역사적, 문화적 배경에 적합한 어휘를 찾아내고 있는지 등을 따지게 된다. 나아가 관용적인 언어표현을 제대로 이해하고, 그에 상응하는 도착어의 관용적 표현을 사용하는지 등을 들 수 있다. 이 경우 결과물이 만족스럽지 못한 것은 도착어에서 보다 근접한 어휘를 골라내는데 성공하지 못하기 때문이다. 다시 말해 많은 어휘들은 의미가 유사한 이른바 동의어들을 가지고 있지만, 그렇다고 이들을 아무 때나 대체할 수 있는 것은 아니다.

3) 문장적 층위의 오류는 보다 복잡한 양상을 보여준다. 이것은 우선 문장들 사이의 관계, 즉 전후관계나 인과관계, 종속관계 등 문장들 사이의 관계나 상황을 제대로 읽어내지 못한 경우에 발생한다. 출발텍스트의 내용상의 맥락이 도착텍스트에 그대로 재현되지 못한다는 말인데, 이는 특히 부문장을 수반한 복합문장의 경우에서 자주 발생한다. 문장적 층위의 오류는 텍스트의 난이도에 따라 동일한 학습자에게서도 많은 편차를 보여준다.

출발어 문장들 사이의 내적인 관계를 잘못 파악하는 데서 오는 오류 이외에도 도착어로 기술하는 과정에서 나타나는 오류 또한 자주 접할 수 있다. 다시 말해 도착어의 구문이 제대로 이루어지지 않았다는 뜻인데, 어순이나 주술관계의 불일치, 우리말에 어울리지 않는 수동문와 같은 사소한 오류가 중첩될 때에도 결과적으로는 비문(非文)이 되고 만다.[9]

9) 도착어 구문이 제대로 이루어지지 않아 비문이 되는 경우를 다음과 같이 몇 가지

4) 정보적 층위는 사실관계에 오류가 있는지를 따지게 된다. 정보적 차원에서 오류가 발생하는 경우는 출발텍스트를 정확히 이해하지 못해 명백한 오역이 일어나거나 원래의 정보가 애매모호하고 불확실하게 재현되는 경우를 말한다. 그렇다면 정보적 층위에서는 궁극적으로 정보의 등가성이 어느 정도로 이루어졌는지가 최종적인 기준이 된다. 이 차원의 오류가 특히 문제가 되는 것은 잘못된 정보는 실제로 심각한 결과를 불러올 수 있기 때문이다. 따라서 정보적 층위의 오류는 가장 큰 감점 요인이 된다.

이때 의도적이든 의도하지 않든 간에 원문에 없는 첨가나 원문의 부분적인 삭제가 종종 일어난다. 이를 통해 의미의 감소나 과잉 현상이 일어나게 되는데, 실제로 의미의 과잉이나 중복보다는 의미의 감소가 일어나는 경우가 더 자주 발생하고, 더 많은 감점 요인이 된다. 의미의 감소는 대부분 부지불식간에 일어나지만, 도무지 번역이 용이치 않아 의도적으로 그 정보를 삭제해 버리는 경우도 적지 않게 발견된다.

5) 다음으로 맥락적 층위에서는 출발텍스트가 내포하고 있는 사회적, 문화적, 역사적 요소가 적절하게 전달되었는가의 문제

유형으로 나눌 수 있다.

① 어순이 적절하지 않아 의미가 불분명해진 경우: der immer schweigsame Vater, den ich liebe 언제나 말이 없는 내가 좋아하는 아버지 (말이 없는 것이 나인지 아버지인지 명확하지 않다.)

② 수동문을 사용해서 어색해진 경우: Auch das deutsche Kino ist stark vertreten in diesem Jahr. 독일영화 또한 올해 강하게 대변되어진다.

③ 조사 '의'로 인해 어색해진 경우: Die Zerstörung des Friedens ist eine Sünde. 평화의 파괴는 죄악이다.

로 귀착될 수 있다. 즉, 출발텍스트가 가지는 고유한 문화적, 역사적, 사회적 요소가 도착어에서 어느 정도로 구현되었는지를 말한다. 맥락적 층위의 올바른 번역을 위해서는 단순히 문법적 지식이 아니라 폭넓은 배경지식을 필요로 한다. 한 가지 예로 Kopftuch를 '두건' 혹은 '머리 수건'으로 번역한 경우를 들 수 있다. 이슬람 문화와 관련된 텍스트라면 Kopftuch는 '차도르'로 번역하는 것이 더 타당한 것은 당연하다.

이 같은 오류 분석이 객관적 평가에 도움을 주는 것은 사실이지만, 번역 오류의 양적 평가나 지식의 점검에 치우칠 우려가 있다는 사실을 아울러 지적해야 한다. 무엇보다 오류 점검을 통한 평가 방식으로 훈련을 받은 학습자들은 번역에서 요구되는 진정한 의사소통을 하지 못할 위험성이 있다. 번역에 단 하나의 모범답안이 존재한다고 가정하는 오류를 범하고, 번역의 거시구조가 아닌 미시구조에 얽매이게 하는 폐단을 가져올 수 있다.

이것은 오류 분석의 유용성에도 불구하고 그것이 가지는 일종의 한계라고 할 수 있는데, 오류를 지적하고 드러내 보여주는 것은 결과적 차원에 해당될 뿐, 번역의 중간 절차나 전략을 가르쳐 주지 못하기 때문이다. 다시 말해 오류 분석이 제대로 기능하기 위해서는 번역 행위의 인지적 과정이 드러나야 하고, 어디서 오류가 발생하는지를 설득력 있게 제시할 수 있어야 한다. 또한 이 같은 오류 분석 중심의 번역 평가는 자칫 번역 텍스트를 일관성 있고 독립적인 생성물로 간주하는 것이 아니라 텍스트의 부분들에만 초점을 맞추게 하는 결과를 초래할 수 있다는 점을 지적해야 한다.

오류 분석에 입각한 번역 평가 Translation Assessment, Translation Evaluation가 실용 텍스트에 적합하다면, 문학 번역을 비롯한 인문학 번역에는 번역비평 Übersetzungskritik이 더 적합하다. 번역 비평은 도착텍스트의 정보성, 어휘나 구문의 적합성 이외에도 텍스트에 대한 인식론적 접근방식과 텍스트 전반에 대한 이해의 폭, 문체적 특성, 텍스트나 독자에 대한 번역자의 태도 등 번역물의 상대적인 장단점을 전반적으로 평가하는 것이다. 번역 비평은 번역 평가의 경우처럼 결과물을 놓고 세부적이고 부분적인 요소들을 따지는 단계를 넘어, 번역물을 하나의 독립된 텍스트나 완성된 작품으로 간주하고 전반적인 문체의 일관성이나 텍스트의 내적·외적 완성도, 작가의 의도에 대한 이해도 등 메타적 차원에서 검토하게 된다. 이런 의미에서 번역 비평은 번역 평가가 가지는 한계를 보충한다. 다시 말해, 문장 표면에서 나타나는 산발적이고 개별적인 오류의 수정 이외에, 도착 텍스트와 출발 텍스트 사이의 의미 협상 과정을 추적하고 가독성 뿐 아니라 내용적, 형식적, 표현적 측면에서 도착텍스트의 전반적인 완성도를 높이는 것을 목적으로 한다. 이런 의미에서 번역 평가가 상대적 평가라면 번역 비평은 절대 평가에 해당한다고 말할 수 있다. 따라서 지금처럼 번역 평가는 실용 텍스트에, 번역 비평은 (인)문학 텍스트에 분리해서 적용시키기보다는 양쪽 논의의 상호 접근이 필요한 시점이다.

3 QUESTION 전문가 양성을 위한 번역 교육

위에서 제안한 바에 따라 교실에서 행해지는 번역교육이 이상적으로 행해진다 하더라도 학습자가 곧바로 번역 시장에 뛰어들 수 있는 것은 아니다. 날로 커져 가고 있는 번역 시장에서 정작 필요로 하는 것은 학습자들이 수업의 일환으로 행하는 연습 수준의 결과물이 아니기 때문이다. 번역 현장에서는 바로 통용될 수 있는 주문자 중심 혹은 수용자 중심의 번역을 요구한다. 이는 목적론적 번역 혹은 기능주의적 번역과 무관하지 않다(Vermeer, 11; Nord, 66).

현장에서는 번역은 수요자의 필요에 따라 가공된 번역을 요구한다. 이때 출발텍스트 중심의 번역은 자칫 무의미한 번역이 되기 쉽다. 이에 대해 라보 Élisabeth Lavault는 "학생들은 자신들에게 낱말과 등가 낱말에 대해 가르쳐 준 언어 교육으로 경직되어 있기 때문에 외국어 강의 시간에 길들여진 버릇을 제거하기 위해 재교육을 받아야 한다"(Delisle, 99에서 재인용)고 말한다. 그렇다면 번역 교육은 특정 경우에 적용 가능한 언어적 지식을 가르치는 것 외에도 학습자들이 현장에서 직면하게 될 다양한 요구에 적절하게 대처할 수 있는 방법 또한 가르쳐야 한다.

번역 현장에서는 경우에 따라서는 요약 번역, 발췌 번역 등 다양한 형태의 번역뿐 아니라 대상 도서의 개괄적인 검토나 번역

기획서 작성 등의 업무도 요구한다. 이때 필요한 것은 출발텍스트에서 핵심적인 정보를 얼마나 능숙하게 추려내어 수요자들에게 제공해 주는가 하는 점이다. 이때 숙달된 읽기 능력과 글쓰기 능력이 효력을 발하게 된다. 번역 교육에서는 이 같은 능력 또한 훈련되어야 하고, 이런 의미에서 번역 교육은 모든 텍스트를 원문에 충실하게 옮기는 것만을 의미하지는 않는 것이다.

그 외에도 전문 번역에서는 특정 분야에 관한 지식의 지속적인 축척과 그것을 수시로 새롭게 하는 작업을 필요로 한다. 다시 말해 과학·기술 분야, 의학 분야, 경제·정치 분야 등 특수 분야에서는 그 분야에서만의 전문 용어와 전문 지식을 요구하고, 신조어나 새로운 개념어들도 빈번하게 등장한다. 그런 까닭에 지속적으로 특정 분야의 전문 용어 목록을 만들거나 정보를 수집하고 정리해 두는 것이 필요하다. 일정 정도의 경력과 경험이 쌓이면 특정 분야에서 특화된 번역을 하는 것이 바람직하다. 또한 전문 번역을 위해서는 그 분야의 관행이나 특수 상황 등을 주지하는 것이 중요하다. 지금까지 행해진 번역교육의 한계는 교육 현장이 번역 시장과 연계되지 않은 채 폐쇄적인 학습 공간 속에서만 행해졌다는 것이다.

그렇다면 교수자는 학습자들에게 다양한 현장 경험을 갖게 하고 번역계의 최신 동향에 대한 정보를 제공하여 학습자가 전문 번역 현장에 빨리 적응할 수 있도록 도와주어야 한다. 전문 번역의 경우 경제적 가치를 따지는 시장의 논리에 따라 행해지는 것은 일정 부분 당연하기 때문이다.

4 QUESTION 맺는 말: 번역 교육-외국어 교육-인문학 교육

위에서 살펴본 것처럼 이 글은 번역 교육에 대한 그간의 몰이해와 홀대가 적지 않은 오해에서 기인된다는 입장에서 출발하였다. 번역은 무엇보다 읽기 능력과 깊은 관련성을 맺고 있으며, 결국은 도착어의 글쓰기로 귀착된다는 이 글의 전제는 짐짓 당연해 보이지만, 실제로는 번역에서 가장 중요한 요소이기도 하다.

번역 능력은 단순히 외국어 지식으로 이루어지는 것이 아니다. 그것은 외국어 지식 이외에도 맥락적 이해와 도착어 구사 능력 등 다층적인 능력을 요구한다. 다시 말해 번역 텍스트가 단순히 외국어 지식을 통해 타언어로 환원되는 기계적인 작업이 아닌 이상, 도착어를 어떻게 구사할 것인가에 대한 부단한 성찰이 병행되어야 한다. 그 과정에서 기계적인 전환 작업만으로는 가능하지 않는 맥락적 지식과 언어 외적 지식이 요구된다. 우리는 이것을 일종의 문화적 선지식이라 부를 수 있다.

이미 여러 차례 언급했듯이, 번역교육은 다시금 외국어 교육의 중심에 놓여야 하고, 어느 의미에서는 외국어 교육의 정점에 해당된다. 그러나 한 걸음 더 나아간다면 외국어 교육 또한 실용적인 차원에서만 이해되어서는 안 되고 궁극적으로 인문학 교육이란 큰 틀 속에서 이해되어야 할 것이다. 번역 교육을 포함한 외국어 교육을 흔히 '말하는' 능력으로 귀결시키는 것은 우리 사회에서 만연한 커다란 오해 중의 하나다. 단순히 말하기 위주로 훈련된 언어 능력은 일정 수준을 넘어서면 곧 한계에 부딪치는 것을 자주 경험하게 된다. 외국어 교육이 단편적인 말하기 능력을 최종적인 목표로 하지 않는 것이 분명하다면, 궁극적으로는 인문학적 소양으로 이어져야 한다. 이는 다시 말해 번역교육이든 외국어 교육이든 인문학적 토대 위에 서 있지 않으면 안 된다. 이런 의미에서 번역학은 통합적 학문, 학제적 학문으로 거듭나야 하고, 번역교육은 학제적, 융합 학문적 바탕 위에서 전개되어야 한다.

사회가 글로벌해질수록 번역에 대한 수요는 늘어나고 번역시장의 규모도 점차 커지기 마련이다. 정보화 사회에서 정보에 대한 욕구가 늘어날수록 외국 텍스트에 대한 번역 수요도 증가한다. 그런 관점에서 본다면 번역교육은 결코 시의성이 다한 구태의연한 분야가 아닌 것이 자명하다.

참고문헌

참고문헌

서문

Bachmann-Medick, Doris: Meanings of Translation in Cultural Anthropology, in: Theo Hermans (ed.) Translating Others, Vol. 1, Manchester: St Jerome 2006, 33-42.

Chou, Rey: 원시적 열정, 시각, 섹슈얼리티, 민족지, 현대중국영화. 정재서 옮김, 서울:이산 2004.

Clifford, James: Routes: Travel and Translation in the Late Twentieth Century, Cambridge and London: Harvard University Press 1997.

Lotman, Yuri M.: Universe of the Mind. A Semiotic Theory of Culture, Translated by Ann Shukman, Bloomington and Indianapolis: Indiana University Press 1990.

Wolf, Michaela: The Third Space in Postcolonial Representation, in: Sherry Simon and Paul St-Pierre (eds) Changing the Terms: ranslation in the Postcolonial Era, University of Ottawa Press 2002, 127-46.

사카이 나오키: 번역과 주체. 후지이 다케시 옮김, 서울:동문선 2005.

Chapter 1 이론적 토대

국내문헌

바스넷, 수잔: 약자 혹은 강자: 번역가의 역할 재검토하기." 로만 M. 알루아레즈 & 카르멘 아프리카 비달 (편), 번역, 권력, 전복. 윤일환 옮김, 서울: 동인 2007, 10-24.

베누티, 로렌스: 번역의 윤리, 차이의 미학을 위하여. 임호경 옮김, 서울: 열린 책들 2006.

먼데이, 제레미: 번역학 입문. 정연일 남원준 옮김, 서울: 한국외국어대학교 출판부 2006.

알루아레즈, 로만 M. & 카르멘 아프리카 비달 (편): 번역, 권력, 전복. 윤일환 옮김, 서울: 동인 2007.

프록터, 제임스: 지금 스튜어트 홀, 손유경 옮김, 서울: LP Book 2006.

허만스, 테오: 규범 그리고 번역의 결정. 로만 M. 알루아레즈 & 카르멘 아프리카 비달 (편). 번역, 권력, 전복, 윤일환 옮김, 서울: 동인 2007, 25-51.

홀, 스튜어트: 스튜어트 홀의 문화 이론, 임영호 옮김, 서울: 한나래 1996.

해외문헌

Apel, Friedmar: Sprachbewegung: Eine historisch-poetologische Untersuchung zum Problem des Übersetzens. Heidelberg: Winter 1982.

Barthes, Roland: A Barthes Reader. New York: Noonday 1983.
Bergman, Antoine: The Experience of the Foreign: Culture and Translation in Romantic Germany. Albany, New York: SUNY P 1992.
Flotow, Luise von: Translation and Gender: Translating in the Era of Feminism. Manchester: St. Jerome 1997.
Foucault, Michel: Archäologie des Wissens [L'archéologie du savoir]. Trans. Ulrich Köppen, Frankfurt: Suhrkamp 1986.
Hall, Stuart: "Encoding/decoding." Culture, Media, Language. London: Hutchinson 1980, 128-38.
Lefebvre, André, (ed): Translation, History, Culture: A Sourcebook. London: Routledge 1992.
Störig, Hans Joachim, (ed): Das Problem des Übersetzens. Darmstadt: Wissenschaftliche Buchgesellschaft 1973.

Chapter 2 독일 계몽주의 시대의 번역문학 논쟁

1차 문헌

Bodmer, J. J.: Critische Abhandlung von dem Wunderbaren in der Poesie und dessen Verbindung mit dem Wahrscheinlichen In einer Vertheidigung des Gedichtes Joh. Miltons von dem verlornen Paradiese, in: Critischen Dichtkunst, Bd. I, Faksimiledruck nach der Ausgabe von 1740, Stuttgart 1966.
Bodmer, Johann Jakob u. Johann Jakob Breitinger: Schriften zur

Literatur, Stuttgart 1980.

Breitinger, J. J. : Critische Dichtkunst. Faksimiliedruck nach der Ausgabe von 1740, Bd. I. Hrsg. v. Wolfgang Bender, Stuttgart 1966.

Gottsched, Johann Christoph: Rezensionen über J. J. Bodmers Critische Abhandlung von dem Wunderbaren in der Poesie, in: Critische Beyträge, Bd. 6, 24 Stück, Jg. 1740.

Johann Christoph Gottsched, Versuch einer kritischen Dichtkunst vor die Deutschen. Bd. 9, Leipzig 4. Aufl. 1751.

Ders.: Handlexicon oder kurzgefaßtes Wörterbuch der schönen Wissenschaft, Leipzig 1760.

Gottsched, L.A.V.: Die Pietisterey im Fischbein-Rocke, Stuttgart 1968.

Klopstock, Friedrich Gottlieb: Ausgewählte Werke, hrsg. v. Karl August Schleiden, München 1962.

Lessing, Gotthold Ephraim: Werke in 25 Teilen. Hrsg. v. Julius Petersen und Waldmar von Olshausen, Hildesheim und New York 1970.

Ders.: Briefe die neueste Literatur betreffend, Stuttgart 1972.

Opitz, Martin: Buch von der Deutschen Poeterey, Stuttgart 1983.

Shakespear, William: The Complete Works, Stanley Wells and Gary Taylor (ed.), Oxford 1988.

2차 문헌

김효중: 번역학, 서울: 민음사 1988.

베르크한, 클라우스: 의고전주의, 고전주의 문학 비평, in: 페터 우베 호엔달 외, 독일문학비평사, 서울: 민음사 1995, 11-123.

안미현: G. E. 레싱의 연극이론의 발전과정, 오한진 외 편, 문학과 진실, 서울: 월인 2000, 151-166.

알란 포제너: 셰익스피어, 김경연 역, 서울: 한길사 1998.

쓰지 유미: 번역사 산책, 이희재 역, 서울: 궁리 2001.

최민숙: 독일 낭만주의 수용을 통해 본 번역의 문제점, 번역문학 제1집, 서울: 1993, 37-66.

페터 우베 호엔달 외: 독일문학비평사, 반성완 편역, 서울: 민음사 1995.

Ahn, Mi-Hyun: Die kleinen Formen des frühen Lessing, eine Unterstuchung ihres Strukturzusammenhangs, Tübingen 1991.

Apel, Friedmar: Sprachbewegung. Eine historisch-poetologische Untersuchung zum Problem des Übersetzens, Heidelberg 1982.

Brender, Irmela: Christoph Martin Wieland, Reinbek bei Hamburg 1990.

Grimminger, Rolf: Roman, in: Hansers Sozialgeschichte der deutschen Literatur Bd. 3, hrsg. v. Rolf Grimminger, 635-715.

Kapitza, Peter L.: Ein bürgerlicher Krieg in der gelehrten Welt. Zur Geschichte der Querelle des Anciens et des Modernes in Deutschland, München 1981.

Kiesel, H. u. P. Münch: Gesellschaft und Literatur im 18. Jh., München 1977.

Oppel, Horst: Englisch-deutsche Literturbeziehungen I. Von den Anfängen bis zum Ausgang des 18. Jhs., Berlin 1971.

Osterkamp, Ernst: Kulturpatriotismus und literarische Übersetzung um 1800. Über Klopstocks Epigramm *Die französische Übersetzungen der Alten*, 번역연구 제5집, 서울: 1997, 37-55.

Schuppenhauer, Claus: Der Kampf um den Reim in der deutschen Literatur des 18. Jhs., Bonn 1970.

Sengler, Friedrich: Christoph Martin Wieland, Stuttgart 1949.

Stolze, R.: Übersetzungstheorien, Tübingen 1997.

Ungern-Sternberg, Wolfgang von: Schriftsteller und literarischer Markt, in: Rolf Grimminger (hrsg.), a.a.O, 133-185.

Chapter 3 근대 독일의 여성번역가

1차문헌

Gottsched, J. Chr.: Handlexicon oder kurzgefaßtes Wörterbuch der schönen Wissenschaft, Leipzig 1760.

Gottsched, L. A. V.: Die Pietisterey im Fischbein-Rocke, Reclam: Stuttgart 1979 (Rostock 1736)

Gottsched, L. A. V.: Sämtliche kleinere Gedichte, hg. v. Johann Christoph Gottsched, Leipzig 1753.

Lessing, G. E.: Werke in 25 Teilen, 7 Teil, hrsg. v. Julius Petersen, Hildesheim u. New York 1970.

Shakespeare: Macbeth, Cambridge University Press 2003.

2차문헌

김신좌: 번역과 사회언어적 개념으로서의 젠더, 국제회의의 통역과 번역 2003, 79-99.

김현미: 글로벌 시대의 문화 번역, 젠더, 인종 계층의 경계를 넘어, 도서출판 또하나의문화 2005.

박선주: (부)적절한 만남: 번역의 젠더, 젠더의 번역, 실린 곳, 여성과 언어: 젠더와 번역, 제12차 통번역학 국제학술대회 발표집, 서울 2012, 55-72.

임옥희, 주디스 버틀러 읽기, 도서출판 여이연 2006.

정혜연: 통역에 대한 다섯 가지 가설 - 인지 및 신경심리학적 관점에서, 통번역연구 2012. (제16권 1호), 145-176.

Berman, Antoine: 낯선 것으로부터 오는 시련 - 독일 낭만주의 문화와 번역, 윤성우, 이향 옮김, 철학과현실사 2009.

Brown, Hilary: Luise Gottsched als Übersetzerin, in: Brunhilde Wehinger u. Hilary Brown (Hrs.), Übersetzungskultur im 18. Jh., Saarbrücken: Wehrhahn Verlag 2008.

Kiesel H. u. P. Munich: Gesellschaft und Literatur im 18. Jh,

München 1977.

Munday, Jeremy: 번역학 입문, 정연일, 남원준 옮김, 한국외국어대학교 출판부 2006.

Sengle, Friedrich: Wieland, Stuttgart 1949.

Simon, Sherry: Gender in Translation: Cultural Identity and the Politics of Transmission, London and New York: Routledge 1996.

Venuti, Lawrence: 번역의 윤리, 차이의 미학을 위하여, 열린책들 2006.

Wehinger, Brunhilde u. Hilary Brown: Übersetzungskultur im 18. Jh., Übersetzerinnen in Deutschland, Frankreich und der Schweiz, Saarbrücken: Wehrhahn Verlag 2008,

Yaguello, Marina: 언어와 여성. 여성의 조건에 대한 사회언어학적 접근, 강주헌 옮김, 여성사 1994.

Chapter 4 괴테와 번역

1차문헌

Diderot, Denis: Le Neveu de Rameau, Seoul: Shina-Sa 2001.

Diderot, Denis: 라모의 조카, 황현산 역, 고려대학교 출판부 2009.

Goethe, J. W.: Sämtliche Werke, Briefe, Tagebücher und Gespräche, hrsg. v. Hans-Georg Dewitz, Frankfurt a. M.: Deutscher Klassiker Verlag 1999, (=FA.) Bd. 11-12.

Ders.: Werke, hrsg. v. Erich Trunz, München: C. H. Beck 1982. (=HA.)

Berman, Antoine: 낯선 것으로부터 오는 시련 - 독일 낭만주의 문화와 번역, 윤성우 · 이향 옮김, 철학과 현실사 2009.

푸코, 미셸: 광기의 역사, 이규현 옮김, 나남 2003.

2차문헌

Foucault, Michel: Wahnsinn und Gesellschaft, Frankfurt a. M.: Suhrkamp 1973.

Nebrig, Alexander: Dezenz der klassischen Form. Goethes Übersetzung von Diderots Le neveau de Rameau, Wehrhahn Verlag 2006.

Schlösser, Rudolf: Rameaus Neffe. Studien und Untersuchungen zur Einführung in Goethes Übersetzung des Diderotschen Dialogs, Hamburg: Severus Verlag 2001 (Nachdruck der Originalausgabe von 1990).

Störig, Hans Joachim (Hrsg.): Das Problem des Übersetzens, Darmstadt: Wissenschaftliche Buchgesellschaft 1973, 34-37.

Venuti, Lawrence: 번역의 윤리, 차이의 미학을 위하여, 임호경 옮김, 열린책들 2006.

Witte, Bernd u. a. (Hrsg.): Goethe Handbuch, Bd. 4/2, Stuttgart: Metzler 1998.

www.sacred-texts.com/neu/.../oss23.htm

Chapter 5 낭만주의에서의 언어, 번역, 해석

1차 문헌

Gottsched, J. Chr.: Handlexicon oder kurzgefaßtes Wörterbuch der schönen Wissenschaft, Leipzig 1760.

Heidegger, Martin: Hölderlins Hymne *Der Ister*, Frankfurt a. M. 1984.

Hölderlin, Friedrich: Sämtliche Werke, Bd. 5, hrsg. v. Friedrich Beissner, Stuttgart 1952.

Ders.: Der Dichter über sein Werk, hrsg. v. Friedrich Beißner und Bernhard Böschenstein, Darmstadt 2Aufl. 1996.

Ders.: Gedichte, Stuttgart 2000.

Humboldt, Wilhelm v.: Schriften zur Sprache, Stuttgart 1973.

Novalis: Werke und Briefe, München 1953.

Schlegel, August Wilhelm von: Über die Bhagavad-Gita, in: Hans Joachim Störig (Hrsg.), Das Problem des Übersetzens,

Darmstadt 1973, 97-100.

Schlegel, Friedrich: Philosophie der Philologie[1797]. Hrsg. v. Josef Körner. In: Logos 17(1928), 1-72.

Ders.: Kritische und theoretische Schriften, Stuttgart 1984.

Schleiermacher, Friedrich: Über die Religion, Stuttgart 1985.

Störig, Hans Joachim (Hrsg.): Das Problem des Übersetzens, Darmstadt 1973.

2차 문헌

Berman, Antoine: The Experience of the Foreign: Culture and translation in romantic Germany. translated by S. Heyvaert. Albany: State University of New York 1992.

Brauers, Claudia: Perspektiven des Unendlichen, Friedrich Schlegels ästhetische Vermittlungstheorie, Berlin 1996.

Heine, Roland: Transzendentalpoesie, Studien zu Friedrich Schlegel, Novalis und E.T.A. Hoffmann, Bonn 2Aufl. 1985.

Munday, Jeremy: 번역학 입문-이론과 적용, 정연일, 남원준 옮김, 한국외국어대학교 출판부 2006.

Posener, Alan: William Shakespeare, 김경연 옮김, 한길사 1998.

Störig, Hans Joachim (Hrsg.): Das Problem des Übersetzens, Darmstadt: Wissenschaftliche Buchgesellschaft 1973.

Szondi, Peter: 문학해석학이란 무엇인가, 이문희 옮김, 아카넷 2004.

Venuti, Lawrence: 번역의 윤리, 임호경 옮김, 열린책들 2006.
쓰지 유미: 번역사 산책, 이희재 옮김, 궁리출판 2001.
박용삼: 번역학 역사와 이론, 숭실대학교 출판부 2003.
안미현: 독일 계몽주의 시대의 번역문학 논쟁, 독일어문학 제27집 (2003), 265-290.
이성준: 훔볼트의 언어철학, 고려대학교 출판부 1999.
장영태: 횔덜린의 소포클레스 비극 Antigone에 대한 해석과 번역, 悲劇的인 것의 규정과 해석으로부터의 번역, 독일문학 제67집 (1998), 50-85.
장영태: 지상에 척도는 있는가 -횔덜린의 후기문학, 유로서적 2002.
천병희: 횔덜린의 핀다르 수용에 관한 연구, 삼영사 1986.
최신한: 이해의 한계와 번역 불가능성의 문제, 해석학연구, Vol. 19(2007), 29-57.

Chapter 6 번역과 젠더

1차 문헌

Shakespeare, William: Macbeth, Cambridge University Press 2003.
Shakespeare, William: Dramatische Werke, übersetzt von A. W. Schlegel, ergänzt und erläutert von Ludwig Tieck. Band III. Berlin 1830.
Shakespeare, William: Macbeth, übers. v. Dorothea Tieck, hrsg. v.

Dietrich Klose, Stuttgart 2001.

2차 문헌

김현미: 글로벌 시대의 문화 번역, 젠더, 인종 계층의 경계를 넘어, 도서출판 또하나의문화 2005.

박선주: (부)적절한 만남: 번역의 젠더, 젠더의 번역, 안과밖, Vol. 32 (2012), 289-317.

임옥희: 주디스 버틀러 읽기, 도서출판 여이연 2006.

Atheneum: Darmstadt: Wissenschaftliche Buchgesellschaft 1960, II, 2.

Baillot, Anne: "Ein Freund hier würde diese Arbeit unter meiner Beihülfe übernehmen." Die Arbeit Dorothe Tieck an den Übersetzungen ihres Vaters, in: Wehinger, Brunhilde u. Hilary Brown: Übersetzungskultur im 18. Jh., Übersetzerinnen in Deutschland, Frankreich und der Schweiz, Saarbrücken 2008, 187-203.

Bassnet, Susan: 번역학 이론과 실제, 김지원, 이근희 옮김, 한신문화사 2004.

Berman, Antoine: 낯선 것으로부터 오는 시련 - 독일 낭만주의 문화와 번역, 윤성우, 이향 옮김, 철학과현실사 2009.

Bourdieu, Pierre: Die männliche Herrschaft, Frankfurt a. M. 2005.

Butler, Judith: 젠더 트러블, 페미니즘과 정체성의 전복, 조현준 옮김, 문학동네 2008.

Flotow, Luise von: Translation and Gender, Translation in The Era of Feminism, Manchester, St. Jerome Publishing and Ottawa, University of Ottawa Press 1997.

Gundolf, Friedrich: Shakespeare und der Deutsche Geist, Berlin 1927.

Lefebvre, André(ed.): Translation, History, Culture: A Sourcebook. London: Routledge 1992.

Munday, Jeremy: 번역학 입문, 정연일, 남원준 옮김, 한국외국어대학교 출판부 2006.

Novalis: Schriften. Hg. v. Richard Samuel u. a. Bd. 2, Darmstadt 3 Aufl. 1981.

Schlegel, August Wilhelm von: Über die Bhagavad-Gita, in: Hans Joachim Störig (Hrsg.), Das Problem des Übersetzens, Darmstadt: Wissenschaftliche Buchgesellschaft 1973, 97-100.

Sengle, Friedrich: Wieland, Stuttgart 1949.

Simon, Sherry: Gender in Translation: Cultural Identity and the Politics of Transmission, London and New York: Routledge 1996.

Snell-Hornby, Mary: The Turns of Translation Studies, Amsterdam/Philadelphia 2006.

Steiner, George: Nach Babel. Aspekte der Sprache und des

Übersetzens, übers. v. Monika Plessner, Frankfurt a. M. 1994.
Störig, Hans Joachim (Hrsg.): Das Problem des Übersetzens, Darmstadt 1973.
Venuti, Lawrence: 번역의 윤리, 차이의 미학을 위하여, 열린책들 2006.
Wehinger, Brunhilde u. Hilary Brown: Übersetzungskultur im 18. Jh., Übersetzerinnen in Deutschland, Frankreich und der Schweiz, Saarbrücken 2008.
Yaguello, Marina: 언어와 여성. 여성의 조건에 대한 사회언어학적 접근, 강주헌 옮김, 여성사 1994.
Stanford Encyclopedia of Philosophy, August Wilhelm von Schlegel. http://plato.stanford.edu/entries/schlegel-aw/#TraThe

Chapter 7 제국주의와 번역

1차 문헌

Gervinus, Georg Gottfried: Geschichte der poetischen National-Literatur der Deutschen, 5 Bde, Leipzig 1835-1842.
Willamowitz-Moellendorf, Ulrich v.: Sappo und Simonides. Untersuchungen über griechische Lyrik, Berlin 1913.
Ders.: Geschichte der Philologie, Leipzig 1921.

2차 문헌

박용삼: 번역학. 역사와 이론, 숭실대학교 출판부 2003.

박혜주 외: 문학번역 평가 시스템 연구, 한국문학번역원 2007.

사카이 나오키: 번역과 주체, 후지이 다케시 옮김, 이산 2005.

쓰지 유미: 번역사 산책, 이희재 옮김, 궁리 1993.

Apel, Friedmar: Sprachbewegung. Eine historisch-poetologische Untersuchung zum Problem des Übersetzens, Heidelberg 1982.

Ders. u. Annette Kopetzki: Literarische Übersetzung, Stuttgart 2Aufl. 2003.

Bassnett, Susan: 번역학. 이론과 실제, 김지원, 이근희 옮김, 한신문화사 2002.

Berman, Antoine: The Experience of the Foreign. Culture and Translation in Romantic Germany, Translated by S. Heyvaert, State University of New York Press 1992.

Delisle, Jean: Translators through History, John Benjamins Publishing Company 1995.

Fuhrmann, Manfred: Der europäische Bildungskanon, Frankfurt a. M. 2004.

Humboldt, Wilhelm v. : Einleitung zu Agamemnon, in: Hans Joachim Störig (hrsg.), Das Problem des Übersetzens, Darmstadt: Buchgesellschaft 1963, 71-100.

Robinson, Douglas: The Translator's Turn, Baltimore and London 1991.

Ders.: 번역과 제국. 포스트 식민주의 이론해설, 정혜욱 옮김, 동문선 1977.

Schnell-Hornby, Mary u.a.: Handbuch Translation, Tübingen 2Aufl.1999.

Störig, Hans Joachim: Das Problem des Übersetzens, Darmstadt 1975.

Ueding, Gert: Moderne Rhetorik, München 2000.

Venuti, Lawrence: The Translator's Invisibility: A History of Translation, New York: Routledge 1995.

Ders.: 번역의 윤리, 임호경 옮김, 열린책들 2006.

Wehler, Hans-Ulrich: 독일 제2제국, 이대헌 역, 신서원 1996.

Chapter 8 시적 창작 과정으로서의 번역

1차 문헌

George, Stefan: Dante·Die göttliche Komödie, Bd. 10, 11. Stuttgart: Klett-Cotta 1983.

George, Stefan: Shakespeare·Sonnette, Sämtliche Werke, Bd. 12, Stuttgart: Klett-Cotta 1983.

George, Stefan: Baudelaire·Die Blumen des Bösen, Sämtliche Werke, Bd. 13, 14. Stuttgart: Klett-Cotta 1983.

Klein, Carl August (Hrsg.): Blätter für die Kunst. Abgelichteter Neudruck, 1967, erste u. zweite Folge.

2차 문헌

쓰지 유미: 번역사 산책, 이희재 옮김, 궁리 2001.

황현산: 번역과 시, 실린 곳: 한국번역비평학회 학술발표회 발표집 2011년 1월, 1-16.

Apel, Friedmar u. Anette Kopetzki: Literarische Übersetzung, Stuttgart: Metzler 2003.

Ders.: Sprachbewegung. Eine historisch-poetologische Untersuchung zum Problem des Übersetzens, Heidelberg 1982.

Berman, Antoine: 낯선 것으로부터 오는 시련 - 독일 낭만주의 문화와 번역, 윤성우, 이향 옮김, 철학과 현실사 2009.

Baudelaire, Charles: 악의 꽃, 김붕구 옮김, 민음사 1996.

Benjamin, Walter: Die Aufgabe des Übersetzers, in: Hans Joachim Störig, Das Problem des Übersetzens, Darmstadt 1963, 156-169.

David, Claude: Stefan George, Sein dichterisches Werk. München 1967.

Friedrich, Hugo: 현대시의 구조: 보들레르에서 20세기 중반까지, 장희창 옮김, 지만지 클래식 2009.

Rince, Dominique: 보들레르와 시의 현대성, 김기봉 옮김, 탐구당 1987.

Shakespeare, Wilhelm: Sonnette, 정종화 옮김, 민음사 2000.

Störig, Hans Joachim (Hrsg.): Das Problem des Übersetzens,

Darmstadt 1973.
Wilss, Wolfram (Hrsg.): Übersetzungswissenschaft, Darmstadt 1981.
Wunberg, Gotthardt (Hrsg.): Die Wiener Moderne. Literatur, Kunst und Musik zwischen 1890 und 1910, Stuttgart 1990.

Chapter 9 게오르게의 『악의 꽃』과 벤야민의 『악의 꽃』

1차 문헌

Baudelaire, Charles: Critiques Littéraires, Korea University Press 1979, 강성욱 주석.
Baudelaire, Charles: 악의 꽃, 윤영애 옮김, 문학과지성사 2003.
Baudelaire, Charles: 파리의 우울, 윤영애 옮김, 민음사 2008.
Benjamin, Walter: Gesammelte Schriften, Frankfurt a. M.: Suhrkamp 1972 (=GS).
Benjamin, Walter: 발터 벤야민의 문예이론, 반성완 편역, 민음사 1983.
Benjamin, Walter: 보들레르에 나타난 제2정기의 파리 외, 김영옥, 황현산 옮김, 도서출판 길 2010.
George, Stefan: Sämtliche Werke in 18 Bänden, Stuttgart: Klett-Cotta 2004 (=GSW).
Novalis: Schriften. Hg. v. Richard Samuel u.a. Bd. 2, Darmstadt 1981, 3. Aufl.

2차 문헌

이진성: 샤를르 보들레르, 유추와 상상력의 시인, 건국대학교출판부 2003.

정해용: 번역논쟁, 열린책들 2012.

Brodersen, Momme: 발터 벤야민, 이순예 옮김, 인물과사상사 2006.

Buck-Mors, Susan: 발터 벤야민과 아케이트 프로젝트, 김정아 옮김, 문학동네 2004.

Fischer, Jens Malte: Fin de Siècle, München: Winkler 1978.

Friedrich, Hugo: 현대시의 구조: 보들레르에서 20세기 중반까지, 장희창 옮김, 지만지클래식 2009.

Gilloch, Graeme: 발터 벤야민과 메트로폴리스, 노명우 옮김, 효형출판 2005.

Karlauf, Thomas: Stefan George. Die Entdeckung des Charisma, München: Pantheon 2008.

Rincé, Dominique: 보들레르와 시의 현대성, 김기봉, 채기병 옮김, 탐구당 1987.

Savage, Mike & Warde, Alan: 자본주의 도시와 근대성, 한울 1996.

Steiner, George: Nach Babel. Aspekte der Sprache und des Übersetzens, übers. v. Peter Sillem, Frankfurt a. M. 2 Aufl. 1992.

Chapter 10 망명과 번역

Ackermann, G. & Momme B.: Hans Sahl. Eine Bibliographie seiner Schriften, mit einem Vorwort von Edzard Reuter, Marbach/Neckar: Schillergesellschaft 1995.

Agamben, G.: Homo Sacer, trans. by Karen E. Pinkus &. Michael Hardt, Minneapolis: University of Minnesota Press 1991.

Améry, Jean: Jenseits von Schuld und Sühne, in: Jean Améry Werke, hrsg. vo. Gerhard Scheit, Bd. 2 und 8, Stuttgart: Klett-Cotta 2002.

Berman, A.: The Experience of the Foreign. Culture and Translation in Romantic Germany, trans. by S. Heyvaert, State University of New York Press 1992.

Burbank, R.: Thornton Wilder, 2ed. Boston: Twayne Publishers 1978.

Corrigan, R. W.: The Modern Theatre. New York: MacMillan 1964.

Haberman, D. C.: The Plays of Thornton Wilder. A critical study. Wesleyan University Press 1967.

_______: Our Town. An American Play, Boston: Twayne Publishers 1989.

Peghinelli, A.: Theatre Translation as Collaboration: A Case in Point in British Contemporary Drama, in: Journal for Communication and Culture 2, no. 1 (spring 2012): 20-30.

Reiter, A. I. M.: Die Identität des "exterritorialen Menschen". Hans Sahl zwischen Exil und Diaspora, in: Internet-Zeitschrift für Kulturwissenschaften, 15. Nr. (2004 August)

________: Die Exterritorialität des Denkens. Hans Sahl im Exil, Göttingen: Wallstein Verlag 2007.

Sahl, H.: Memoiren eines Moralisten, Zürich: Ammann 1983.

________: Das Exil im Exil, Frankfurt a.M.: Luchterhand, 1990.

Streasau, H.: Thornton Wilder, Berlin: Colloquium Verlag Otto H. Hess 1963.

Wilder, T.: Collected Plays & Writing on Theatre, The Library of America, 2007 (1938).

________: Unsere kleine Stadt, Übersetzung von Hans Sahl, S. Fisher Verlag 1955.

Wolbold, M.: Zwischen Ablehnung, Anpassung und Zerrissenheit. Deutsche Exilautoren in den USA. Hamburg: Verlag Dr. Kovac 1999.

https://www.exilforschung.uni-hamburg.de/forschung/publikationen/exilograph.html

Chapter 11 번역과 디아스포라

1차문헌

Sebald, W. G.: Die Ringe des Saturn. Eine englische Wallfahrt, Frankfurt a. M.: Fischer 1997.

Sebald, W. G.: The Rings of Saturn, translated by Michael Hulse, New York: New Directions 1998.

Sebald, W. G.: Die Ausgewanderten. Vier lange Erzählungen, Frankfurt a. M.: Fisher 2003.

Sebald, W. G.: The Emigrants, translated by Michael Hulse, London: Vintage Books 2003.

Sebald, W. G.: Austerlitz, Frankfurt a. M.: Fisher 2003.

Sebald, W. G.: Austerlitz, translated by Anthea Bell, London: Hamish Hamiton 2001.

2차문헌

Bassett, Susan: Translation Studies, London: Routledge 2002.

Benjamin, Walter: Die Aufgabe des Übersetzers, Th. W. Adorno (Hrsg.), Schriften Bd. I, Frankfurt a. M.: Suhrkamp Verlag 1955, 40-54.

Catling, Jo and Richard Hibbitt (ed.): Saturn's Moons. W. G. Sebald - A Handbook, Oxford: Legenda. 2011

Chow, Rey: Primitive passions : visuality, sexuality, ethnography, and contemporary Chinese cinema, New York : Columbia University Press 1995.

Comber, Philippa: Ariadne's Thread: In Memory of W. G. Sebald, Chelsea: Daunt Books 2014.

Cook, Jon: Lost in Translation? In: Jo Catling and Richard

Hibbitt (ed.): Saturn's Moons. W. G. Sebald - A Handbook, Legenda: Oxford 2011.

Cook, Jon: After Sebald. Essays and Illuminations. East Anglia: Full Circle Editions Ltd. 2014.

Denham, Scott & McCulloh, Mark R.: W. G. Sebald. History-Memory-Trauma, Berlin: Walter de Gruyter 2006.

Fuller, Catherine & Hahn, Daniel: My BCLT. A Celebration of 25 years of the British Centre for Literary Translation, University of East Anglia 2014.

García, Carmen Gómez: Sebald übersetzen, eine Stilfrage. www.komparatistik-online.de/.../4-komparatistik-online-20061-sebald 2006

Gawollek, Thorsten: Geliehene Biografien: Formen der Erinnerung bei Jonathan Littell und W.G. Sebald. Hamburg 2013.

Hulse, Michael: Englishing Max, Catling, in: Jo and Hibbitt, Richard (ed.): Saturn's Moons. W. G. Sebald - A Handbook, Legenda: Oxford 2011, 195-208.

Lash, Daniel: Translation and Repetition: An Architectural Translation of W. G. Sebald's The Rings of Saturn, in: Lise Patt (ed.): Searching for Sebald, Los Angeles: The Institute of Cultural Inquiry 2007, 440-465.

Leifeld, Denis: Performances zur Sprache bringen. Zur

Aufführungsanalyse von Performern in Theater und Kunst. Bielefeld: transcript 2015.

Loffredo, Eugenia & Perteghella, Manuela (ed.): Translation and Creativity: Perspectives on Creative Writing and Translation Studies, London: Bloomsbury Publishing 2006.

Long, J. J.: W. G. Sebald - Image, Archieve, Modernity. New York: Columbia University Press 2007.

McCulloh, Mark R.: Understanding W. G. Sebald, University of South Carolina Press 2003.

McCulloh, Mark R. u. Denham, Scott(ed.): W. G. Sebald : History - Memory - Trauma. Berlin u. New York: de Gruyter 2006.

Patt, Lise(ed.): Searching for Sebald. Photography after W. G. Sebald, Los Angeles: The Institute of Cultural Inquiry and ICI Press 2007.

PETRA: Towards new conditions for literary translation in Europa. The PETRA Recommendations 2012.

Pitts, Terry: Sebald's Translators Trouble? https://sebald.wordpress.com/category/michael-hulse/

Rose, M. G.: Translation and Literary Criticism. Translation as Analysis, Manchester: St Jerome 1997.

Schütte, Uwe: Sebald. Sanfter Widerstand, in: Wiener Zeitung, 09.12.2011

The New York Times, March 30, 1997.

Tymoczko, Maria: Translation in a Postcolonial Context. Early Irish Literature in English Translation. Manchester: St. Jerome Publishing.

Venuti, Lawrence: The scandals of translation, toward an ethics of difference, London: Routledge 1998.

Yacobi, Tamar: Ekphrastic Double Exposure and the Museum Book of Poetry. In: Poetics Today, 34:1-2 (Spring-Summer 2013), 1-52.

Chapter 12 번역비평1

1차문헌

Hölderlin, F.: Hyperion oder der Eremit in Griechenland, Stuttgart 1983.

횔덜린, F.: 히페리온, 홍경호 옮김, 범우사 1975.

횔덜린, 프리트리히: 휘페리온, 장영태 옮김, 을유문화사 2008.

소봉파, 세계문학과 주인공 총해설, 일신사(1980, 1980, 1981, 1986), 364-365.

이충섭, 한국의 독어독문학 관계 번역문헌 정보, 한국문화사 1990.

영미문학연구회 번역평가사업단, 영미명작, 좋은 번역을 찾아서, 창비 2005.

장진길: 「독일문학의 한국어번역의 문헌학적 고찰(I)」- 1958부터 1968년까지: 창조의 혼란기, 2008년 독어독문학회 가을철 학술대회 발표집.

2차문헌

Berman, Antoine: The Experience of the Foreign. Culture and Translation in Romantic Germany, Translated by S. Heyvaert, State University of New York Press 1992.

Bothe, Hennig: Hölderlin zur Einführung, Hamburg 1994.

Gaier, Ulrich: Hölderlin, Tübingen 1993.

Heidegger, Martin: Hölderlins Hymne Der Ister, Frankfurt a. M. 2Aufl. 1993.

Kreuzer, Johann (Hrsg.): Hölderlin Handbuch. Leben-Werk-Wirkung, Stuttgart 2002.

Venuti, Laurence: 번역의 윤리, 차이의 미학을 위하여, 임호경 옮김, 열린책들 2006.

Chapter 13 번역비평2

1차문헌

발저, 마르틴: 불안의 꽃, 배수아 옮김, 문학과지성사 2006.

크라흐트, 크리스티안: 나 여기 있으리 햇빛 속에 그리고 그늘 속에, 배수아 옮김, 문학과지성사 2012.

크라흐트, 크리스티안: 제국, 배수아 옮김, 문학과지성사 2013.

제발트, W. G.: 현기증, 감정들, 배수아 옮김, 문학동네 2014.

Hein, Jakob: Mein erstes T-Shirt, München: Piper 2003.

Kracht, Christian: Ich werde hier sein im Sonnenschein und im Schatten, München: dtv 2010.

Kracht, Christian: Imperium, Köln: Kiepenheuer & Witsch 2012.
Sebald, W. G.: Schwindel. Gefühle. Frankfurt a. M.: Fischer 1994.
Sebald, W. G.: Austerlitz, Frankfurt a. M.: Fischer 2003.

2차문헌

유혜영: 포스트모던 시대의 팝문학 연구 - 크라흐트의 소설 『파저란트』를 중심으로, 서강대학교 일반대학원 석사논문 2016.
임석원: 크라흐트의 소설과 미메시스적 정체성, 독일어문화권연구 24(2015), 37-57.
조규희: 노동을 통한 자기실현이 불가능한 세대의 문학 : 독일 현대소설 『파저란트』, 『미래의 젊은 역군들』의 예, 세계비교문학연구 47(2014), 217-248.
장석주: 나는 문학이다, 나무이야기 2009.
정항균: 탈식민주의 담론과 혼종적 정체성 - 크라흐트의 『나 여기 있으리. 햇빛 속에 그리고 그늘 속에』와 『제국』을 중심으로, 뷔히너와 현대문학 45(2015), 191-223.
Kristeva, J.: Desire in Language: A Semiotic Approach to Literature and Art. Leon S. Roudiez (ed.), T. Gora et al (trans.). New York: Columbia University Press 1980.
Kwon, Se-Hoon u. Kim, Kab-Nyun: Übersetzung und Verbreitung von koreanischer Literatur im Ausland - Geschichte, Status quo und die Frage nach der Globalisierung, 독일문학 124(2012), 97-118.

Lotman, Jury: Universe of the Mind. A Semiotic Theory of Culture, translated by Ann Shukman, Bloomington & Indianapolis: Indiana University Press 1990.

Rose, Marilyn Gaddis: Translation and Literary Criticism. Translation as Analysis, Manchester: St Jerome 1997.

http://www.hani.co.kr/arti/culture/culture_general/435221.html

http://ehbook.co.kr/axt-about

Chapter 14 번역교육과 외국어교육

김륜옥: 외국어문학과의 번역교육 필요성 및 번역학과 모델, 독일어문학 15집 (2001), 1-22.

김효중: 새로운 번역을 위한 패러다임, 푸른사상 2004.

이상원: 한국 출판 번역 독자들의 번역평가 규범 연구, 한국학술정보 2006.

정호정: 제대로 된 통역 번역의 이해, 한국문화사 2007.

히라코 요시오: 번역의 원리 - 이문화를 어떻게 번역할 것인가, 김한식, 김나정 옮김, 한국외국어대학교 출판부 1999.

Baker, Mona u. Gabriela Saldanha: Encyclopedia of Translation Studies, London & New York: Routledge 2Aufl. 2009.

Bassnett, S. & A. Lefebvre: Constructing Cultures. Essays on Literary on Translation, Multilingual Matters, Clevedon/Philadelphia 1998.

Ders.: 번역학 이론과 실제, 김지원 이근희 옮김, 한신문화사 2002.

Delisle, Jean u. Hannelore Lee-Jahnke: 번역교육과 교육에서의 번역, 고려대학교 출판부 2002.

Dizdar, D.: Skopostheorie, in: Handbuch Translation. Hrsg. von Mary Snell-Hornby et al. 1999.

Durieux, Christine: 전문번역 어떻게 가르칠 것인가? 박시현, 이향 옮김, 고려대학교 출판부 2004.

Floros, G.: Zur Repräsentation von Kultur in Texten, in: Thome, Gisela et al.(Hrsg.), Kultur und Übersetzung, Tübingen: Gunter Narr Verlag 2001.

Garnier, Bruno: 고전어 교육에서의 번역, Jean Delisle & Hannelore Lee-Jahke (ed), 번역교육과 교육에서의 번역, 김종규 · 김정연 옮김, 고려대 출판부 2002, 3-25.

Gohring, H.: Interkulturelle Kommunikation: Die Überwindung der Trennung von Fremdsprachen und Landeskundeunterricht durch einen integrierten Fremdverhaltensunterricht, in: Kuhlwein, Wolfgang (Hrsg.), Kongressberichte der 8. Jahrestagung der GAL. Stuttgart: Hochschul Verlag 1978.

Hartmann, P. : Texte als linguistisches Objekt. In: Beiträge zur Textlinguistik. Lyons, J.(Hrsg.). Hamburg 1971.

Holmes et al.: Literature and Translation. New Perspectives in Literary Studies, Acco, Leuven 1978.

Holz-Manttari, J. : Translatorische Handeln, Theorie und

Methode. Helsinki Suomalainen Tiedeakatemia, 1984.

Honig/Kussmaul: Strategie der Übersetzung. Ein Lehr- und Arbeitbuch, Tübingen(=Tübinger Beitrage zur Linguistik 205) 1984.

House, Juliane: A Model for Translation Quality Assessment, Tübingen: Gunter Narr Verlag 2Aufl. 1981.

Kautz, U.: Handbuch Didaktik des Übersetzens und Dolmetschens, Goethe Institut 2002.

Koller, W. : Einführung in die Übersetzungswissenschaft. Heidelberg. Wiesbaden: Quelle & Meyer(=UTB 819) 5Aufl. 1979.

Jean Delisle u. Hannelore Lee-Jahnke: 번역교육과 교육에서의 번역, 김종규, 김정연 옮김, 고려대학교 출판부.

Mundaz, Jeremy: 번역학 입문 - 이론과 적용, 정연일, 남원준 옮김, 한국외국어대학교 출판부 2006.

Nord, Christiane. : Einführung in das funktionale Übersetzen. Am Beispiel von Titeln und Überschriften, Francke(UTB 1734), Tübingen 1993.

Ders.: 번역행위의 목적성 - 기능주의 번역론의 관점, 정연일, 주진국 옮김, 한국외국어대학교 출판부 2006.

Reiss, K. & H. Vermeer: Grundlegung einer allgemeinen Translationstheorie. Tübingen: Niemeyer (=Linguistische Arbeiten. 147) 1984.

Reiss, Katharina: Translation Criticism - The Potentials & Limitations, Categories and Criteria for Translation Quality Assessment, New York: St. Jerome Publishing 2000.

Paepcke, F. : Im Übersetzen leben: Übersetzen und Textvergleich, hrsg. von Berge, Klaus & Speier, Hans M. Narr (=Tübinger Beiträge zur Linguistik, 281) Tübingen 1986.

Snell-Hornby et al.(Hrsg.): Handbuch Translation, Tübingen: Stauffenburg Verlag 1988.

Vermeer, H.: Übersetzen als kultureller Transfer. Mary Snell-Hornby (Hg.) Übersetzungswissenschaft - eine Neuorientierung. Zur Interpretation von Theorie und Praxis. Francke 1986.

Ders.: A skopos theory of translation, Heidelberg: TextconText 1996.

Wilss, Wolfram: 번역 교육 입문, 이기식, 김갑년 옮김, 고려대학교 출판부 2002.

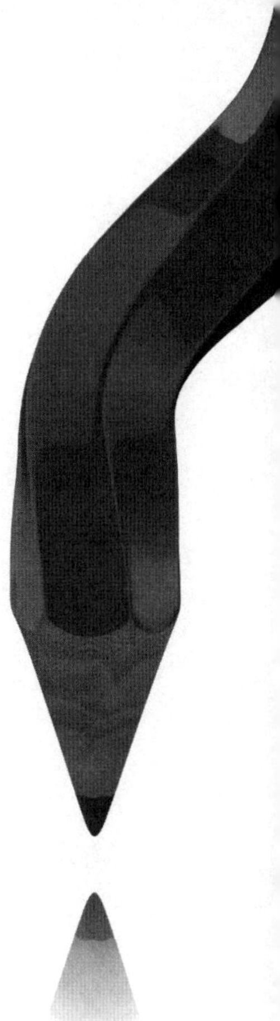

찾아보기

찾아보기

ㄱ

ㄹ

ㅁ

ㅂ

ㅅ

ㅇ

ㅈ

ㅊ

ㅋ

ㅌ

ㅍ

ㅎ

경계 횡단으로서의 번역

Translation as Border-Crossing

경계 횡단으로서의 번역

Translation as Border-Crossing

초판 인쇄	2017년 7월 18일
초판 발행	2017년 7월 25일

지은이	안미현
발행인	김인철
총괄 · 기획	가정준 Director, University Knowledge Press
편집장	신선호 Executive Knowledge Contents Creator
도서편집	김민정 Contents Creator
재무관리	김은혜 Managing Creator
마케팅 파트장	백승이 Chief Marketing Creator
마케팅	박종원 Marketing Creator
발행처	한국외국어대학교 지식출판원 02450 서울특별시 동대문구 이문로 107 전화 02)2173-2493~7 팩스 02)2173-3363 홈페이지 http://press.hufs.ac.kr 전자우편 press@hufs.ac.kr 출판등록 제6-6호(1969. 4. 30)
디자인 · 편집	(주)이환디앤비 02)2254-4301
인쇄 · 제본	네오프린텍 02)718-3111

ISBN 979-11-5901-208-2 93750 정가 20,000원

*잘못된 책은 교환하여 드립니다.

불법복사는 지적재산을 훔치는 범죄행위입니다.

저작권법 제136조(권리의 침해죄)에 따라 위반자는 5년 이하의 징역 또는 5천만 원 이하의 벌금에 처하거나 이를 병과할 수 있습니다.

HU;NE은 한국외국어대학교 지식출판원의 어학도서, 사회과학도서, 지역학 도서 Sub Brand이다. 한국외대의 영문명인 HUFS, 현명한 국제전문가 양성(International +Intelligent)의 의미를 담고 있으며, 휴인(携引)의 뜻인 '이끌다, 끌고 나가다'라는 의미처럼 출판계를 이끄는 리더로서, 혁신의 이미지를 담고 있다.